Paul Tholey & Kaleb Utecht

SCHÖPFERISCH TRÄUMEN

Paul Tholey & Kaleb Utecht

Wie Sie im Schlaf das Leben meistern

SCHÖPFERISCH TRÄUMEN

Der Klartraum als Lebenshilfe

WESTARP
SCIENCE
FACHVERLAG

Impressum:

Paul Tholey & Kaleb Utecht
Schöpferisch träumen: Wie Sie im Schlaf das Leben meistern
Der Klartraum als Lebenshilfe

Titelbild: © agsandrew/Fotolia
Foto S. 15: Krech/Crutchfield, Grundlagen der Psychologie, Bd. 2 D. 13
Veröffentlichung mit freundlicher Genehmigung der Psychologie Verlags Union, München
Zeichnungen: Roland Scholz, Rennertshofen
Grafiken: Gerhard Wawra, Wiesbaden

7., ergänzte Auflage 2017

in der Mediengruppe Westarp
Kirchstr. 5 - 39326 Hohenwarsleben
www.westarp.de, www.westarp-bs.de, www.book-on-demand.de
produkthaftung@westarp.de

ISBN: 978-3-86617-148-0

Printed in Germany.

INHALT

EINLEITUNG

Ist alle Theorie grau?

Traumzeit ist Lebenszeit

Rund 200 000 Stunden verschläft der Mensch in seinem Leben, fast ein Vierteljahrhundert! Im Schlaf erholt sich der Körper von den Anstrengungen des Wachlebens, das weiß jeder. Und daß unser »psychischer Apparat« (unsere Seele?) sich ebenfalls im Schlaf regeneriert - allerdings auf nach wie vor geheimnisvolle Weise -, auch davon hat man schon gehört. Doch über diesen Vorgang wissen wir und unsere Wissenschaftler noch immer sehr wenig. Einerseits, weil es einfach von der Sache her noch verborgen ist und auch bei genauerem Hinsehen nicht ans Licht tritt. Andererseits vergegenwärtigen wir uns meist nicht alles, was wir eigentlich wissen *könnten*.

Die Tatsache, daß wir 20–25 Jahre unseres Lebens verschlafen, ist uns jedenfalls von der Sache her nicht verborgen. Wir wissen, wie lange ein Tag dauert, wie lang ungefähr unsere täglichen Schlafphasen sind, wir kennen das Durchschnittsalter der Menschen und wissen, wie viele Tage ein Jahr hat. Jetzt müssen wir nur noch die »richtige« Frage stellen, die bekannten Tatsachen auf sinnvolle Weise miteinander verbinden ... und dann haben wir's. Es lag ja auf der Hand.

Seit die Wissenschaft begonnen hat, das REM-Phänomen (siehe Seite 31) zu erforschen, wissen wir, daß jeder Mensch träumt, selbst wenn er sich nicht daran erinnern kann. Es ist auch bekannt, daß diese Phasen von *paradoxem Schlaf* (siehe Seite 32) in jeder Nacht ungefähr fünfmal auftreten, und wir kennen ihre durchschnittliche Dauer. Daraus können wir ableiten, wie viele Stunden, Tage oder Jahre wir eigentlich »verträumen«. Es ist einfach auszurechnen: Wir verträumen ungefähr vier Jahre unseres Lebens. Vier Jahre!

Allein diese Zahl zeigt bereits den Stellenwert der Träume in unserem Leben. Und doch sind sich die meisten Träumer, die meisten Menschen, dieser Tatsache nicht bewußt. Dabei ist uns die Bedeutung eines Auslandsaufenthaltes von nur einem halben Jahr klar. In einer solchen Zeit sind wir verstärkt fremdartigen Erfahrungen ausgesetzt, die uns irritieren, anregen und formen. In einer späteren

Rückschau werden wir höchstwahrscheinlich zu der Erkenntnis gelangen, in dieser Zeit Erfahrungen gemacht zu haben, die unseren weiteren Umgang mit dem Leben deutlich beeinflußt haben. Und warum? Weil wir in extremeren Umgebungen und Situationen, die über den Alltag hinausreichen, einfach lernfähiger und offener für neue Erfahrungen sind.

Soviel zum Ausland. Und was ist mit dem Traumland? Ein Mensch in den Dreißigern hat bereits weit über ein Jahr in seinem Traumland verbracht; also in einer Umgebung, die in der Regel noch sehr viel extremer ist als jedes nur denkbare Ausland und ganz ohne Frage eigenartiger als jede nur vorstellbare Situation im heimatlichen Alltag. Nur, erinnert er sich an seine Erfahrungen im Traumland? Und wenn, erinnert er sich dann genau so deutlich daran wie an seine Erlebnisse in der Wachwirklichkeit? Leider geschieht es sehr selten, daß wir uns spontan an einen zusammenhängenden Traum erinnern können, der uns noch dazu von einiger Bedeutung zu sein scheint. Normalerweise fallen uns – falls es überhaupt gelingt – nur ein oder zwei der zahlreichen Träume einer Nacht ein. Und wenn wir dann im Wachleben diese Träume rekapitulieren, kommen sie uns oft langweilig oder nichtssagend vor. Selten denken wir länger darüber nach, weil uns ein Traum interessant vorkommt, seltsam und mit einem eigenartigen Zauber behaftet. Sei es, weil wir von einem toten Verwandten geheimnisvolle Wahrheiten gesagt bekamen, Wahrheiten, die uns von unendlicher Wichtigkeit schienen; sei es, weil wir die Antwort auf eine brennende Frage fanden, die wir aber im Aufwachen wieder vergaßen und die jetzt keine noch so große Anstrengung wieder in Erinnerung bringt. Sei es, sei es, sei es…, die Literatur ist voller Beispiele. Und wer weiß, vielleicht gibt es hinter der Grenze des Vergessens tatsächlich noch wertvolle Erkenntnisse (wieder-) zu entdecken. KÉKULÉ zum Beispiel fand im Traum endlich die langgesuchte Struktur des Benzols, und MOZART beschreibt in einigen Briefen, wie ihm Melodien im Traum zugeflogen sind…

Wie ein Traum entsteht

Warum vergessen wir eigentlich so viel von dem, was wir uns Nacht für Nacht erträumen? Und wie entsteht überhaupt ein Traum? Oder, genauer gefragt: Wie entsteht die Erinnerung an unsere Träume? Das Schichtenschema der Abbildung von Seite 11 verdeutlicht die Entwicklung eines Traumes, wie die meisten Psychoanalytiker ihn sich heute vorstellen.

Das, was einen Traum überhaupt möglich (oder notwendig?) macht, ist der sogenannte *latente Trauminhalt.* Dieser Begriff bezeichnet mehr oder weniger hilflos, aber doch auch so genau es eben möglich ist, das zusammengewürfelte Gemisch von Informationen, welches unser Wahrnehmungsapparat und unser Gedächtnis uns im Traum zugänglich machen. Das bedeutet, daß in die »Traumstory« formende Kräfte von ganz verschiedener Natur einfließen.

Zum einen können das *Reize aus der Umwelt* des Schlafenden sein: Vielleicht die wiegenden Bewegungen eines dümpelnden Schiffes oder der Geruch eines Brandes, sogar das Geräusch des eigenen Schnarchens kann in einen Traum eingebaut werden. Dabei muß der so aufgenommene Reiz nicht unbedingt naturalistisch vom Traum verwendet werden. Es kann gut sein, daß der ins Schlafzimmerfenster hineinwehende Geruch nach frischem, warmem Brot im Traum eine Feuersbrunst mit scharfem Brandgeruch hervorruft oder daß regelmäßiges Maschinengewehrfeuer einem im Schützengraben schlafenden Soldaten zu einem Traum verhilft, in dem er in einem Coupé der Deutschen Reichsbahn seinem Fronturlaub entgegenrattert...

Etwas verschlüsseltere Umsetzungen »äußerer« Gegebenheiten werden durch die *Eindrücke des vorangegangenen Tages* verursacht. Habe ich einen Tag voller Ärger und

Schematische Darstellung der Entstehung eines Traumes. Die in dieser Abbildung vorgenommene Unterteilung in »Unbewußtes« und »Vorbewußtes« ist in Wirklichkeit so klar nicht zu treffen, sie dient hier nur der Veranschaulichung.

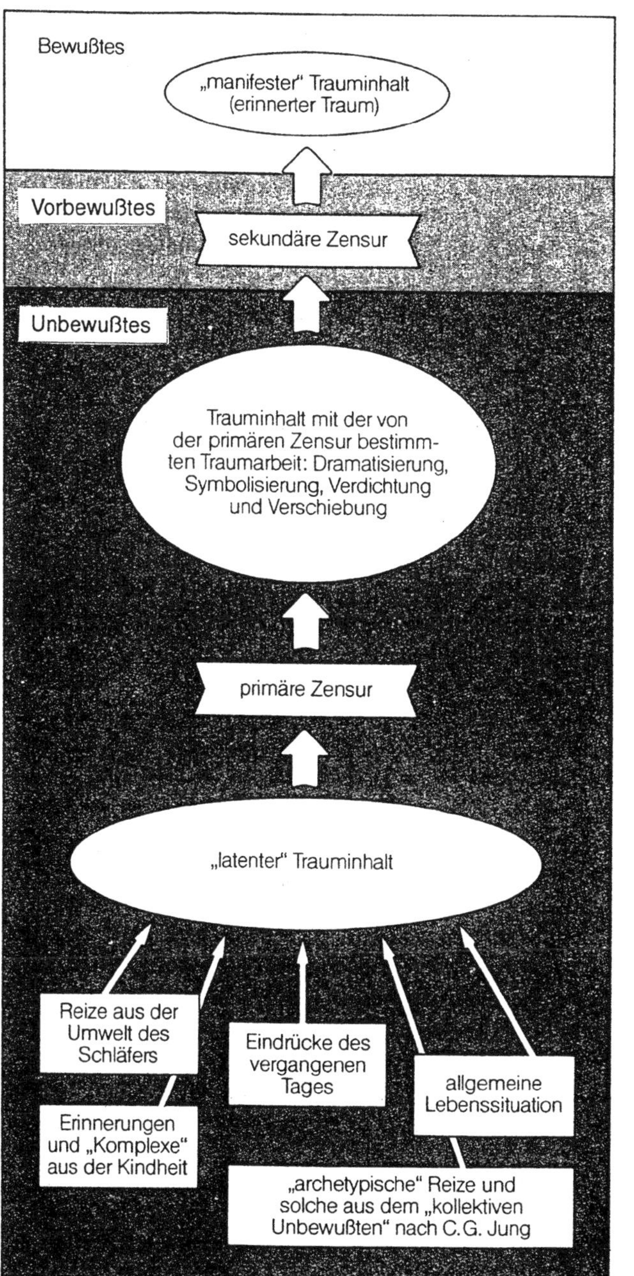
Bewußtes
„manifester“ Trauminhalt
(erinnerter Traum)
Vorbewußtes
sekundäre Zensur
Unbewußtes
Trauminhalt mit der von der primären Zensur bestimmten Traumarbeit: Dramatisierung, Symbolisierung, Verdichtung und Verschiebung
primäre Zensur
„latenter“ Trauminhalt
Reize aus der Umwelt des Schläfers
Eindrücke des vergangenen Tages
allgemeine Lebenssituation
Erinnerungen und „Komplexe“ aus der Kindheit
„archetypische“ Reize und solche aus dem „kollektiven Unbewußten“ nach C.G. Jung

Streß hinter mir und konnte ich vor dem Einschlafen diese Ereignisse nicht mehr verarbeiten und hinter mir lassen? Oder habe ich einen Tag voller Harmonie und Erfolg hinter mir? Die Gefühlsgrundlage, die dadurch geschaffen wird, färbt natürlich auch die Gefühlsgrundlage unserer Träume. Selbst die konkreten Ereignisse des Tages können in einen Traum eingearbeitet werden.

Ein Zeitungsredakteur zum Beispiel, der noch am Tag des Redaktionsschlusses außerplanmäßig mehrere Seiten umstellen muß und deswegen eine ihm wichtige Verabredung versäumt, Streit mit der Setzerei und seinem Verleger bekommt und noch dazu Ärger mit seiner Frau hat, weil er viel zu spät nach Hause kommt, wird kaum entspannt ins Bett sinken. Wenn dieser Mensch voller Unruhe und unter dem Eindruck des Stresses vom Tage endlich Schlaf findet, dann kann es gut sein, daß er davon träumt, eine Fließbandarbeit verrichten zu müssen, die ihn immer verzweifelter werden läßt, weil er einen Fehler nach dem anderen macht, das Band aber immer weiter läuft...

Ein anderer, der überraschend erkennt, daß seine verloren geglaubte große Liebe doch immer noch zu ihm hält, und der daher einen Tag voller Ruhe, Wärme und Zuversicht erlebt, träumt vielleicht davon, wie er einen wunderschönen Tag am Meer verbringt, an dem ihm alles wie durch Zauberei und ohne jede Anstrengung gelingt.

Etwas weiter fort von den so offensichtlichen, alltäglichen Bestimmern unserer Trauminhalte liegt das, was wir die *allgemeine Lebenssituation* eines Menschen nennen. Sie bestimmen sehr viel stärker als die Umweltreize und die Eindrücke des vergangenen Tages unauffällig, aber machtvoll die Thematik unserer Träume. Befinde ich mich in einem Lebensabschnitt des Aufbruchs, der Fragen und der Verunsicherung? Oder in einem Zustand von verhältnismäßiger Ruhe und Stabilität? Ohne auf die natürlich möglichen Zwischentöne einzugehen, können wir annehmen, daß das Hauptthema der ersten Situation wohl die Bewegung sein wird, das der zweiten sehr wahrscheinlich die Bewegungslosigkeit.

Eine junge Frau, die gerne eine Stelle in einer fremden Stadt antreten möchte, aber noch zu Hause lebt und auch gerade zum ersten Mal tief verliebt ist, jemand also, der das Bedürfnis nach einer existenziellen Entscheidung hat, aber noch nicht in der Lage ist, das eine gegen das andere befriedigend abzuwägen: Was träumt so eine Frau? Diese Lebenssituation wird sie zusammen mit den Reizen der Umwelt und den Eindrücken des vergangenen Tages vermutlich so verarbeiten, daß in ihren Träumen fordernde Fragen auftauchen, auf die sie keine Antwort weiß. Das können Träume von Prüfungssituationen sein, aber auch Träume von vergeblichen Versuchen, einen Mechanismus zu reparieren oder Träume von großen Gefühlen der Einsamkeit mit energischen Hilferufen an andere, da sie sich mit ihren Problemen allein gelassen fühlt...

Natürlich kann die hektische Bewegtheit solcher Träume in dem Moment eine andere Bedeutung bekommen, wenn eine Lösung in Sicht ist: Dann werden sich die Träume so verändern, daß die nach wie vor vorhandene Unruhe und Bewegung mit konstruktiven Gefühlen des Aufbaues und der Neugierde verbunden sind.

Auch das Grundthema »Bewegungslosigkeit« kann sich auf zweierlei Arten ausdrücken. Je nach Standpunkt und Gefühlslage des Träumers kann es einerseits zu Träumen von Fesselung, Gefangennahme oder Lähmung führen, andererseits aber auch Traumsituationen schaffen, in denen der Träumer, unbeeinflußt von aller Unruhe, die um ihn ist, in sich selbst ruht und zufrieden, ja abgeklärt das Treiben um sich beobachten kann.

Damit ist die Liste der Beeinflusser unserer Träume aber noch nicht erschöpft. Schauen wir uns nun den nächsttieferen Bereich von Beeinflussungen des Traumlebens an, *die Erinnerungen und »Komplexe« aus der Kindheit.* Faktoren aus diesem Bereich sind es, die auf ganz charakteristische, individuelle Weise die Art der Verarbeitung solcher Hauptthemen im Träumen (wie im Wachen!) bestimmen. Ob zum Beispiel die Verarbeitung des Hauptthemas »Bewegung« eher von Angst gefärbt ist oder von Neugier, das wird im Träumen stärker noch als im Wachen von unseren Kindheitserfahrungen beeinflußt.

Die *Trauminhalte* hängen also eher mit den Gegebenheiten meiner Umgebung zusammen. Die Art und Weise aber, *wie* sie in den Traum hineingearbeitet werden, ist abhängig von den Besonderheiten meines Charakters, von meinen Problemen, Fähigkeiten, Grenzen und so weiter. Um es auf den allereinfachsten Nenner zu bringen: Ob aus einem lustvollen Flugtraum ein angstvoller Falltraum wird oder umgekehrt, das bestimmt in der Hauptsache dieser vierte Bereich von Einflüssen auf den latenten Trauminhalt. Dabei ist das Hauptthema in diesem Beispiel in beiden Fällen dasselbe: extreme (schwerelose) Bewegung.

Nun wird von einer großen Anzahl von Psychologen noch die Existenz eines weiteren Bereichs angenommen, aus dem heraus bestimmende Reize auf den latenten Trauminhalt einwirken können. Die Rede ist vom *kollektiven Unbewußten,* wie es C. G. Jung als erster formulierte. Man könnte es auch als »Artgedächtnis« bezeichnen.

Wir wollen nicht verhehlen, daß es Psychologen gibt, die das Vorhandensein solcher Kräfte in unserer Psyche leugnen. Für uns hat aber diese Annahme einen hohen Erklärungswert in bezug auf verschiedene, kulturübergreifende Eigenarten des Menschen. Sie erklärt jedenfalls sehr einleuchtend die Gleichartigkeit von Menschen der verschiedensten Kulturen etwa in bezug auf den Abscheu vor großen Insekten oder auf Tiefenangst und vieles mehr.

Die so offensichtlich im Menschen genetisch verankerte Tiefenangst demonstriert sehr schön das Experiment mit der »visuellen Klippe«: Man konstruiert eine Spielfläche, deren eine Hälfte ebenerdig und deren andere Hälfte – nach einem lotrechten Abfall – deutlich tiefer ist. Darüber legt man eine nichtspiegelnde Glasplatte. Ein neugierig krabbelndes Baby, das man auf dieser Platte spielen läßt, wird überall hin krabbeln – nur nicht »in den Abgrund«, auch wenn es wegen der darüberliegenden Glasplatte ja gar nicht hineinfallen kann (siehe Abbildung Seite 15).

Das Experiment mit der »visuellen Klippe« zeigt, daß wir eine angeborene Tiefenangst haben. Auch ein noch so neugieriges Baby traut sich nicht auf den Teil der Glasscheibe, der über dem Abgrund liegt.

Auch unser reserviertes Verhalten den Amphibien und den Kaltblütern gegenüber, ja selbst der schon den Kindern innewohnende Respekt vor dem Feuer – all dies läßt sich auf einfache und elegante Weise mit der Annahme eines kollektiven Unbewußten erklären. Darüber hinaus zeigen die Märchen und Sagen der verschiedensten Völker und Kulturen einander sehr ähnliche »Archetypen«. Selbst in den Träumen – und damit sind wir wieder bei unserem Thema – tauchen über alle Kulturen hinweg immer wieder die gleichen Archetypen auf: das wilde Tier, der Drache, das strahlende Licht, der alte Weise, die gute Fee, der hohe Berg, der Abgrund ...

Wer diese Symbolsprache verstehen lernt, erhält immer öfter Botschaften aus seinem Inneren, die seiner jeweiligen Lebenssituation angemessen sind. Solche Symbole weisen bereits in die Zukunft. Allerdings nicht etwa im prophetischen Sinne, sondern im Sinne zielgerichteter »Gestalttendenzen« (siehe auch Kapitel 5), die der Selbstheilung und dem persönlichen Wachstum dienen.

Doch innerhalb der Gestalttheorie (siehe auch Seite 137 und Kapitel 5), der wir Autoren verschrieben sind, werden die archetypischen Symbole, die C. G. JUNG ja auf ererbte Strukturen zurückführt, wieder anders erklärt. Die auffallenden, kulturübergreifenden Ähnlichkeiten dieser Symbole werden bei uns hauptsächlich auf die Gemeinsamkeiten *der* Situationen zurückgeführt, mit denen jeder Mensch in seinem Leben - zwischen den großen Symbolen von Geburt und Tod - konfrontiert ist. Diese so empfundenen (oder im Traum wahrgenommenen) symbolischen Bilder lassen sich somit nicht isoliert verstehen, sondern sie sind nur in Zusammenhang mit dem gesamten Geschehen in der inneren und äußeren Welt zu begreifen. Dabei entspricht die Dynamik dieser Symbole der Dynamik der jeweiligen Lebenssituation und weist deshalb in der Regel schon auf deren Lösung hin.

Die große Dynamik und Ausdruckskraft der archetypischen Bilder rührt aus gestalttheoretischer Sicht dann daher, daß sie komplexe Verarbeitungen oft gegensätzlicher Teilgestalten sind, deren Gegensätze aber in einer harmonischen Gesamtgestalt aufgehoben werden.

Wenn wir bei unserem Modell von einem geschichteten Bewußtsein bleiben wollen, dann birgt dieser fünfte Bereich wohl die Einflüsse aus den tiefsten Schichten unseres Seins. Und doch ist er weniger verantwortlich für die Art, *wie* (und ob überhaupt) wir uns unseren Fragen, Grenzen, Ängsten und Problemen stellen. (Wie wir das alles verarbeiten - ob wir vielleicht eher dazu neigen, bestimmte Problemkomplexe zu verdrängen, um ihren Druck nicht mehr zu spüren, oder ob wir sie lieber offen angehen in der Hoffnung auf kreative und konstruktive Lösungen - das bestimmt im Wachen wie im Träumen immer noch der vierte Bereich, die eine Schicht weiter »oben« mit den Erinnerungen und Komplexen aus unserer

Kindheit, die uns so formten, wie wir heute sind.) Nein, dieser tiefste Bereich des kollektiven Unbewußten ist einer, der uns immer wieder Themen vorgibt. Natürlich nicht solche wie aus den ersten drei Bereichen, die sich auf unsere individuelle und aktuelle Lebenssituation beziehen. Die Themen des kollektiven Unbewußten sind *existenzieller* Natur, und sie sind darüber hinaus auch dazu angetan, aktuelle oder auch triviale Themen auf ein mehr existenzielles Niveau zu heben. Ein Beispiel wird das klarmachen.

Ein Traum und seine Deutung

Dies ist der Traum einer kinderlosen, vierzigjährigen Witwe, die einerseits davor zurückschreckt, sich wieder zu verheiraten, andererseits aber endlich doch ein Kind haben will. Sie schläft in einem Hotelbett in einer fremden Stadt. Das Zimmer geht zur Straße, und durch die Wand am Kopfende ihres Bettes führt das Fallrohr der Wasserspülung. Sie ist wegen einer Heiratsanzeige in diese Stadt gekommen und hatte am Abend ein Rendezvous. Der Mann erzählte, daß er sich nichts sehnlicher wünsche als Kinder, und sie war »drauf und dran, sich in ihn zu verlieben«, wie sie es selbst ausdrückte. In der Nacht träumte sie:

»Ich bin nackt und bade unter den Kaskaden eines Wasserfalls. Es ist warm. Ich bin sehr erschöpft, aber das kühle Wasser beginnt mich mehr und mehr zu erfrischen. Als ich aus dem Wasserfall trete, kann ich von Horizont zu Horizont nur eine große, weite Leere erkennen. Da ist überhaupt nichts außer mir, denke ich, und fühle mich plötzlich wieder sehr erschöpft und einsam.

Ein wunderschöner, bunter Vogel erregt meine Aufmerksamkeit. Er kommt langsam immer näher, dann beginnt er, mich zu umkreisen. Er macht Flugkunststücke in der Luft, die mich sehr beeindrucken. Weil aber immer noch diese große Leere um mich ist und er das einzige lebende Wesen außer mir zu sein scheint, wate ich (ich stehe immer noch bis zu den Waden im Wasser) auf ihn zu. Aber je näher ich dem Vogel komme, desto mehr abstoßende Einzelheiten kann ich an ihm erkennen. Er ist schmutzig und irgendwie mottenzerfressen, und das Schlimmste: Er hat ein drittes Bein im Bauchgefieder versteckt und in dieser Kralle hält er ein langes Messer! Ein kalter Schrecken steigt langsam in mir hoch und lähmt meine Beine. Ich beginne immer tiefer einzusinken. In großer Angst schaue ich mich nach Hilfe um, da nun auch der Vogel immer größer wird und auf mich zukommt. Plötzlich streckt sich mir aus dem Wasser eine zarte, kleine Hand entgegen, die ich ohne Angst nehme, und die mich unter die Wasseroberfläche entführt. Es ist eine hübsche kleine Nixe, die mich beruhigend streichelt und mir von unten, wie durch ein großes Fenster, den großen Vogel zeigt, den ich einmal für schön gehalten habe. Jetzt erst erkenne ich seine Häßlichkeit. Voller Abscheu wende ich mich ab und schwimme mit ihr immer tiefer. Wir kommen in eine Unterwasserhöhle, in der versteckt ein strahlendes Licht leuchtet. Dort werde ich auf einen großen, viereckigen Stein gelegt. Ich denke noch: ›Das ist ja ein Altar!‹ Da öffnet die Nixe meinen Bauch (wie mit einem Reißverschluß) und sagt zu mir: ›Schau, wie leer du bist.‹ In diesem Moment beginnt sich der Altar mit mir zu heben und steigt immer schneller, bis wir die Wasseroberfläche durchbrechen. Ich starre immer noch unerklärlich glücklich in meinen leeren Bauch. Da verschwimmt alles, und ich wache auf.«

An dem eben erzählten Traumbeispiel »wie aus dem Lehrbuch« kann man sehr schön die verschiedenen Komponenten des latenten Trauminhaltes erkennen. Der Wasserfall wird durch Geräuschreize aus der unmittelbaren Umwelt der Träumerin hervorgerufen, nämlich durch das Rauschen des Verkehrs auf der Straße und/oder das Gurgeln des Wassers in der Wand. Nacktheit und Erschöpfung gehen auf die Eindrücke des vergangenen Tages zurück. Erschöpft durch die anstrengende Reise und die

Anspannung durch das wichtige Rendezvous, sehnt sie sich nackt und entblößt (da sie diesem Mann während ihres Treffens viel von sich preisgab) nach Ruhe und Entspannung. Ihre allgemeine Lebenssituation ist die der Einsamkeit, von der sie nun auch im Traum eingeholt wird. Der bunte Vogel, der ihre Aufmerksamkeit erregt und ihre Einsamkeit beenden soll (sie geht auf ihn zu), repräsentiert den Mann, den sie am Nachmittag traf. Die faszinierenden Flugkunststücke sind nichts anderes als die Versuche des Mannes, sie für sich einzunehmen. Die immer größer werdende Nähe aber läßt sie auch immer genauer die »Haare in der Suppe« erkennen: Der Herr ist nicht mehr der Jüngste (mottenzerfressen) und scheint zudem auch noch schlechte Absichten zu haben, denn er versteckt ein Messer und eine Mißbildung. Dieser Vertrauensbruch lähmt sie. Sie hat in ihrer Entblößung und Nacktheit dem schönen Schein des Gefieders nichts entgegenzusetzen und auch keine Möglichkeit, irgend etwas zu verstecken. Sie fühlt sich machtlos. Offensichtlich spiegelt diese Traumsequenz ihr eigentliches Erleben des Treffens wider: Sie hatte sich ihrem Gesprächspartner geöffnet und anvertraut, während dieser in ihr den (unbewußten) Eindruck von einem unausgeglichenen Zusammensein hervorrief, denn er versuchte nicht, sie für sich einzunehmen, indem er sich ebenfalls öffnete, sondern indem er sich wie ein bunter Vogel »spreizte« und ihr nach dem Munde redete. Im Wachen war ihr das alles nicht klar, da ihr Kinderwunsch ihr im Wege stand.

Bis zu diesem Punkt des Traumes wird schon ganz deutlich, wie verschiedene Komponenten des latenten Trauminhalts zusammenspielen, wenn auch nicht so sauber getrennt, wie in der schematischen Darstellung von Seite 11. Auch die noch nicht erwähnten Bereiche »Komplexe aus der Kindheit« und »das Archetypische« greifen in diesem Traumbeispiel auf eine alles umfassende Weise ineinander.

Die versteckte Mißbildung am Bauch des Vogels symbolisiert ohne Zweifel etwas, mit dessen Natürlichkeit sie sich

Zeit ihres Lebens nie anfreunden konnte: die männliche Sexualität, die in ihrer äußerst repressiven Sexualerziehung immer ausgeklammert wurde. Noch dazu wird diese im Traum als Messer dargestellt, also als aggressive Bedrohung. Die Bedrohung ist nicht zwangsläufig neurotischer Natur. Hier kann sich durchaus ein unbewußtes Gefühl widerspiegeln, das den Bezug zur Wirklichkeit nicht verloren hat. Denn dieser Mann bedrohte sie in gewisser Weise tatsächlich. Wenige Wochen später stellte sich nämlich heraus, daß er sozusagen schon »berufsbedingt« unlautere Absichten hatte, denn er war ein einschlägig bekannter und vorbestrafter Heiratsschwindler.

Die nun auftauchenden archetypischen Figuren und Erscheinungen geben dem Traum eine neue Qualität. Die kleine Nixe (die Verkörperung der Hilfe gegen Bedrohung und Einsamkeit durch ein Kind, aber auch die »gute Fee« im archetypischen Sinne) nimmt ihr die Angst und zeigt ihr den großen Vogel (den Mann) aus sicherem Abstand im richtigen Licht. Das Licht in der Tiefe ihres Unterbewußten bringt sie auf mystisch-religiöse Weise (über den Altar) einer ihrer inneren Wahrheiten näher: Ihr Bauch ist leer, da sind keine Kinder! Diese Erkenntnis macht sie im Traum »unerklärlich glücklich«. Im Wachleben dann klärte sich für sie dieses Glücksgefühl. Da sie an diesen Traum ausnahmsweise eine gute Erinnerung hatte, wurde ihr beim Durcharbeiten der Traumgeschichte bald klar, daß ihr Kinderwunsch nichts mehr mit ihr zu tun hatte, so wie sie nun war. Sie hatte ihn aus ihrer Ehe in ein anderes Leben mit hineingenommen, in dem er eigentlich keine Berechtigung mehr hatte. So brachten die archetypischen Bilder ihres Traumes ihr tatsächlich eine existenzielle Erkenntnis, auf die sie im Wachleben so bald wahrscheinlich nicht gestoßen wäre.

Natürlich gäbe es zu diesem Traum noch weit mehr zu sagen. Von besonderem Interesse wären sicher auch die Detailinterpretationen, die die Träumerin zusammen mit einem Therapeuten noch erarbeitete. Trotzdem wollen wir uns hier ganz auf seinen Beispielcharakter beschränken und den Traum zur weiteren Erläuterung des Schaubildes verwenden.

Vom latenten Trauminhalt geht es auf unserem Schaubild zur Instanz der Widerstände, der *primären Zensur.* Diese Instanz bestimmt die Traumarbeit, das heißt die Art, wie Elemente des Traumgeschehens zu einer Traumgeschichte zusammengefaßt werden. Für unser Beispiel heißt das folgendes:

Ihr besonderes Verhältnis zur männlichen Sexualität läßt der Träumerin das entsprechende Geschlechtsteil als »drittes Bein« erscheinen, das sie noch dazu als »Mißbildung« empfindet *(Symbolisierung).* Die darüber hinaus empfundene Bedrohung durch den Heiratsschwindler stellt ihr Traum als verstecktes Messer dar und seine Versuche, sie für sich einzunehmen, als Flugkunststücke *(Dramatisierung).* Die endlose Weite von Horizont zu Horizont ist der Ausdruck ihrer übergroß empfundenen Einsamkeit, die sich hier auf einer trivial-gegenständlichen Ebene offenbart beziehungsweise eben nicht offenbart *(Verschiebung).* Alles in allem faßt dieser Traum als Schlüsselerlebnis ihre allgemeine Lebenssituation und das momentane Geschehen in einer Traumgeschichte so zusammen, daß von einer *Verdichtung* die Rede sein kann.

Die primäre Zensur verhindert also, daß die Dinge so dargestellt werden, wie sie sind. Sie übersetzt sie sozusagen in Begriffe und Bilder, die uns Träumern moderater scheinen, die einfach leichter auszuhalten sind. So sind die individuellen Widerstände (siehe Seite 11) eines jeden einzelnen verantwortlich dafür, wie aus dem Rohmaterial des latenten Trauminhaltes die endgültige Geschichte wird, nämlich der *manifeste Trauminhalt.*

Aber noch ist es nicht soweit. Immer noch geschehen in unseren »endgültigen« Traumgeschichten Dinge, die wir im Wachleben nicht so leicht akzeptieren können. An dieser Stelle tritt die *sekundäre Zensur* auf den Plan. Sie bestimmt, was wir von unseren Träumen »vergessen«. Und das ist, wie ja jeder weiß, in der Regel fast alles. Nur selten und nur wenigen gelingt es – durch intensives Nachdenken

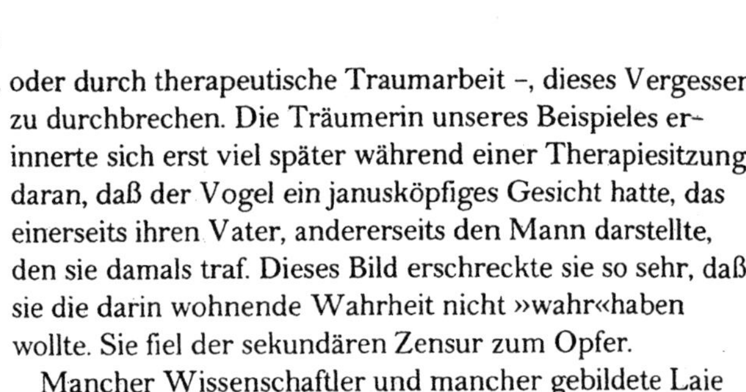

oder durch therapeutische Traumarbeit –, dieses Vergessen zu durchbrechen. Die Träumerin unseres Beispieles erinnerte sich erst viel später während einer Therapiesitzung daran, daß der Vogel ein janusköpfiges Gesicht hatte, das einerseits ihren Vater, andererseits den Mann darstellte, den sie damals traf. Dieses Bild erschreckte sie so sehr, daß sie die darin wohnende Wahrheit nicht »wahr«haben wollte. Sie fiel der sekundären Zensur zum Opfer.

Mancher Wissenschaftler und mancher gebildete Laie wird diese grobe Skizze der Traumentstehung und -deutung sicher als einen Schweinsgalopp durch die Traumtheorie ansehen und etliche Anmerkungen, Ergänzungen und Präzisierungen für nötig halten. Unsere Absicht aber ist es, gleich zu Beginn dieses Buches *alle* Leser theoretisch miteinander »gleichziehen« zu lassen. Schließlich wollen wir weniger das interessierte Fachpublikum, sondern in der Hauptsache all die, die zwar ein Interesse an ihren eigenen Träumen haben, nicht aber den Ehrgeiz, sich zum Privatgelehrten der psychologischen Wissenschaft zu entwickeln, ansprechen. Zum leichteren Verständnis der eigenen wie auch fremder Träume ist ein Mindestmaß von Theorie aber sehr nützlich. Und auf dieses Mindestmaß wollen wir uns in diesem Buch beschränken, selbst wenn interessante, aber weniger relevante Details dadurch ausgeklammert werden.

Im übrigen sind die hier vermittelten Theoriekenntnisse auch äußerst hilfreich für angehende Klarträumer. Darüber hinaus lassen sie den geneigten Leser alsbald die große Bedeutung erkennen, die der Fähigkeit des Klarträumens in verschiedenster Hinsicht zukommt, eine Erkenntnis, deren möglichst weite Verbreitung uns klarträumenden Autoren natürlich sehr am Herzen liegt.

Der Zugang zu den eigenen Träumen

Das Beispiel der Witwe macht einmal mehr klar, warum die Menschheit von alters her so große Stücke auf ihre Träume hält. Ganz offensichtlich sind wir mit der Wirklichkeit unserer Gefühle im Traum enger verbunden als im Wachen. Wenn wir uns dann an unsere Träume erinnern und sie noch dazu richtig deuten können, ist es möglich, daß dadurch unser Leben positiv beeinflußt wird. Aber besonders das Deuten fällt den meisten Menschen schwer. So kommt es, daß es Traumdeutung immer schon gegeben hat und dieser Berufsstand ein gewisses Ansehen genoß.

Die Evolution der »Wissenden« vom Schamanen bis zum Psychoanalytiker hat allerdings kaum eine Evolution der Inhalte bewirkt. Wie auch? Die existenziellen Probleme der Menschen haben sich nicht verändert, allenfalls sind sie ein wenig vielgestaltiger geworden. Und damals wie heute gab es gute und schlechte Traumdeuter. Einen erheblichen Unterschied zu früher macht alleine die Behandlung schlechter Traumdeuter: Früher lief ein solch unverantwortlicher Geselle Gefahr, geteert und gefedert zu werden. Heute...

Dabei hat das Interesse der Menschen an ihren Träumen während der letzten Jahrzehnte rapide zugenommen, und Traumliteratur wird ebenso schnell gekauft, wie sie produziert wird. Glücklicherweise scheint es mittlerweile modern geworden zu sein, sich auf eine seriösere Art mit diesem Thema zu beschäftigen. Vorbei ist die Zeit der »Rezeptbücher«, die jeden Traum und jedes Symbol über einen Kamm scherten und dem armen, respektvoll im Unwissen verharrenden Individuum seinen Lotteriegewinntraum exakt auf dieselbe Weise deuteten wie seinem reichen Nachbarn. Es hat sich mittlerweile herumgesprochen, daß ohne die Berücksichtigung der persönlichen Geschichte und der aktuellen Situation des Träumers keine ernst zu nehmende Deutung möglich ist. Ja, es setzt sich langsam auch die Erkenntnis durch, daß der Träumer *selbst* der beste Interpret seiner Träume ist – vorausgesetzt, er verfügt über ein entsprechendes Grundwissen.

Die Symbolsprache ist – wie jede andere Sprache auch – nicht durch das alleinige Benutzen von Lexika zu erlernen, sondern dadurch, daß man sich mit klarem Bewußtsein in *die* Welt begibt, in der diese Sprache gesprochen wird: in die Traumwelt, zum Beispiel.

Hier haben sich zwei zeitgenössische Autorinnen ganz besonders verdient gemacht. PATRICIA GARFIELD und ANN FARADAY sind beide Vertreterinnen des Denkansatzes, daß der Betroffene selbst seine Träume besser interpretieren kann als jeder Experte, und haben viel zu seiner Verbreitung beigetragen. Beide empfehlen sie übrigens das Anlegen eines *Traumtagebuches.*

Das Traumtagebuch

Die Unfähigkeit, sich konstruktiv mit seinen Träumen zu beschäftigen, liegt ja zumeist nicht etwa an fehlender Kreativität, Intelligenz oder Lust, sondern schlicht am mangelhaften Erinnerungsvermögen. Und hier sind wir wieder an einem Punkt, der eine weitere Erklärung dafür anbietet, warum Traumdeuter seit jeher so hoch im Kurs stehen: Da man sich so selten an seine Träume erinnert, hat man auch keine Übung im Umgang mit ihnen. Also begibt man sich auf die Suche nach einem Fachmann.

Dieses Erinnerungsdefizit aufzuheben ist eines der Ziele aller seriösen Traumforscher. Das Mittel der Wahl ist den Forschern dabei das Traumtagebuch. Denn im gleichen Maße, wie es die Verfügbarkeit authentischer Traumprotokolle steigert, vermindert es die Anzahl der Fachmänner, die doch nur Flachmänner sind. Ein Traumtagebuch ist einfach zu führen. Man legt es neben das Kopfkissen und wann immer man aufwacht, nimmt man einen Schreibstift zur Hand und hält alle frischen Traumerinnerungen schriftlich fest. Selbst wenn man immer nur am Morgen aufwacht, so ist die Erinnerung an den letzten Traum doch ungleich viel reichhaltiger als schon zehn Minuten später. Auf diese Weise erhält man nicht nur spannende und detaillierte Traumprotokolle, sondern sofort eine zusätzliche Interpretationshilfe: Falls man die Träume datiert, sind die den Traum färbenden Tagesereignisse und Stimmungen leicht erkennbar. Außerdem erzieht man sich in gewisser Weise mehr und mehr zur Sensibilität den Träumen gegenüber, und man beginnt, sich immer öfter an seine Träume zu erinnern.

Natürlich kann auch ein Traumtagebuch bestimmte für den Bewußtseinszustand des Träumens typische Behinderungen nicht ausschalten: Die Instanz der Widerstände funktioniert nach wie vor, auch die sekundäre Zensur ist nicht völlig auszuschalten. Nebelhaftes Erleben bleibt nebelhaft, Träumer und Träumerin bleiben immer noch die »Opfer« ihrer Traumgeschichten und unterliegen dem Zwang der Handlung, ohne ihn als solchen zu erkennen. Das alles wird durch ein Traumtagebuch nicht verändert, aber es hilft ganz ungemein, sich genauer und regelmäßiger an seine Träume zu erinnern.

Eine regelmäßige und reichhaltige Erinnerung ans Traumleben wird also im allgemeinen durch die feste Gewohnheit unterstützt, sich auch im Wachleben mit den Träumen zu beschäftigen. Ob das nun durch den Ritus geschieht, sich mittels bestimmter Drogen mystische Traumerlebnisse zu verschaffen, wie es manche Naturvölker immer noch praktizieren, oder durch den Ritus, ein Traumtagebuch zu führen, bleibt sich letztendlich gleich. Wichtig ist nur, daß man sich auch im Wachleben der Existenz und Bedeutung des Traumlebens ständig bewußt wird und bleibt.

Schon die alten Griechen wußten, daß man wichtige Informationen über sich und andere den Träumen entnehmen kann. Zum Beispiel die Anhänger des größten Heilkultes des antiken Griechenland, die Jünger des Asklepios (Äskulap), bedienten sich hauptsächlich der Traumdeutung, um Krankheiten zu diagnostizieren und zu therapieren, und das mit beachtlichen Erfolgen. Aber das ist lange her, werden Sie vielleicht denken, und die Heilkunst hat seit Äskulap Fortschritte gemacht, an die auch die Pythia nicht einmal im Traum hat denken können. In der Tat kann man lange über die Art und das Vorhandensein solcher Zusammenhänge und Verbindungen streiten. Unbestreitbar aber bleibt die Feststellung einer Entwicklung, die erst jetzt so langsam in ihre Gegenbewegung mündet.

Unter der zunehmenden Vorherrschaft von Wissenschaft und Technik, die ihre unbezweifelbaren Verdienste haben, schien uns industriellen Zeitgenossen das Aufrechterhalten einer Verbindung zur Traumwelt nicht mehr zeitgemäß. (Von anderen verlorengegangenen Verbindungen wollen wir gar nicht erst zu sprechen beginnen.) So geriet sehr viel des alten, überlieferten Wissens in Vergessenheit. So viel jedenfalls, daß es zu einem äußerst bedauerlichen Defizit kam. Eine der schillerndsten Farben im Regenbogen des Lebens ist damit verschwunden, verbannt in den Keller des »primitiven Hokuspokus«.

Die Traumkultur der Senoi

Dabei haben die angeblichen Primitiven sogar recht fortschrittliche Traumkulte entwickelt. Zum Beispiel die *Senoi*, die lange unentdeckt im malayischen Urwald lebten und erstmals 1935 von Kilton Stewart beschrieben wurden. Die recht widersprüchlichen Berichte über diesen Volksstamm lassen doch wenigstens die Feststellungen zu, daß sie sich die Fähigkeit des »luziden« (Näheres siehe Seite 29) Träumens angeeignet und so weit entwickelt haben, daß sie dem Klarträumen schon recht nahe kommen.

Bereits die Kinder der Senoi, so beschreibt es Kilton Stewart in seinem Buch »Dream Theory in Malaya«, werden dazu angehalten, selbst dann im Traum zu bleiben, wenn er ihnen Angst macht. So machen sie im Lauf der Zeit die Erfahrung, daß die Traumwelt veränderbar ist, ja daß sie sich selbst während des Träumens aktiv verändern läßt. In ihren Träumen wähnen sich die Senoi in Verbindung mit den Göttern, Dämonen und den Geistern der Verstorbenen. Die Erwachsenen haben gelernt, jeder

Bedrohung durch diese Figuren standzuhalten, ja sogar ihnen Siege und Geschenke abzuringen. Sie führen regelrechte Traumprojekte durch, mit deren Ergebnissen sie ihre Wachwelt zu verbessern suchen. An den Träumen der einzelnen hat die ganze Gemeinschaft teil, denn sie werden auf rituelle Weise im Stammesrat erzählt.

Bevor wir hier einzelne Traumkonzepte der Senoi kurz vorstellen, erscheint es wichtig, dem Leser eine bedeutsame Tatsache mitzuteilen, die STEWART selbst verwundert beschrieb, nicht zuletzt natürlich, um die Aufmerksamkeit des Lesers bezüglich der erwähnten Traumkonzepte zu erhöhen. *Bei diesem Volksstamm gab es weder asoziales Verhalten noch Mord und Totschlag. Auch Geisteskrankheiten kamen kaum vor.*

Hier nun die wichtigsten Konzepte, nach denen die Senoi ihr Leben einrichten:

- Feindselige Traumgestalten sollen vom Traum-Ich stets angegriffen und getötet werden. Dabei können auch andere Traumgestalten um Hilfe gebeten werden.
- Traumgestalten werden nur dann als negativ erlebt, wenn man vor ihnen Angst hat.
- Das Traum-Ich soll freundliche Geister um Rat und Hilfe bitten.
- Sexuelle Träume sollen immer bis zum Orgasmus weitergeführt werden. Zum Schluß soll man vom Traumpartner ein Geschenk fordern, etwa ein Lied, einen Tanz, ein Gedicht oder etwas, was man lernen kann.
- Ein reiches Liebesleben im Traum bedeutet, daß die Traumgeister dem Träumer wohlgesonnen sind.
- Die im Traum erhaltenen »Geschenke« werden im Wachleben an die anderen Stammesmitglieder »weitergegeben«.
- Erst das Traumleben und das Wachleben zusammen bilden den sozialen Zusammenhang des Stammes.

Dieser Stamm war in der glücklichen Lage, seinen Lebensunterhalt sozusagen »nebenbei« besorgen zu können. Die Umweltbedingungen erlaubten es, sich hauptberuflich um die Traumkultur zu kümmern. Eine solche Traumkultur ist natürlich viel erfolgreicher als ein Traumtagebuch, wenn es darum geht, sich an seine Träume zu erinnern und sich seiner Traumsymbole bewußt zu werden. Die Nachteile für uns aber sind offensichtlich. Erstens haben wir in unserem sozialen Leben gar nicht die Möglichkeit, uns intensiv und gemeinsam um unser Traumleben zu kümmern. Zweitens ist uns – in der Regel jedenfalls – der Geisterglaube abhanden gekommen und damit ein gehöriges Stück Motivation, uns durch den Kampf gegen die Dämonen der Finsternis weiterzuentwickeln. Wir kämpfen heutzutage statt dessen mit Steuererklärungen und narzißtischen Störungen. Damit haben wir schon genug zu tun. Zudem fehlt uns die naive Weltsicht der Senoi. So unverbildet, wie ein Senoi sich dem Kampf mit einem Traumdrachen stellen kann, sind wir schon lange nicht mehr. Entweder reißen wir aus, weil wir den Traumzustand als solchen nicht erkennen können. Oder wir gehören zu den ganz Mutigen und reißen erst ein wenig später aus. In der traumtherapeutischen Sitzung können wir dann darüber nachdenken, was der Drache wohl symbolisiert hat. Ein unmittelbar lustvolles Erleben solcher Traumkonflikte bleibt uns aber meist versagt.

Inzwischen werden unter einigen Vertretern der kulturanthropologischen Fachwelt auch Zweifel an der Richtigkeit der Berichte Kilton Stewards über die Senoi laut. Der Streit ist allerdings noch nicht entschieden.

Und außerdem: Selbst wenn wir den Traumzustand wie die Senoi erkennen könnten, so daß wir uns dem Drachen ohne Furcht stellen würden, bleibt uns doch die naive, unreife »Haudrauf-Mentalität« der Senoi fremd – oder?

Von »luzid« zu »klar«

Doch auch in unserer europäisch orientierten Kultur tauchten in der Literatur immer wieder Beschreibungen eines Traumzustandes auf, der dem von den Senoi erlebten sehr ähnlich ist. Die Rede ist vom sogenannten *»luziden«* Traum, und der ist in der Tat, wie sein Name schon sagt (Lux = Licht), deutlich heller beleuchtet als ein normaler Traum. Die Definitionen dieses vielstrapazierten Begriffs unterscheiden sich alle ein wenig voneinander. Den Beschreibungen gemeinsam ist jedoch der Aspekt, daß man sich während des Träumens ständig darüber im klaren ist, daß man träumt, und sich eben nicht in einer Geisterwelt befindet! Weitere, ebenfalls charakteristische Aspekte für einen luziden Traum sind: sporadische Erinnerungen des Träumers an sein Wachleben, eine deutliche und vollständige Erinnerung an den luziden Traum nach dem Erwachen und klarere und bessere Sinnesleistungen als in einem normalen Traum. Nun soll dieses Buch ja vom *Klarträumen* handeln, einem Traumzustand, der sich vom luziden Traum noch einmal unterscheidet, weswegen wir die Definition eines Klartraumes gleich anschließen.

Ein Klartraum ist genau so, wie es seine erste Silbe ausdrückt, nämlich »klar«. Er unterscheidet sich von anderen Träumen durch folgende Merkmale:

- Man ist sich völlig darüber im klaren, daß man träumt.
- Der Bewußtseinszustand des Träumers ist in keiner Weise getrübt.
- Alle Sinnesleistungen stehen genauso wie im Wachleben zur Verfügung.
- Es besteht eine vollständige Erinnerung an das Wachleben.
- Im Wachen wie im Klartraum besteht eine ebenso vollständige Erinnerung an das bisherige Klartraumleben.

Bis hierher ist ein Klartraum nichts weiter als eine etwas verbesserte Ausgabe des luziden Traums. Das wichtigste Unterscheidungsmerkmal, das eine ganz andere Qualität des Traumerlebens verspricht, fehlt aber noch:

Da man sich völlig im klaren darüber ist, daß man träumt, kann man es konsequenterweise auch erreichen, während des ganzen Traumes *um die eigene Entscheidungsfreiheit zu wissen.* (Was das im einzelnen bedeutet, wird in den nächsten Kapiteln noch deutlich werden.) Ohne jetzt schon alle Konsequenzen dieses Unterschiedes zu erkennen, wird Ihnen sicher eines auf Anhieb klar sein: Ich muß nie wieder weglaufen! Ich kann im Traum nie wieder zu etwas gezwungen werden! Ich habe ein Stück Freiheit mehr gewonnen!

Bei genauerem Bedenken dieser sechs Klartraumaspekte erkennen wir, über diese neu gewonnene Freiheit hinaus, einen weiteren Gewinn. Durch die so entstehende *zweiseitige* Erinnerungsbrücke zwischen Wach- und Traumleben genießen wir alle Vorteile, die auch die Senoi-Traumkultur mit ihren Riten bietet. Wir kommen in einen viel engeren Kontakt mit unserem Unterbewußtsein und unseren inneren Kraftquellen, und – so paradox das klingen mag – werden uns bald auch im Wachleben mehr und mehr unserer unbewußten Impulse bewußt. Die Nachteile des Senoi-Systems aber, der naive Umgang mit Figuren aus der Geisterwelt und der hier und heute gar nicht mehr zu vertretende hohe Zeitaufwand, spielen für uns keine Rolle mehr. Eine moderne Traumkultur wird möglich!

Was das alles für Konsequenzen hat und wie man das überhaupt »macht«, werden wir in den nächsten Kapiteln behandeln. Zunächst aber wollen wir zum Ausklang dieser langen Einleitung noch ein wenig Grundlagenwissen über Schlafen und Träumen im allgemeinen vermitteln.

Alles schläft, einer wacht...

Unser Schlaf verläuft in halbwegs regelmäßigen Zyklen. Diese Zyklen unterscheiden sich zwar durch die Tiefe des Schlafes, sind sich aber in ihrer Struktur sehr ähnlich. Vier- bis fünfmal durchlaufen wir in einer Nacht die Phasen von Tiefschlaf und »leichterem« Schlaf. Ein vollständiger Zyklus von Tiefschlaf zu Tiefschlaf dauert ungefähr eine bis eineinhalb Stunden. Bereits eine halbe Stunde nach dem Einschlafen befinden wir uns in der tiefsten Schlafphase der Nacht. Die darauffolgende erste Phase von leichterem Schlaf, in der eine rege Traumaktivität herrscht, ist nur kurz, kaum mehr als 10, höchstens 15 Minuten. Die nächste Tiefschlafphase ist schon etwas flacher, dafür ist die folgende Traumphase länger. So wird die Kurve der Schlafphasen im Laufe der Nacht immer flacher, bis wir schließlich, wenn wir nicht von außen geweckt werden, während der letzten und längsten Traumphase aufwachen. Die Abbildung (Seite 33) zeigt diesen Verlauf noch einmal.

Die Abbildung veranschaulicht auch sehr schön, daß wir tatsächlich kurz nach dem Einschlafen am tiefsten schlafen und nicht erst später in der Nacht. Diese Tatsache, die immer noch weithin unbekannt ist, haben die Schlafforscher nicht nur dadurch belegt, daß sie zu verschiedenen Zeiten Weckversuche durchführten – eine unangenehme Methode, auf die wir noch zu sprechen kommen werden –, sondern auch durch das Messen der Gehirnströme.

Es gibt ganz charakteristische Gehirnwellenmuster, deren Entstehung und Theorie uns hier nicht interessieren muß, an denen sehr genau die verschiedenen Schlafstadien erkannt werden können. Diese Stadien sind auf der Abbildung mit 1–4 gekennzeichnet, wobei 1 leichter Schlaf bedeutet und 4 tiefer Schlaf. Nur im Schlafstadium eins taucht ein Phänomen auf, das REM genannt wird. Der Begriff kommt aus dem Englischen und bedeutet: schnelle Augenbewegungen (*R*apid *E*ye *M*ovements). Jede dieser Phasen mit schnellen Augenbewegungen geht einher mit sehr hoher Traumaktivität. Diese Träume werden *REM-Träume* genannt und nehmen 20–25% unserer nächtlichen Schlafenszeit ein.

Eine Zeitlang glaubte man, die Menschen träumten nur in dieser Phase des REM-Schlafes. Inzwischen weiß man aber auch von sogenannten *Non-REM-Träumen*, die in den Stadien zwei, drei und vier stattfinden. In diesen Stadien bewegen sich die Augen nur langsam und auch nicht synchron wie im Stadium eins. Nach dem bisherigen Erkenntnisstand sind diese Non-REM-Träume sehr viel einfacher strukturiert als REM-Träume. Außerdem erinnern sich weniger als 10% der Schläfer, die aus einem Non-REM-Traum geweckt werden, an diesen Traum, wohingegen fast alle Versuchspersonen, die aus einem REM-Traum aufwachen, den Traum wiedererzählen können.

Mit dem Begriff »Schlaf« verbinden wir in aller Regel Vorstellungen von »Ruhe« und »Gleichmäßigkeit«. Da während der Traumphasen nun wirklich nicht von Ruhe und Gleichmäßigkeit die Rede sein kann, da dort nicht nur im Gehirn, sondern auch im übrigen Körper sozusagen »die Hölle los« ist, unterscheidet die Wissenschaft zwischen *orthodoxem* und *paradoxem* Schlaf:

– »Beim *orthodoxen Schlaf* sind Atmung, Herzschlag und Blutdruck regelmäßig, die Durchblutung und Temperatur des Gehirns sind leicht reduziert. Die Skelettmuskulatur behält einen gewissen Tonus bei (ist also leicht angespannt), und der Penis ist schlaff…

– *Paradoxer Schlaf* tritt beim Menschen ungefähr fünfmal in der Nacht auf und macht etwa 20–25% des gesamten Schlafs aus. Die erste Phase, die nach ungefähr einer Stunde orthodoxen Schlafs auftritt, ist kurz. Spätere Phasen sind länger und dauern 20–40 Minuten. Beim paradoxen Schlaf sind Atmung, Herzschlag und Blutdruck unregelmäßig, und es sind sehr kurze Körper- und Gesichtsbewegungen zu beobachten. Wenn nicht ein schwerer Angsttraum auftritt, ist der Penis erigiert und die Skelettmuskulatur erschlafft… (ebenso ist der paradoxe Schlaf durch die REM-Phasen gekennzeichnet; die Autoren) … die Hirndurchblutung ist besser als im Wachzustand, und die Gehirntemperatur steigt an…« *(Lexikon der Psychologie, Freiburg)*

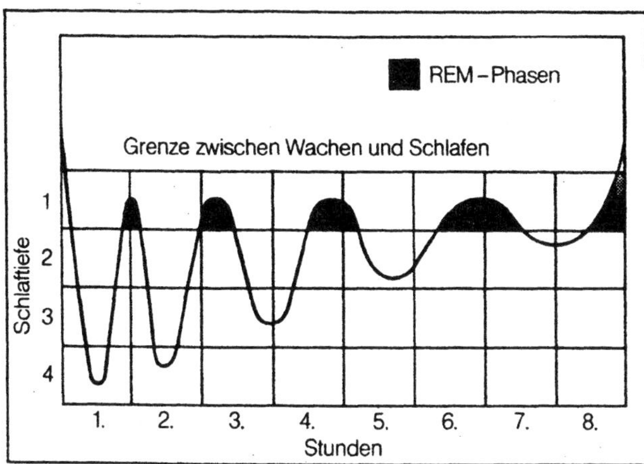

Verlauf der Schlaftiefe im Laufe einer Nacht. Phasen des Tiefschlafes wechseln mit Traumphasen (REM-Phasen), in denen wir nur einen sehr leichten Schlaf haben, ab.

Es ist erwiesen, daß während des Schlafes nicht nur physiologische Erneuerungsprozesse ablaufen, daß also nicht nur der Körper von diesem Zustand profitiert. Auch unsere Psyche scheint Schlaf dringend nötig zu haben, insbesondere den Schlaf, in dem sie besonders angestrengt ist, also den paradoxen oder REM-Schlaf.

Schlafentzug und seine Folgen

Es hat Experimente gegeben, in denen freiwilligen Versuchspersonen der REM-Schlaf dadurch entzogen wurde, daß man sie immer dann sofort weckte, wenn das EEG (*E*lektro-*E*nzephalo-*G*ramm), das die Hirnströme mißt und aufzeichnet, und das EOG (*E*lektro-*O*kulo-*G*ramm), das die Augenbewegungen mißt und aufzeichnet, eine REM-Phase anzeigten. Man hinderte sie sozusagen nur am Träumen und kaum am Schlafen. Solche Versuche hatten zur Folge, daß die REM-Phasen dieser Schläfer äußerst schnell in ihrer Häufigkeit zunahmen. Nach ungefähr zehn Nächten hatte sich die Häufigkeit so weit gesteigert, daß die Versuchspersonen nach dem Weckreiz wieder *direkt* in den REM-Schlaf fielen. Ganz gleich, wann man solche Experimente abbricht, ob schon nach wenigen Tagen oder erst nach einiger Zeit, in den darauffolgenden Nächten wird der verlorene REM-Schlaf nachgeholt. In diesen Erholungsnächten kann der Anteil des REM-Schlafs bis auf 40% der gesamten Schlafdauer ansteigen.

Völliger Schlafentzug über einen längeren Zeitraum ist übrigens nicht ungefährlich. Schon nach 60 Stunden kommt es zu Halluzinationen und Wahnvorstellungen. Die Opfer einer solchen Behandlung hören und sehen Dinge, die nicht in ihrer Umwelt vorhanden sind, die ihnen lediglich ihr geschundenes Gehirn vorgaukelt. Die Wahnvorstellungen sind meistens mit Verfolgungsphantasien verbunden.

Kurz, ein von Schlafentzug Betroffener zeigt Symptome, die es jedem Arzt erlauben würden, ihn in ein psychiatrisches Krankenhaus einzuweisen.

Die Personen, denen »nur« der REM-Schlaf entzogen wird (also nicht die sogenannten Non-REM-Träume), zeigen im Wachleben Symptome von Konzentrationsschwäche, leichter Ermüdbarkeit und Verlust des Erinnerungsvermögens, mitunter auch von starker Aggressivität, ja selbst Delirien wurden in diesem Zusammenhang schon beobachtet. Diese Symptome können nicht in erster Linie auf eine allgemeine Verminderung der gewohnten Schlafmenge zurückgeführt werden. Entzieht man nämlich einer Kontrollgruppe von anderen Schläfern dieselbe Schlafmenge, aber aus anderen Schlafphasen, dann zeigen diese im Wachleben ein völlig normales Verhalten. Es scheint also tatsächlich an den REM-Träumen zu liegen, ob und wie gut wir uns im Schlaf erholen. Alle Forschungsergebnisse machen also deutlich, daß Träume ein ganz wesentlicher Faktor unserer Psychohygiene und des Persönlichkeitswachstums sind. Selbst die perverse Anwendung dieser Forschungsergebnisse, die nach dem letzten Weltkrieg unter der Bezeichnung »Gehirnwäsche« bekannt wurde, bestätigt diese Vermutung.

Und doch gab es Wissenschaftler, die behaupteten (und es noch heute tun!), es gebe überhaupt keine Träume. Damit entziehen sie sich dem von ZURFLUH so genannten Problem der »Beweisnot« in der Traumforschung. Träume kann man eben nicht objektiv filmen und einem wissenschaftlich interessierten Publikum zugänglich machen – man ist auf »Zeugenaussagen« angewiesen. MALCOLM, einem bekannten behavioristischen Wissenschaftler, reichte es noch nicht einmal aus zu behaupten, die Traumforschung sei unwissenschaftlich (wie es auch heutzutage immer noch behauptet wird). Er verfaßte 1959 sogar eine umfangreiche und äußerst scharfsinnige Arbeit, in der er nachwies, daß es so etwas wie Träume gar nicht geben könne. TART, ebenfalls ein bekannter Wissenschaftler und Traumforscher, hatte sich Ende der 60er Jahre intensiv mit dieser in der philosophischen Traumliteratur vieldiskutierten Abhandlung auseinandergesetzt. In dem Buch »Altered States of Consciousness« berichtete er dann 1969 unter anderem, daß ihn die Beweiskraft der scharfsinnigen Argumente MALCOLMS derart beeindruckt habe, daß er nach ihrer Lektüre jede Nacht davon träumte...

Aber noch einmal zurück zu den unangenehmen Folgen des Traumentzuges. Wenn wir die Qualität unseres Wachlebens also tatsächlich dadurch vermindern können, indem wir störend in unser Traumleben eingreifen und so *dessen* Qualität vermindern – dann sollte es doch auch möglich sein, den Prozeß umzukehren und die Qualität unseres Wachlebens zu steigern, indem wir die Qualität unseres Traumlebens steigern. Doch davon mehr im kommenden Kapitel.

1. KAPITEL

Erste Praxis

Traumgeschichtliches

Wir, die Autoren, halten es für nicht unwahrscheinlich, daß Klarträumen in vorgeschichtlicher Zeit die übliche Art des Träumens war. Warum diese Fähigkeit im Laufe der Jahrtausende fast gänzlich verlorenging, ist noch nicht erforscht. Aber allein die begründbaren Vermutungen dazu würden schon ein weiteres Kapitel füllen.

Einer der Gründe, warum das Klarträumen die ursprüngliche Art des Träumens gewesen sein könnte, ist, daß es dem Menschen als bewußtem Wesen kaum angemessen sein kann, den 20sten Teil seines Lebens in »geistiger Umnachtung« zu verbringen; in einer Traumwelt der verschwommenen Wahrnehmungen, der unklaren Inhalte und, schlimmer noch, mit einer miserablen Erinnerung daran! Wenn wir schon ein gutes Viertel unseres Lebens in traumlosem Schlaf verbringen müssen, dann sollte es uns doch möglich sein, wenigstens die vier oder fünf Jahre Traumzeit bewußter zu verbringen.

Die Senoi können ihre Traumzeit noch nutzen. Zwar auf eine etwas naive Weise, aber immerhin. Doch sie gehören nicht zu unserem Kulturkreis. Unser Leben ist ihnen fremd und ihr Leben ist uns fremd. Wir haben uns bereits vor Jahrtausenden voneinander getrennt. In gewisser Weise leben sie noch in der Vorzeit, wir aber in der Neuzeit. Und die Neuzeit hat das Klarträumen *wieder* entdeckt.

Schon zu Beginn unseres Jahrhunderts erkannten Psychologen, daß Träume eben doch keine »Schäume« sind. Aber obwohl die *Traumdeutung*, und das ganz ohne die Hilfe der zu dieser Zeit noch in den Kinderschuhen steckenden Psychologie, über alle Kulturen und Zeiten hinweg auf eine ununterbrochene Tradition zurückblicken kann, brauchte es doch seine Zeit, bis die Bedeutung der Träume und die Möglichkeiten, die sich durch ihre Deutung ergaben, auch von den Psychologen erkannt und akzeptiert wurden.

Es hat sich für die moderne Wissenschaft dann aber als sehr fruchtbar erwiesen, die Träume endlich ernst zu nehmen. Mediziner und Physiologen erforschten die körperlichen Vorgänge bei Schlaf und Traum, und die Psychothe-

rapeuten hielten ein neues, mächtiges Werkzeug in den Händen. Natürlich gab es Sackgassen und Irrwege. Den wohl abwegigsten beschritten jene, die glaubten, mit Hilfe eines möglichst vollständigen Traum- und Symbolkatalogs jeden Einzelfall zutreffend analysieren zu können. Erst in den letzten Jahren setzte sich mehr und mehr die Ansicht durch, daß *nur der Träumer selbst* in der Lage ist, seine Träume zutreffend zu deuten. Allerdings setzt das üblicherweise stark beeinträchtigte Erinnerungsvermögen den Träumern und auch den Therapeuten, die solche Deutungsanleitungen geben, gewisse Grenzen. Jedenfalls, allzuviel geschah dann nicht mehr in der Traumforschung.

Wie immer, wenn die Entwicklung vormaliger Neuheiten das Stürmische verliert, wenn die Lehrer gestorben sind und die Schüler das Feld beherrschen, kam dann eine Zeit der Besinnung. Erst später kommt erfahrungsgemäß wieder eine Zeit, in der die ausgetretenen Pfade verlassen werden, in der die Neugierde wieder modern wird.

Diesen Zyklus hat - trotz ihrer »Jugend« - auch die Psychologie schon vollzogen. Nach den stürmischen Entwicklungen bis zur Mitte unseres Jahrhunderts war sie, zumindest was die Traumdeutung angeht, in verhältnismäßige Ruhe versunken. Eine ihrer wichtigsten neuen Dimensionen ist heute das Klarträumen. Hier hat sich den Psychologen ein ganz neues Betätigungsfeld eröffnet, dessen Bedeutung noch gar nicht abzuschätzen ist.

Dabei ist es nicht nur die Traumforschung, die hier profitiert. Die Psychologie war und ist ja seit jeher ein Sammelbecken für all jene, die auf der Suche nach dem »Sinn des Lebens« sind. Kein großer Philosoph, der nicht auch psychologisch gedacht hätte. Aber auch diejenigen, die »nur« auf der Suche nach dem Sinn *ihres* Lebens sind, interessieren sich früher oder später für die Psychologie. Und das ganz besonders in unserer Zeit des »Pluralismus«, wobei dieser Begriff vielen Menschen nichts weiter als die zunehmende Unübersichtlichkeit ihrer Welt signalisiert.

Was, wenn wir nun einen unmittelbaren Zugang zu unserem Unbewußten fänden? Das wäre allerdings eine

Chance, dem Sinn unseres Seins auf einem neuen Weg wieder näherzukommen. Eine Chance, uns den Fragen »Wo komme ich her?« und »Wer bin ich – hier und jetzt?« stärker und konstruktiver stellen zu können. Und wir meinen, der Klartraum ist diese Chance.

Die Wiedergeburt des Klartraums

Bevor wir nun die Technik des Klarträumens darstellen, sollen Sie erst noch erfahren, wie das Klarträumen Eingang in die moderne Psychologie gefunden hat. Schon dadurch wird Ihnen viel über die Grundtechnik »klar« werden.

»... Am Anfang meines Psychologiestudiums hatte ich einige Behauptungen über Träume gehört, die mir unglaubwürdig erschienen. Es wurde unter anderem behauptet, daß man im Traum keine Farben sehe und daß die Traumszenerie außerhalb des Gesichtsfeldzentrums sehr unscharf erschiene. Da ich mich selbst an meine Träume nur sehr schlecht erinnern konnte, war es mir nicht möglich, diese Behauptungen anhand meiner eigenen Träume zu überprüfen. Ich kam zu der Ansicht, daß man die fraglichen Behauptungen am besten überprüfen könne, wenn man *während des Träumens* systematische Beobachtungen über die Traumerlebnisse anstellte. Um die Durchführung solcher Beobachtungen zu ermöglichen, war es notwendig, eine Methode zu finden, die es erlaubt, sich der Tatsache, daß man träumt, bewußt zu werden. Hierbei ließ ich mich von folgendem Grundgedanken leiten: Entwickelt man bereits während des Wachzustands eine kritische Einstellung gegenüber seinem augenblicklichen Bewußtseinszustand, indem man sich die Frage stellt, ob man wacht oder träumt, so überträgt sich diese kritische Einstellung auch auf den Traumzustand. Aufgrund der Ungewöhnlichkeit der Traumerlebnisse kann man dann in der Regel erkennen, daß man träumt.

Im einzelnen ging ich folgendermaßen vor: Ich stellte mir tagsüber mehrmals (etwa fünf- bis zehnmal) die kri-

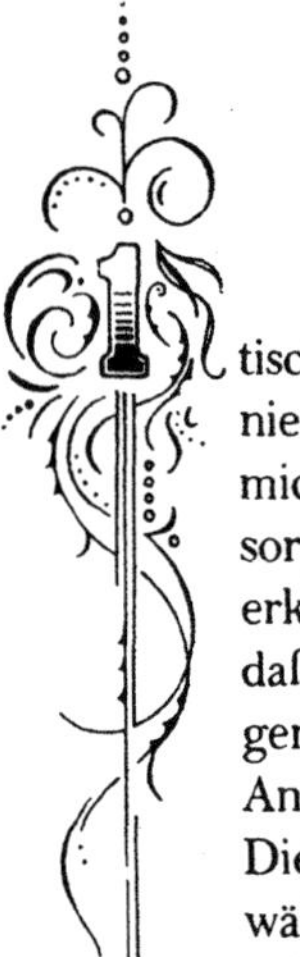

tische Frage, ob ich wachte oder träumte. Obwohl hierbei niemals der geringste Zweifel darüber aufkam, daß ich mich im Wachzustand befand, zwang ich mich dazu, sehr sorgsam zu überprüfen, ob irgend etwas Auffälliges zu erkennen war, das mir einen Hinweis dafür geben könnte, daß ich mich im Traumzustand befand. Diese Überprüfungen nahmen jeweils die Zeit von ein bis zwei Minuten in Anspruch. Nach vier Wochen hatte ich den ersten Erfolg. Die kritische Frage nach dem Bewußtseinszustand tauchte während des Träumens auf, und ich konnte die Tatsache, daß ich träumte, daran erkennen, daß ich einer Person begegnete, von der ich wußte, daß sie verstorben war. Ansonsten konnte ich nichts Auffälliges entdecken. Ich befand mich mit anderen Personen in einer Wiesenlandschaft. Alles wirkte unglaublich echt. Ich konnte mich mit den Personen ganz »normal« unterhalten, konnte Blumen pflücken, ihren Duft riechen und Beliebiges anderes wie im Wachzustand tun. Es war – vor allem wegen der Echtheit des Traumkörper-Ichs und der Traumszenerie – ein äußerst eindrucksvolles Erlebnis...«
(Paul Tholey, Frankfurt)

Dieser Traum ist der Grundstein der heute verwendeten Lerntechnik. Der zugrundeliegende Gedanke ist so einleuchtend, daß ihn jedermann nachvollziehen kann:
Was mich im Wachleben beschäftigt, das beschäftigt mich auch im Traum.

Also hat mein Traum-Ich sehr wahrscheinlich auch dieselben Gewohnheiten wie mein Wach-Ich. Auf dieser einfachen Überlegung baut die Grundtechnik auf.

Klarträumen kann man lernen!

Bevor wir uns jetzt etwas näher mit dem Klarträumen beschäftigen, sollten Sie sich noch einmal das bisher Gelesene in Erinnerung rufen.

Mit den Beschreibungen und Erklärungen aus der Einleitung haben Sie nun genügend Information zur Verfügung, um jederzeit einen Klartraum von einem gewöhnlichen Traum unterscheiden zu können. Dieses theoretische Wissen ist eine unabdingbare Voraussetzung für die Praxis des Klarträumens. Wenn Sie diese Definition genauso wie zum Beispiel das kleine Einmaleins beherrschen, werden Sie kaum Schwierigkeiten mit der Lerntechnik haben. Vergewissern Sie sich also noch einmal, ob Ihnen die Definition von Seite 29 auch gegenwärtig ist, denn in diesem Kapitel werden Sie erfahren, wie man das »macht«, und dafür müssen Sie wissen, was einen Klartraum von einem normalen Traum unterscheidet.

Und eine zweite Tatsache sollten Sie sich auch noch einmal in Erinnerung rufen: Klarträumen ist lernbar. Jeder, der die hier beschriebenen Lerntechniken anwendet, schafft es. Der eine in nur zwei Nächten, der andere eben in sechzig. Unter der Voraussetzung von täglicher Anwendung der Lerntechnik haben es alle, die nicht aufgaben, sehr schnell geschafft. Manchen Träumern, denen es nicht auf Anhieb gelingt, wird die Zeit nach wenigen Wochen schon zu lang. Das ist schade, denn es hat sich gezeigt, daß bei stetiger Anwendung der Technik auf jeden Fall mit einem Erfolg zu rechnen ist – und sei es erst nach Wochen. Also, aufgeben gilt nicht! Das »Geheimnis« ist schnell erzählt:

Man übt bereits in der Wachrealität eine kritische Einstellung zum augenblicklichen Bewußtseinszustand ein. Das geschieht, indem man sich mehrmals am Tag ernsthaft die Frage stellt, ob man wacht oder träumt. Diese Frage wird dann nicht einfach »nur so« beantwortet, *sondern sie wird ernsthaft überprüft.* Hat man diese Gewohnheit erst einmal angenommen, so übernimmt man sie früher oder später auch in seine Träume. Dort kommt man zu den dem

Bewußtseinszustand entsprechenden Antworten... und wird »klar«.

Das alles ist gar nicht so schwierig:

»Mir träumte einmal von einem Nachmittag am Strand, wobei mir zuerst noch nicht klar war, daß ich träumte... Irgendwann beschloß ich, daß es wieder einmal Zeit für »Wach' ich oder träum' ich?« sei, und betrachtete meine Umgebung genauer. Da mir die Bademode sehr unkonventionell vorkam, betrachtete ich die Träger genauer. Sie sahen alle gleich aus, waren getreue Abbilder meiner Eltern! So erkannte ich, daß ich träumte, zauberte sie alle weg und umgab mich mit...«

(Der Traum dauerte dann noch sehr lange und führte zu recht intimen und existenziell bedeutsamen Erkenntnissen über die sozialen und sexuellen Beziehungen des Träumers; Erkenntnisse, die auch im Wachleben spürbare Wirkungen hatten.)

Im Laufe der Zeit wurden recht unterschiedliche Formen dieser »*Kl*arheit *g*ewinnenden Technik« (KLG-Technik) entwickelt. Neben der schon beschriebenen *kritisch-reflektierenden Einstellung* haben sich auch sogenannte *Intentions-*, *Suggestions-* und *Hypnose-Techniken* als hilfreich erwiesen. Es ist nicht nötig, daß Sie sich für diese Entwicklungen im einzelnen interessieren. Für Anfänger hat sich nämlich eine aus diesen Elementen kombinierte Technik als sehr brauchbar erwiesen, deren Schwerpunkt im Einüben der »kritisch-reflektierenden Einstellung« liegt. Sie besteht aus zehn Einzelanweisungen und erhielt deshalb von den Klarträumern der ersten Stunde den Namen »Die zehn Gebote« zum Erlernen des Klarträumens.

Die zehn Gebote zum Erlernen des Klarträumens

1. Stellen Sie sich am Tag mindestens fünf- bis zehnmal die kritische Frage, ob Sie wachen oder träumen.

2. Versuchen Sie dabei, sich intensiv vorzustellen, daß Sie sich im Traum befinden, daß also alles, was Sie wahrnehmen - einschließlich Ihres eigenen Körpers - bloß geträumt ist.

3. Achten Sie bei der Überprüfung der kritischen Frage nicht nur darauf, was augenblicklich geschieht, sondern auch auf die unmittelbare und fernere Vergangenheit. Stoßen Sie auf etwas Ungewöhnliches? Haben Sie gar Erinnerungslücken? Traumerlebnisse setzen in ihrer Handlung ja sehr plötzlich ein; vor Beginn der Handlung gibt es in der Regel kein Gestern, sondern eine Lücke. Nehmen Sie sich für diese Überprüfung eine knappe Minute Zeit!

4. Stellen Sie sich die kritische Frage immer in Situationen, die auch für Träume charakteristisch sein könnten. Also immer, wenn etwas Überraschendes oder Unwahrscheinliches geschieht. Und immer, wenn Sie sich in einer extremen Gefühlssituation befinden... falls Sie dann noch Zeit, Gelegenheit oder Lust dazu haben.

5. Besonders günstig ist es, wenn Sie Träume mit immer wiederkehrenden Inhalten haben. Erleben Sie im Traum häufig Gefühle von Peinlichkeit? Dann stellen Sie in allen peinlichen Situationen des Wachlebens die kritische Frage. Tauchen in Ihren Träumen vielleicht häufig Hunde auf? Dann stellen Sie immer, wenn Sie tagsüber einem Hund begegnen, die kritische Frage. Sollten Sie zu diesen Glücklichen gehören, dürfen Sie sich freuen. Wiederkehrende Trauminhalte sind schon die halbe Miete.

6. Diese Regel betrifft ebenfalls wiederkehrende Trauminhalte, allerdings nur solche, die im Wachleben nicht oder nur selten auftreten, wie zum Beispiel Erlebnisse von Schweben oder Fliegen. Sollten Sie mit dieser Art von Träumen aktuelle Erfahrungen haben, dann sollten Sie schon im Wachzustand versuchen, sich intensiv in ein solches Erlebnis hineinzuversetzen. Diese Vorstellung muß zusätzlich mit dem Gedanken verbunden werden, daß man sich im Traum befindet.

7. Schlafen sie mit dem Gedanken ein, daß Sie einen Klartraum haben werden. Das ist besonders dann sehr hilfreich, wenn Sie in der Nacht oder in den frühen Morgenstunden aufwachen und wissen, daß Sie wieder einschlafen werden. Auch ein Nachmittagsnickerchen eignet sich hervorragend für diese Technik. Vermeiden Sie aber bei diesem Gedanken jegliche bewußte Willensanstrengung.

8. Sollten Sie sich nur schlecht an Ihre gewöhnlichen Träume erinnern können (an Klarträume erinnert man sich immer klar!), benutzen Sie bitte eine der herkömmlichen Methoden zur Förderung der Traumerinnerung, wie sie in der neueren Traumliteratur geschildert werden (siehe Seite 24).

9. Nehmen Sie sich vor, im Traum eine ganz bestimmte Handlung auszuführen. Für Klartraumanfänger hat sich die Wahl irgendeiner einfachen Bewegungshandlung als sehr geeignet erwiesen. (Zum Beispiel das Gehen durch eine Wand, das Heben eines schweren Gewichtes mit nur einer Hand...)

10. Üben Sie regelmäßig, aber ohne Verbissenheit. Setzen Sie sich keine Frist, und bewahren Sie Geduld! Der erste Klartraum kommt bestimmt.

Beim aufmerksamen Lesen dieser zehn Gebote wird deutlich, wie wichtig in jedem Fall das Beachten drei verschiedener Umstände ist:

1. der Faktor der *Häufigkeit*,
2. der Faktor der *zeitlichen Nähe* und
3. der Faktor der *Ähnlichkeit*.

Diese drei Faktoren des Lernerfolges bedeuten nichts anderes, als daß Sie sich die kritischen Fragen *möglichst oft* (Häufigkeit) stellen sollten, auf jeden Fall aber *kurz vor dem Einschlafen* (zeitliche Nähe) und immer dann, wenn Sie Zustände oder Situationen erleben, die eine unübersehbare *Ähnlichkeit mit Traumerlebnissen* (Ähnlichkeit) haben.

Damit Sie diese zehn wichtigen Kernsätze zum Erlernen des Klarträumens immer vor Augen haben, haben wir sie in einer Kurzfassung noch einmal auf Seite 48 übersichtlich zusammengestellt. Sie können sich die entsprechende Seite aus diesem Buch kopieren oder die Stichworte auch abschreiben. Wichtig ist nur, daß Sie sich diese einfachen Grundregeln fest und sicher einprägen, so daß Sie sie tatsächlich auch im Schlaf beherrschen.

Neben der Beachtung dieser »zehn Gebote« haben Sie noch eine weitere Chance, die Zeitspanne bis zu Ihrem ersten Klartraumerlebnis zu verkürzen: Suchen Sie nach Gleichgesinnten und machen Sie eine *Traumgruppe* auf. Es hat sich immer wieder gezeigt, daß solche Gruppen dem Lernen ungemein förderlich sind. Falls Sie bei dem Wort »Gruppe« eine Gänsehaut bekommen: Sie sollen ja nicht gleich einen Verein gründen! Und auch zwei Freunde oder Bekannte sind in diesem Zusammenhang schon eine Gruppe. Gruppenmitglieder, die mit einer gewissen Regelmäßigkeit ihre Erfahrungen austauschen, erwerben die Fähigkeit des Klarträumens in der Regel schneller, als einzeln lernende Träumer. Sollten Sie aber zu der Gruppe der überzeugten Individualisten gehören, wird es Ihnen auf einige Wochen früher oder später auch nicht ankommen.

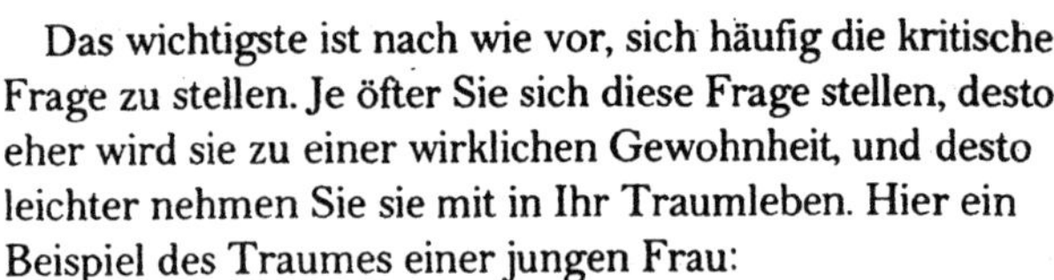

Das wichtigste ist nach wie vor, sich häufig die kritische Frage zu stellen. Je öfter Sie sich diese Frage stellen, desto eher wird sie zu einer wirklichen Gewohnheit, und desto leichter nehmen Sie sie mit in Ihr Traumleben. Hier ein Beispiel des Traumes einer jungen Frau:

»... Ich treffe K., der schon Klarträumer ist, auf der Toilette im Theater. ›Der kommt mir gerade recht!‹ denke ich. Sowieso bin ich sauer auf ihn. Da mache ich seit Wochen schon ganz brav meine Übungen und habe noch keinen einzigen Klartraum gehabt! Nicht mal einen ganz kleinen, ganz kurzen! Ich mache ihm Vorwürfe: ›Du hast mir alles falsch erklärt!‹ Ich bin völlig fertig mit den Nerven. Und überhaupt, jetzt steigere ich mich in richtige Wut: ›Das ist doch alles gelogen! Sowas gibt's doch gar nicht! Klarträumen! Ha! Aber mit mir nicht! Jetzt ist Schluß! Ich laß mich doch nicht länger von dir verarschen! Von dir schon gar nicht!‹

K. reagiert überhaupt nicht. Er steht vor dem Spiegel und streichelt seine Bartstoppeln. Ich gerate in eine derartige Wut, daß ich ihn von hinten auf den Kopf haue. K. dreht sich lachend um, schaut mir dabei in die Augen. ›Warum lacht er bloß?‹ denke ich kurz, dann geht er an mir vorbei und geht in den Spiegel. Ich schreie vor Wut und werfe die Seife nach ihm, treffe aber nicht. Ich war inzwischen so in Rage, daß ich einfach nicht gecheckt habe, daß solche Sachen natürlich nur im Traum vorkommen. ›Nur Mut, Baby!‹ sagt er, immer noch lachend. ›Du kommst schon noch drauf‹, dreht sich um und verschwindet.

Ich platze fast! Da geht hinter mir die Tür auf, und K. kommt mit einem anderen Mann rein. Eng umschlungen! Beide grinsen mich frech an. Ich bücke mich schnell nach der Seife, da wird mir schwindlig. ›Das darf doch nicht wahr sein‹, denke ich, als ich wieder hochkomme und die beiden da so stehen sehe. ›Der ist doch nicht schwul‹, denke ich, ›der doch nicht! Das wüßt' ich aber! Warum freut er sich nur so?‹ Plötzlich wird mir eiskalt. ›Was, wenn das alles ein Traum ist??? Träum' ich oder wach' ich? Was ist denn alles passiert bis jetzt? Das ist doch lächerlich! Ist das ein Traum?‹ frage ich die beiden. Beide schütteln den Kopf und lachen ganz irre. Egal! K. interessiert mich überhaupt nicht mehr.

Ich denke: ›Das kann, kann, kann nur ein Traum sein! Das ist ein Traum! Ein Klartraum! Was mach' ich denn jetzt bloß?‹ K. und der andere sind nicht mehr da. Die Kachelwand faßt sich unheimlich echt an. Kühl und glatt. Ich überlege fieberhaft, was ich jetzt machen könnte. Ich bin wahnsinnig aufgeregt. Ich muß jetzt was machen! Da fällt mir der Film mit Heinz Rühmann ein. Der Mann, der durch die Wand gehen konnte. Das war schon immer mein Traum. Bei ›Traum‹ muß ich lachen. Gott, bin ich albern, denke ich. Ich versuche, durch die Kachelwand zu gehen. Die Hand ist drin! Entschlossen gehe ich los. Ich dringe in die Wand ein und muß schon wieder lachen. Es ist herrlich, warm und dunkel. Irgendwie rötlich. Jetzt bin ich durch! Und stehe im Wohnzimmer meiner Eltern! Mutti und Vati trinken Kaffee und öden sich an. Mutti kommt sofort auf mich zu und macht mir Vorwürfe. ›Was fällt dir ein, einfach so ohne Anmeldung hier durch die Wand zu kommen!‹ ›Ach hör auf‹, sage ich glücklich, ›du bist doch bloß 'ne Traumfigur...‹«

Viele Träumer, die gerade ihren ersten Klartraum erlebt haben, neigen übrigens dazu, daraufhin die Lerntechnik zu vernachlässigen. Das ist nur natürlich, denn man »kann's« ja nun. Aber gerade in diesen Tagen verständlichen Überschwangs sollte man nicht nachlassen. Die frisch erworbene Fähigkeit könnte sich sonst wieder verlieren, oder aber die Klarträume tauchen nur noch vereinzelt auf. Die allerbeste Voraussetzung zur kontinuierlichen Steigerung der Häufigkeit von Klartraumerlebnissen bleibt nach wie vor die Gewohnheit, sich möglichst oft die kritische Frage zu stellen.

Repetitorium

1. Stellen Sie sich jeden Tag mehrmals ernsthaft die kritische Frage, ob Sie wachen oder träumen.

2. Stellen Sie sich dabei intensiv vor, Sie träumten.

3. Überprüfen Sie Ihre unmittelbare und fernere Vergangenheit. Stoßen Sie auf Erinnerungslücken?

4. Stellen Sie sich die kritische Frage immer in Situationen, die auch für Träume charakteristisch sein könnten.

5. Falls Sie immer wiederkehrende Träume haben, stellen Sie immer dann die kritische Frage, wenn Sie sich in einer diesen Träumen ähnelnden Situation befinden.

6. Kommen Sie oft in extreme Traumsituationen, die kaum in der Wachrealität zu erleben sind, wie Fallen oder Schweben? Dann versuchen Sie, sich während des Wachens intensiv in ein solches Erlebnis hineinzuversetzen, und beachten Sie Punkt 2.

7. Schlafen Sie mit dem Gedanken ein, daß Sie einen Klartraum haben werden. Verwenden Sie diese Technik auch beim Mittagsschlaf und beim Wiedereinschlafen nach kurzem Aufwachen.

8. Wenn Sie sich zu Anfang nur schlecht an Ihre gewöhnlichen Träume erinnern können, führen Sie für einige Zeit ein Traumtagebuch.

9. Nehmen Sie sich vor, im Traum eine ganz bestimmte, einfache Handlung auszuführen.

10. Üben Sie regelmäßig, aber nicht verbissen. Setzen Sie sich keine Frist, und bewahren Sie Geduld. Der erste Klartraum kommt bestimmt.

Träum' ich oder wach' ich?

Wie kann man nun eindeutig entscheiden, ob man sich im Traum befindet, oder nicht? Die Frage ist durchaus berechtigt. Man führe sich nur einmal vor Augen, wie schwer die Träumerin aus dem vorangegangenen Beispiel sich damit tat, ihren tatsächlichen Bewußtseinszustand zu erkennen. Berechtigt auch deshalb, weil sich ja niemand seine »wirkliche« Nase an einer »wirklichen« Kachelwand plattdrücken möchte. Und das womöglich noch unter den kritischen Blicken der Nachbarn...

Die Befürchtung, sich zu blamieren, hat sich nach aller bisherigen Erfahrung als unbegründet erwiesen. Die Erkenntnis des Traumzustands ist meist so »schlagend«, daß keine Zweifel mehr aufkommen.

Und natürlich gibt es eindeutige Merkmale, die einen Traum vom Wachleben unterscheiden. Das Wissen um solche *Kriterien des Bewußtseinszustandes* kann sehr nützlich sein: Immer dann, wenn zum Beispiel gerade wieder mal kein Verstorbener zur Hand ist, der einen ins Gespräch ziehen könnte, wenn man den Versuch mit der Kachelwand eben darum nicht wagen kann, weil man gerade unter der Beobachtung der frühreifen Freundin seines Sohnes steht. Sie können sich in solchen Fällen aber fragen, ob das Geschehen in der von Ihnen wahrgenommenen Umwelt vielleicht im Widerspruch zu Ihrem Wissen von der Wachwirklichkeit steht. Hängt vielleicht ein Bild nach oben? Fällt ein Stein zu langsam? Spielt Ihr Mann plötzlich virtuos Klavier, wo er doch zeit seines Lebens gänzlich unmusikalisch war?

Dann können Sie sich auch fragen, ob Ihre Sinneswahrnehmungen auch denen entsprechen, die in der Wachwirklichkeit üblich sind. Im Traum kann es nämlich zu einem übermäßigen Auftreten von strahlenden Farben kommen. Oder zum Fehlen jeglicher Farbe. Oder man kann Teile seiner Umgebung nur verschwommen erkennen. Unmögliche perspektivische Verzerrungen kommen auch recht häufig vor. Und das herabgesetzte Schmerzempfinden kennt schon der Volksmund: »Kneif' mich mal, ich glaub', ich träume! Aua!!!« Aber Vorsicht: Der Kneiftest

funktioniert nicht zuverlässig, denn auch im Traum können Sie sehr echt wirkenden Schmerz empfinden.

Ein weiteres Kriterium ist Ihr körperlicher Zustand, der im Traum Eigenarten aufweisen kann, die im Wachleben nicht vorkommen; ein ungewöhnliches Gefühl von Leichtigkeit vielleicht oder gar von Schwerelosigkeit. Die sogenannte »Gehemmtheit der Willkürbewegungen« kennt auch jeder, wenn auch nicht unter diesem Fachbegriff. Man bewegt sich (oder Teile seines Körpers) gegen einen unsichtbaren, aber fühlbaren Widerstand, rennt vielleicht mit großer Anstrengung wie durch ein Meer von zähflüssigem Honig. All diese Empfindungen sind ein Hinweis darauf, daß man sich im Traum befindet.

Manchmal allerdings ist weder durch scharfes Nachdenken noch durch kritisches Beobachten der Traumwelt ein Unterschied zur Wachwirklichkeit festzustellen. Dann hilft nur noch Aktivität und mutiges Experimentieren. Sie finden bestimmt einen kurzen und unbeobachteten Augenblick für einen kleinen Test, der Sie nicht gleich zum Gespött der Cocktailparty machen wird, auf der Sie sich in solchen Momenten tragischerweise fast immer befinden.

Ein sehr brauchbarer Test ist der *Drehtest*. Man macht eine schnelle halbe Drehung um die Längsachse, und zwar so, daß man nach der Drehung dahin schaut, wo vorher hinten war. Dreht sich jetzt Ihr Körper unaufhaltsam in der Drehrichtung weiter? Oder dreht sich plötzlich gar die Umwelt gegen die von Ihrem Körper gerade noch erlebte Drehrichtung? Ja? Dann stehen Sie entweder unter Drogen, oder aber Sie haben gerade Gelegenheit zu Ihrem ersten Klartraum. Nein? Dann sind Sie doch wach und haben gerade etwas für Ihren Kreislauf getan.

Zum Beispiel...

Die folgenden Traumberichte sollen Ihnen einen Eindruck davon geben, welche unterschiedlichen Hinweise es gibt, die einen den Traum erkennen lassen. Zunächst ein Ausschnitt aus dem Traum eines jungen Mannes:

»... Ein Stier rannte auf mich los. Um seinem Angriff zu entgehen, sprang ich in die Höhe, so daß der Stier unter mir durchrannte. Beim nächsten Angriff des Stiers sprang ich wiederum in die Höhe. Diesmal blieb der Stier aber unter mir stehen, um mich auf die Hörner zu nehmen, wenn ich wieder herunterkäme. Ich blieb aber in der Luft und erkannte aufgrund dieser Tatsache, daß ich mich im Traum befand...«

Ein überzeugter Atheist hatte den folgenden Traum:

»... Ich befinde mich während eines schrecklichen Gewitters im Wald. Ein Blitz schlägt in einen Baum ein, der unmittelbar neben mir steht. Ein großer Ast fällt herab. Da erinnere ich mich, daß ich als Kind während eines Gewitters immer gebetet habe. Sollte ich jetzt auch beten? Nein - denn wenn es einen Gott gäbe, würde er sicherlich keinen Wert darauf legen, daß ich gerade jetzt zu ihm bete. Und außerdem könnte er mir ja mal durch ein Wunder zeigen, daß er überhaupt existiert. In diesem Augenblick richtet sich der zu Boden gefallene Ast senkrecht auf und fliegt gegen den Himmel, bis er in den Wolken verschwunden ist. Sollte also Gott doch existieren? Nein! - Ich mußte mich also im Traum befinden...«

Ein letztes Beispiel:

»... als ich die Kerze erblickte, dachte ich: ›Ich träume so oft von brennenden Kerzen, jetzt will ich einmal eine Realitätsprüfung machen!‹ Ich streiche mit dem Zeigefinger durch die Kerzenflamme. Der plötzliche Schmerz läßt mich zurückzucken. Es tut sehr weh, und ich habe mich verbrannt. Also bin ich wohl doch nicht im Traumzustand. Während ich mich noch über meinen voreiligen Test ärgere, beginnt mein Zeigefinger anzuschwellen und wird schnell größer als die ganze Hand. Das gibt es doch nicht. Außerdem habe ich den Finger doch nur ganz kurz in der Flamme gehabt. Dabei habe ich mich doch unmöglich verbrennen können! - Also mußte ich mich im Traum befinden...«

In diesen Beispielen wird deutlich, daß auch eine weniger schulmäßige Anwendung der Lerntechnik zum Erfolg führen kann. Unabdingbar ist allein die gewohnheitsmäßig kritische Einstellung, die in Situationen des Zweifels ein konsequentes Weiterdenken bewirkt. Und selbst wenn die »zehn Gebote« nur selten buchstabengetreu angewendet werden, so bleiben sie doch das beste Instrument, die notwendige kritische Grundhaltung gegenüber dem eigenen Bewußtseinszustand baldmöglichst zu erreichen. Auch die Träumer dieser Beispiele übten alle nach unseren »zehn Geboten«, doch fand jeder seinen eigenen, ganz individuellen Weg zur Klarheit. So wie jeder andere Anfänger seinen ganz individuellen Einstieg in die Traumklarheit finden wird. Die einzige Gemeinsamkeit, die alle in Klarheit endenden Träume miteinander verbindet, ist das Aufkommen der kritischen Einstellung dem eigenen Bewußtseinszustand gegenüber.

Vom Umgang mit Alpträumen

Sie haben nun einige Auszüge aus Klarträumen gelesen, und vielleicht finden Sie sie interessant, witzig oder sogar spannend. Aber, so werden Sie möglicherweise fragen, wozu ist das gut? Was bringt das Klarträumen dem einzelnen außer einem flüchtigen Erlebnis denn nun wirklich? Kann diese Fähigkeit die Entwicklung eines Menschen positiv beeinflussen? Oder beeinflußt sie ihn gar negativ? Oder, anders gefragt, gibt es einen praktischen Nutzen des Klarträumens? Oh ja, sogar mehrere.

Der verblüffendste Effekt für die meisten Anfänger war wohl der, *daß sie bewußt in ihr Traumgeschehen eingreifen können*! Und genau daraus entsteht für viele auch der erste praktische Nutzen, wie der folgende Traum einer jungen Frau zeigt:

»... Ich bin in einem Haus, in dem ich früher als Kind gelebt habe, und das oft in meinen Träumen vorkommt. Dort stehe ich hinter der Tür unserer alten Wohnung in Erwartung einer Gruppe von Leuten, die kommen und mir Böses antun wollen. Ich möchte wegrennen, weil alles in mir vor Angst zusammenschrumpft und Abhauen die einzige Möglichkeit scheint, diese existenzielle Angst loszuwerden. Da fällt mir ein: ›Tholey hat gesagt, man braucht nicht wegzurennen; man kann die Leute auch fragen, was sie von einem wollen!‹ Also habe ich mich auch dazu entschlossen. Das war die schlimmste Zeit. In Erwartung der Katastrophe den Drang, sich da rauszuretten, zu unterdrücken und das Ganze auf sich zukommen zu fühlen.

Dann kommen sie zur Tür herein. Der erste, ein überlebensgroßer Mann mit kaltblauem Gesicht und glühenden Augen, kommt auf mich zu. Ich nehme allen Mut und alle Angst zusammen und frage so böse, wie ich kann: ›Was machen Sie hier? Was wollen Sie von mir?‹ Der Mann schaut mich an, und seine Augen werden ganz traurig, und sein Blick wird hilflos, und er sagt: ›Wieso? Du hast uns doch bestellt. Du brauchst uns doch für deine Angst.‹ Und da schrumpft der Mann zur normalen Größe, sein Gesicht wird normal, und seine Augen glühen nicht mehr...«

Die junge Dame, von der dieser Traumbericht stammt, wurde schon seit Jahren von solchen Alpträumen heimgesucht. Ihr Bericht steht hier beispielhaft für einen ganz besonderen Vorgang: Als sie während eines Alptraumes zum ersten Mal Klarheit über ihren Bewußtseinszustand gewann und als ihr damit auch bewußt wurde, *daß sie sich auch im Traum frei entscheiden kann,* da verschwand ihr Alp. Schlagartig und unwiderruflich. Später berichtete sie, daß sie sich nach diesem Traum wie erlöst fühlte. Die Alpträume kehrten nie wieder, und sie fühlte sich auch im Wachleben weniger ängstlich als zuvor. Dieses Erlebnis liegt jetzt schon mehr als fünf Jahre zurück.

Kann man also durch Klarträumen seine Alpträume besiegen? Ohne Zweifel, und es gibt viele Berichte dieser Art. Alle ehemaligen Alpträumer, die zu Klarträumern wurden, berichten davon, daß sie nach einer gelungenen Konfrontation nie wieder einen Alptraum hatten. Alle beschreiben sie, unabhängig vom Inhalt der einzelnen Träume, einen ähnlichen Ablauf dieses letzten Alptraums: Im Zustand der Klarheit fragten sie die Alptraumfigur (aber auch ungreifbare, völlig gestaltlose Bedrohungen): »Wer bist du?« oder »Was willst du von mir?« Woraufhin sich die Traumfiguren stets in ihrem Verhalten und manches Mal auch in ihrem Äußeren veränderten. In allen Fällen verloren sie ihre Bedrohlichkeit, ja wurden mitunter sogar recht zugänglich.

Von den psychologisch gebildeten Lesern wird vermutlich jetzt der Einwand kommen: Schließlich ist ein Alptraum – tiefenpsychologisch betrachtet – nichts anderes als der (personifizierte) Ausdruck unserer unverarbeiteten Erlebnisse und Konflikte. Aufgrund dieser Lehrmeinung (der sich die Autoren im übrigen anschließen) könnte man den Vorschlag, Alpträume durch Klarträume zu bekämpfen, kritisieren. Denn beließe man es bei diesem oberflächlichen Effekt, könnte ja eine Verlagerung der für den Alp verantwortlichen Prozesse in noch weniger zugängliche Gefilde der Psyche stattfinden...

Natürlich ist diese Kritik nicht unberechtigt. Die Gefahr einer solchen Verschiebung besteht allerdings schon dann nicht mehr, wenn der Klarträumer immer auch die Frage nach dem »Warum« stellt, um die Fährte seiner reißausnehmenden Angstkomplexe nicht zu verlieren. Zu solcher Art von Traumarbeit muß man einen Klarträumer gar nicht besonders anhalten. Die Fährtensuche ist so spannend, daß die meisten von alleine darauf kommen.

Andererseits: Ein so unmittelbares und nachhaltiges Verschwinden von Ängsten wie in unserem Traumbeispiel macht eine ganz andere Annahme äußerst wahrscheinlich: Hier wurden durch den Alp lediglich Spannungen abgebaut, die im gegenwärtigen Leben der Träumerin keine Bedeutung mehr hatten. Jeder von uns trägt ja eine gehörige Menge von Ballast mit sich herum. Und wir wollen hier nicht der Unsitte verfallen, jede kleine Macke für therapiewürdig zu halten. Falls Sie aber weitergehendes Interesse haben, nur zu! Bleiben Sie dran. Fragen Sie nach! Gehen Sie Ihren Traumfiguren so lange auf die Nerven, bis sie auspacken. Lehrreich und spannend ist es in jedem Fall.

Erkenne dich selbst!

Die Fragen: »Wer bist du?«, »Was willst du von mir?« und »Warum bin ich hier?« führen schnell zu einer ganz anderen Qualität der Klarträume. Sogenannte »Selbsterkenntnisträume« sind ein weiterer praktischer Nutzen des Klarträumens. Ganz offensichtlich sind wir den tieferen Schichten unseres Selbst während des Träumens sehr viel näher als tagsüber. Der nächste Traumbericht - erzählt von einer jungen Frau - soll das verdeutlichen.

»... Ich befand mich mit dem Jungen zusammen in einem Raum. Wir waren beide mit irgendeiner Tätigkeit beschäftigt, an die ich mich nicht erinnere, jedenfalls waren wir in ein Gespräch vertieft. ... Auf einmal wurde mir klar, daß ich träumte ... Wieder fragte ich mich, warum er meine Gefühle nicht erwiderte, und ich wollte jetzt, in dieser Traumsituation, Antwort auf diese Frage haben. Da merkte ich, wie sich mein Geist, das heißt das, was ich als »Ich« bezeichne, aus meinem Körper löste und hinüber zu seinem Körper schwebte und in diesen eindrang. In diesem körperlosen Zustand konnte ich mich mit allen Sinnen orientieren, also sehen, hören, fühlen und so weiter. Als ich aus meinem Körper austrat, sah ich ihn einfach weiter da stehen, an etwas rumbasteln und reden. Man merkte meinem Körper von außen nicht an, daß ich nicht mehr drin war. Ich schwebte also zu dem Jungen hinüber und drang in seinen Körper ein, wobei ich das Gefühl hatte, alle seine Körperfunktionen zu übernehmen, ohne daß ihm das zu Bewußtsein kam. Ich übernahm also seine Vitalfunktionen, seine Motorik und alles, was eben zu einem Körper gehört. Die erste Zeit war das ein recht eigenartiges Gefühl, alles war so anders und auch räumlich enger als in meinem Körper und so ungewohnt. Es war ungefähr so, als ob man jahrelang immer einen Mercedes gefahren hat und dieses Auto voll beherrscht und plötzlich auf einen Austin Mini umsteigt. Aber dieses Gefühl wurde um so schwächer, je länger ich in diesem Körper war und je besser ich mit ihm umgehen konnte. Ich sah mit seinen Augen, fühlte mit seinen Händen, redete mit seiner Stimme und so weiter. Ich sah auch durch seine Augen meinen Körper da drüben stehen und irgendwie agieren. Und ich sah seinen Geist, sein Bewußtsein. Ich sah ihn eigentlich denken, ohne daß ich mich erinnern kann, wie ich zu diesem Eindruck kam. Ich beobachtete also seine Gedankengänge und seine Handlungen, ohne aber in diese einzugreifen, denn der Junge wußte ja wie gesagt nicht, daß ich jetzt quasi mit ihm zusammen in seinem Körper steckte. Ich war also passiver Beobachter. Ich sah, wie er mich wahrnahm, wie ich auf ihn wirkte und was er mir gegenüber für Gefühle hatte. Ich sah, in welchem Zwiespalt er steckte, denn er hatte wohl gemerkt, was ich für ihn empfand, und er mochte mich auch gerne, wollte aber eben kein Verhältnis mit mir anfangen. Als ich diese Gedanken beobachtete und mich durch seine Augen gesehen hatte, wußte ich, warum er mir gegenüber so zurückhaltend blieb, und es wurde mir klar, daß er meine Gefühle nie erwidern würde. Ich wußte ganz genau, was er dachte und warum er es dachte...«

Die so gewonnene Einsicht legte natürlich nur das offen, was die Träumerin schon unbewußt »wußte«, aber nicht wahrhaben wollte. Der kurze Schmerz dieser Offenbarung war weitaus geringer als die tagtägliche Unsicherheit im Verhalten dem Jungen gegenüber und selbstverständlich geringer als der ihrer unerfüllbaren Hoffnungen. Dieser Traum brachte Ordnung in die Gefühle der Träumerin. Und nicht zuletzt brachte er auch Ordnung in die Beziehung dieser beiden Menschen.

Nicht nur den »höheren« Einsichten, auch unserer Kraft, unseren Reserven sind wir im Traum oftmals viel näher als im Wachen. In einem Klartraum können deshalb tatsächlich Ratschläge entstehen, die so überzeugend sind, daß sie im Wachen erfolgreich angewendet werden können. Der nächste Traumbericht eines Mannes veranschaulicht diese Möglichkeiten auf eine ganz einfache, fast schon triviale Weise. Der »betroffene« Träumer hatte die Absicht, am kommenden Morgen einen für ihn äußerst wichtigen Behördengang vorzunehmen. Das war ihm ausgesprochen unangenehm, da er in ähnlichen Situationen nur wenig Durchsetzungsvermögen gezeigt und dementsprechend wenig erreicht hatte. In der Nacht davor hatte er folgenden Traum:

»...Ich stehe jetzt ziemlich hilflos in dem großen Gebäude, in dem lauter Amtspersonen mit anmaßendem Blick (so wie Chefärzte einen angucken) herumlaufen. Da kommt plötzlich eine freundliche, gutaussehende Frau auf mich zu und fragt, ob sie mir helfen könne. Ich nenne ihr meine Angelegenheit und frage sie dann, wo ich mich zuerst hinwenden müsse. Sie sagt, daß sie mir alles aufschreiben werde. Dann nimmt sie eine Papierrolle zur Hand, auf die sie etwas schreibt. Ich sage ihr, daß ich mich überhaupt

nicht auskenne, und bitte sie, eine Skizze anzufertigen, aus der genau zu ersehen sei, wohin ich mich der Reihe nach zu begeben habe. Sie antwortet: ›Ich habe bereits genau aufgeschrieben, wie Sie am schnellsten zum Ziel kommen.‹ Das wundert mich, da sie doch nur sehr wenig auf das Papier geschrieben hat. Die Frau versucht jetzt, den beschrifteten Teil von der Papierrolle abzureißen, um ihn mir zu geben. Dies gelingt ihr jedoch nicht, da sich das Papier in eine gummiartige Masse verwandelt hat… (Der Träumer nimmt daraufhin eine kurze Realitätsprüfung vor.) … Als ich dies bemerke, wird mir klar, daß ich mich im Traum befinde, und ich bemühe mich selbst darum, das beschriftete Stück abzureißen, was mir auch nach einiger Anstrengung gelingt. Ich bin jetzt äußerst gespannt auf das, was die Frau aufgeschrieben hat, da sie ja nicht wissen kann, an welche Stelle ich mich wenden muß. Sie scheint meine Gedanken zu erraten, nickt mir freundlich zu und sagt: ›Lies nur!‹ (Mir fällt auf, daß sie mich jetzt duzt.) Ich schaue jetzt auf das gummiartige Papier. Dort steht in deutlichen Großbuchstaben: TRITT FRECH AUF! Unmittelbar danach wache ich auf.«

Wie der Traum ohne das Erreichen der Klarheit ausgegangen wäre, läßt sich leicht und mit hoher Treffwahrscheinlichkeit erraten; nämlich mit endlosen Kämpfen gegen das Gummipapier. Wer kennt nicht die zerknirschten Erzählungen von Träumern, die im Traum unmittelbar vor der Lösung eines wichtigen Problems standen, sich dann aber durch allerlei Unbill an weiteren Erfahrungen gehindert sahen. Oder die im Traum etwas, das ihnen wertvoll erschien, endlich ergattert hatten, sich aber trotz größter Anstrengungen leider nicht erinnern können.

Wie auch immer, unser zaghafter Träumer nahm die Aufforderung seiner freundlichen Fee ernst. Er trat zwar anderntags nicht frech, aber doch deutlich selbstsicherer auf und im übrigen auch erfolgreich. Dieses Schlüsselerlebnis, erzählt er, wirkte sich dann entscheidend auf sein späteres Verhalten in ähnlichen Situationen aus.

Ist Klarträumen gefährlich?

Mitunter wird die Befürchtung laut, daß häufiges Klarträumen zu mehr oder weniger lange andauernden psychischen Störungen im Wachleben führen könne. Das Gegenteil hat sich gezeigt. Weder bei den Personen, die mit Hilfe der Lerntechnik zu Klarträumern wurden, noch bei den aus der Literatur bekannten Personen, deren Klarträume sich spontan einstellten, konnten negative psychische Folgen des Klarträumens festgestellt werden. Die Klarträumer berichten im Gegenteil immer wieder von positiven Wirkungen im Hinblick auf psychologische Einsichten, schöpferische Inspirationen und Erweiterungen des Erfahrungsbereiches im allgemeinen. Auch Ann Faraday weist in ihren beiden Büchern auf den Zusammenhang zwischen dem Klarträumen und konstruktiven Erfahrungen solcher Art hin. Darüber hinaus können wir uns auch wieder einmal an die Senoi erinnern, die diese Art Einwände allein durch ihre Existenz entkräften.

Manche Kritiker denken auch, daß es im Klartraum selbst zu unangenehmen, ängstigenden oder erschreckenden Erlebnissen komme. Aber weder während unserer Versuche an der Universität Frankfurt noch in den Jahren seither sind jemals länger andauernde unangenehme Erlebnisse in den Klarträumen aufgetreten. (Das wohl unangenehmste, von dem bisher berichtet wurde, können Sie in diesem Buch auf Seite 176 nachlesen.) Im Gegensatz zu den normalen Träumen werden Klarträume in der Regel von besonders angenehmen Gefühlen begleitet. Das zeigte sich schon daran, daß die Versuchspersonen in der Universität Frankfurt immer sehr stark an Techniken, die die Klartraumphasen verlängerten, interessiert waren. Klarträumer berichten auch immer wieder von der Bereicherung, die selbst das normale Traumleben erfuhr, nachdem sie ihre Fähigkeit einmal erlangt hatten.

Die britische Parapsychologin Green berichtete 1969, daß bei naiven Klarträumern mitunter sogenannte »klaustrophobische« Gefühle aufkamen (Gefühle des Eingeschlossenseins), da sie nicht wußten, wie und ob sie aufwachen konnten, wenn sie es wollten. Wenn wir einmal

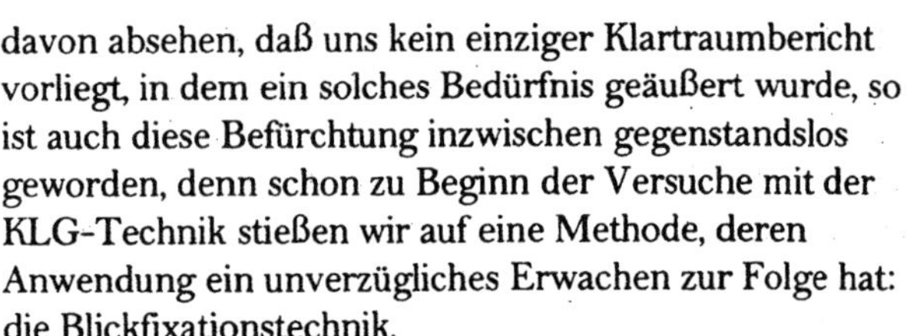

davon absehen, daß uns kein einziger Klartraumbericht vorliegt, in dem ein solches Bedürfnis geäußert wurde, so ist auch diese Befürchtung inzwischen gegenstandslos geworden, denn schon zu Beginn der Versuche mit der KLG-Technik stießen wir auf eine Methode, deren Anwendung ein unverzügliches Erwachen zur Folge hat: die Blickfixationstechnik.

Die »Blickfixationstechnik« ist ganz einfach. Man sucht sich einen Gegenstand oder Punkt in der Traumumgebung und richtet seinen Blick darauf. Nach kurzer Zeit beginnt die Umgebung zu verschwimmen und innerhalb von zwei bis zehn Sekunden wacht man auf. Einen solchen Punkt zum Fixieren finden Sie immer, und wenn Sie auf Ihre Nasenspitze schielen müßten. (Ein schönes Beispiel für die Auswirkung einer Blickfixationstechnik findet sich auch in dem Traum mit der Papierrolle, die zu Gummi wurde. Der schüchterne junge Mann schaute zu lange auf die dort niedergeschriebene Botschaft. Er fixierte seinen Blick – und erwachte.)

Warum funktioniert diese Technik so sicher? Erinnern wir uns an die schnellen Augenbewegungen (REM), die in der Einleitung Seite 31 beschrieben wurden. Sie sind die äußeren Anzeichen für die Traumphasen eines Schläfers. Die Blickfixationstechnik nutzt diese (physiologisch notwendigen) Augenbewegungen sozusagen »verkehrt« herum. Denn offensichtlich ist es so, daß die Augenbewegungen innerhalb der Traumwelt den äußeren Augenbewegungen, die als »REM« bezeichnet werden, weitgehend entsprechen. Wird nun die Augenbewegung gestoppt, so wird nicht nur die Traumphase beendet, sondern gleich der ganze Schlaf. Die Schlafphysiologen haben auch schon eine Theorie parat, die diesen Vorgang genauer erklären kann. Aber keine Angst, ich werde Sie damit nicht langweilen.

Sie werden diese Technik aber sehr wahrscheinlich nie benutzen. Denn wer will schon aus einem Klartraum erwachen? Es ist aber notwendig, daß Sie von ihr wissen. So können Sie nämlich unbeabsichtigte Blickfixationen vermeiden und Ihren Klartraum etwas länger genießen.

Alles »klar«?

In der Einleitung dieses Buches findet sich bereits eine Kurzbeschreibung des Klarträumens. Jetzt, gegen Ende des ersten Kapitels, wird es etwas ausführlicher. Sie erinnern sich? Ein Klartraum unterscheidet sich von anderen Träumen dadurch,

1. daß man sich völlig darüber im klaren ist, daß man träumt,
2. daß man deshalb auch im Traum um die eigene Handlungsfreiheit weiß,
3. daß der Bewußtseinszustand des Träumers in keiner Weise getrübt ist,
4. daß alle Sinnesleistungen genauso wie im Wachleben zur Verfügung stehen,
5. daß eine vollständige Erinnerung an das Wachleben besteht und
6. daß, im Wachen wie im Klartraum, eine ebenso vollständige Erinnerung an das bisherige Klartraumleben besteht.

Damit sind sämtliche Aspekte angesprochen, die erst, wenn sie *alle* verwirklicht sind, aus einem normalen Traum einen Klartraum machen. Hier noch einmal, weil es so wichtig ist, eine vollständige Zusammenstellung:

1. Die Klarheit über den Bewußtseinszustand
(Man weiß genau, ob man träumt oder wacht.)
2. Die Klarheit über die persönliche Entscheidungsfreiheit
(Man muß zum Beispiel vor Alptraumfiguren nicht mehr fliehen, sondern kann sich für etwas ganz anderes entscheiden.)
3. Die Klarheit des Bewußtseins
(Es gibt keine traumtypische Verwirrung oder Bewußtseinstrübung.)
4. Die Klarheit der Sinneswahrnehmungen
(Man riecht, schmeckt, hört, sieht und fühlt wie im Wachleben.)

5. *Die Klarheit über das Wachleben*
(Man weiß, wer man ist, was man den vergangenen Tag über getan hat, und sogar, was man sich für diesen Traum vorgenommen hat.)
6. *Die Klarheit der Traumerinnerung*
(Die normalen Gedächtnisfunktionen arbeiten ebenso gut, wie man das aus dem Wachleben gewohnt ist, in dem man sich ja auch an Träume und eben besonders gut an Klarträume erinnert.)

Klarträumen ist also ein Bewußtseinszustand, in dem ich zwar träume, aber alles so echt wie im Wachen wahrnehme, und in dem ich frei handeln kann; freier sogar als im Wachzustand, da ich ja alle Gefahren überleben werde.

Darüber hinaus gibt es noch einen siebenten Aspekt der Klarheit. Ein Aspekt, der sozusagen das »fortgeschrittene« Klarträumen charakterisiert. Davon wird in den weiteren Kapiteln noch die Rede sein. Wie auch immer, selbst ohne diesen letzten Aspekt der Klarheit finden Sie bis hierhin das gesamte Instrumentarium des erfolgreichen Klarträumens vor sich ausgebreitet. Es kann losgehen. Stellen sie die kritische Frage!

Zur Einstimmung finden Sie am Schluß dieses Kapitels noch ein Traumbeispiel, in dem nichts, aber auch gar nichts so klappt, wie der versierte Klarträumer es sich gewünscht hat. Doch lassen Sie es für heute bitte genug sein. Lesen Sie dieses Beispiel kurz vor dem Einschlafen. Und trösten Sie sich, der betreffende Träumer wußte ebenfalls noch nichts über den siebenten Aspekt der Klarheit..

»...Ich befand mich in einem Lokal, in dem ich irgendein Nudelgericht gegessen hatte, und wollte beim Ober bezahlen. Da merkte ich, daß ich überhaupt kein Geld bei mir hatte, und ich bat den Ober, daß er mich zu meinem Auto gehen lassen solle, in dem sich mein Geldbeutel befand. Der Ober war etwas unwirsch, ließ mich aber gehen, als ich ihm meinen Reisepaß als Pfand überreichte. Ich kam zurück mit einem Hundertmarkschein, den der

Ober mir nicht wechseln konnte. Ich ging dann noch mal weg, um an einem Kiosk Geld zu wechseln. Die ganze Situation war ärgerlich, da ich in Zeitnot war, weil ich noch eine Freundin besuchen wollte. Gleichzeitig dachte ich, daß es sich um eine Situation wie in einem Traum handelte, in dem auch immer etwas dazwischen kommt.« (Der Träumer nimmt nun eine Realitätsüberprüfung vor.) »Kurz danach war mir klar, daß ich mich im Traum befand. Ich war jetzt sehr gespannt, wie der Traum weitergehen würde, da ich ihn analysieren wollte. Mittlerweile war ich am Kiosk angelangt und achtete genau darauf, daß ich das Geld so gewechselt bekam, daß ich meine Rechnung ohne nochmaliges Wechseln bezahlen konnte. Als ich ins Lokal zurückgekehrt war, präsentierte mir der Ober eine Rechnung von sieben Mark. Ich gab ihm ein Fünfmarkstück und ein Zweimarkstück und war mir dabei sicher, daß jetzt nichts mehr schiefgehen könne. Um so überraschter war ich, als der Ober böse sagte: ›Sehen Sie denn nicht, daß das ein veraltetes Zweimarkstück ist?‹ Ich dachte: ›Also hat es der Traum doch wieder geschafft, mir ein Hindernis in den Weg zu legen; da er aber doch aus meinem eigenen Gehirn stammt, muß ich mir selbst irgendwie im Wege stehen.‹ Als der Ober bei dieser Überlegung arrogant lächelte, sagte ich zu ihm, daß ich jetzt ohne Bezahlung weggehen würde, weil es sich ja nur um einen Traum handle. Da sagte der Ober mit wissendem Lächeln: ›Na und? Das habe ich schon die ganze Zeit gewußt.‹ «

Schlafen Sie gut!

2. KAPITEL

Theorie wird Wirklichkeit

Spontane Klarträume

Natürlich hat es schon immer spontane Klarträume gegeben. Sie wurden nur nicht so genannt und kamen auch nur selten vor. Doch *so* trivial ist dieser Sachverhalt auch wieder nicht, denn erst wenn wir die Dinge genau definieren, können wir ihnen auch unmißverständliche Begriffe zuordnen. Solche Zuordnungen wiederum verhindern, daß wir aneinander vorbeireden. Das sind wichtige Voraussetzungen für einen fruchtbaren Austausch, gerade in der Psychologie und erst recht in der »Unterabteilung« Traumforschung, denn hier hat jeder das Gefühl, mitreden zu können: Ich sage: »Klartraum.« Ein anderer sagt: »Na klar, Tagtraum.« »Nein«, sage ich, »Klartraum!« »Aber das ist doch dasselbe!« kommt die Antwort. Bitte glauben Sie nicht, daß dies das Gespräch zwischen einem Fachmann und einem sogenannten Laien war. Nein, das war der Beginn einer Diskussion unter Psychologen.

Überhaupt sollte die allgegenwärtige Ehrfurcht vor den Fachkompetenzen immer mal wieder einer kritischen Prüfung unterzogen werden, analog der kritischen Frage aus der Lerntechnik: »Laß' ich mir was vormachen, oder weiß ich das besser?« – In diesem Zusammenhang sei auch noch einmal kurz an Malcolm erinnert, der ja den logisch unwiderlegbaren Nachweis erbrachte, daß es so etwas wie Träume gar nicht gibt.

Nun zurück zu den Begriffen. Sie jedenfalls, lieber Leser, liebe Leserin, können nun exakt unterscheiden zwischen Traum und Klartraum. Sie wissen auch, daß man bei Fehlen des zweiten Aspektes der Klarheit, also der Erkenntnis der persönlichen Entscheidungsfreiheit, noch nicht von einem Klartraum, sondern allenfalls von einem präluziden Traumzustand sprechen kann. Und mit dem Lesen dieses Satzes wissen Sie nun auch, daß gleichzeitig mindestens die ersten vier Aspekte der Klarheit als Traumbedingungen erfüllt sein müssen, bevor wir von einem »Klartraum« sprechen dürfen. Damit wissen Sie schon mehr als die meisten Psychologen.

Und jetzt zurück zu der Feststellung, daß es Klarträume und präluzide Träume immer schon gegeben hat. Wir

Wir wollen dabei nicht gar so weit zurückgehen und etwa die prophetischen Träume des Alten Testaments behandeln, sondern uns etwas jüngere und besser abgesicherte literarische Quellen ansehen.

Robert Louis Stevenson beschreibt in einem Kapitel seiner Memoiren die »kleinen Leute« seiner Träume, die ihn seine Romane erst selbst erleben ließen, bevor er sie niederschrieb. Er selbst nannte diese Zustände mangels eines besseren Begriffes »Träume« – es müssen allerdings ganz außerordentliche Träume gewesen sein. Sie waren voller realistischer Details und Stevenson empfand alle Dinge und Gestalten in diesen Träumen als äußerst echt. Die Traumgeschichten waren immer ziemlich plausibel konstruiert, auch ohne daß er im Vorhinein den Ablauf kannte. Auch träumte er regelrechte Fortsetzungsserien, wenn eine Nacht nicht ausreichte, um einen Handlungsstrang zu Ende zu führen.

Die Träume Stevensons kamen also dem, was wir heute Klartraum nennen, bereits sehr nahe. Die Aspekte drei, vier und sechs (siehe Seite 61) waren verwirklicht, ebenso in den meisten Fällen der erste. Ob auch die Aspekte zwei und fünf verwirklicht waren, ist seinen Memoiren nicht einwandfrei zu entnehmen. An der Verwirklichung des zweiten Aspektes bestehen durchaus begründete Zweifel, denn er erlebte diese Innenwelt auf eine eher naive Weise, auch wenn er nicht dem Geisterglauben der Senoi anhing. Doch erlebte er sich derart unbeteiligt am Zustandekommen des Geschehens seiner Träume, daß er tatsächlich mit dem Gefühl eines schlechten Gewissens kokettierte, weil er ja durch die Niederschrift von Geschichten, die er in seinem Empfinden gar nicht selbst erdachte, sozusagen »unverdiente« Lorbeeren erlangte. Eine so naive – wenn auch ehrenwerte – Sichtweise der Dinge schließt wohl die Verwirklichung des Aspektes der persönlichen Handlungsfreiheit aus. Welche grundlegenden Voraussetzungen Stevenson zum präluziden Träumen brachten, kann nur vermutet werden.

Bei einem anderen literarisch dingfest zu machenden

Träumer ist in dieser Beziehung bereits vieles klarer. Der Philosoph und Naturwissenschaftler ERNST MACH war als besonders kritischer Geist bekannt, und genau das, also seine kritische Grundhaltung, befähigte ihn auch zu seinen außerordentlichen Traumzuständen. In »Die Analyse der Empfindungen« beschrieb er 1922, wie er oftmals den Traumzustand als solchen erkannte:

»... Als ich viel mit Raumfragen beschäftigt war, träumte mir von einem Spaziergang im Walde. Plötzlich bemerkte ich die mangelhafte perspektivische Verschiebung der Bäume und erkannte daran den Traum ..«

Aber nicht nur kritische Wissenschaftler, kreative Schriftsteller und große Komponisten wie etwa MOZART haben das Klarträumen spontan erfahren. Auch ganz »normalen« Menschen passiert das gar nicht so selten, besonders wenn sie Alpträume mit immer wiederkehrenden Trauminhalten haben, die so offensichtlich »irreal« sind, daß man selbst als Träumender nicht daran vorbeisehen kann. Diesen Weg, sich spontan zum Klarträumer zu mausern, erhellt der folgende Traumbericht eines jungen Mannes, der zum Zeitpunkt des beschriebenen Traumes noch nie etwas von Klarträumen gehört hatte.

»... Mit elf oder zwölf Jahren, als ich versuchte, immer vernünftiger zu werden, um meinen schnell anwachsenden Schuldgefühlen wenigstens einen Rest von Selbstbewußtsein entgegensetzen zu können, begannen die Alpträume. Zu dieser Zeit war ich erst kurz auf dem mir verhaßten Internat, das meine Eltern mit dem gleichen erbarmungslosen Wohlwollen für mich ausgesucht hatten, wie sie meine Kindheit über mit ebenso strengem Wohlwollen darauf sahen, daß ich die allerchristlichsten und allerbigottesten Maßstäbe ihres starren religiösen Weltbildes Tag für Tag – und das möglichst freudig – beachtete. – Weder fähig, ein ›guter Christ‹ noch ein guter Schüler zu sein, wollte ich schließlich beides nicht mehr sein. Die daraus

erwachsenden Schuldgefühle mündeten schließlich im ersten meiner schrecklichen Träume. Es begann eine nahezu allnächtlich mich heimsuchende Alptraumfolge, die mich für viele Jahre, bis weit in die Pubertät hinein, zu einem die Nacht fürchtenden Nervenbündel machte und deren Träume von immer gleichem Aufbau waren:

Ich befinde mich in einer unkonkreten, jedoch äußerst bedrohlich wirkenden Angstsituation und erlebe die bedrückende und gleichzeitig vertraute Traumwelt stets als eine mir unheimliche Verbindung von Internat und früher Kindheit auf dem Lande. Die Größenverhältnisse sind zu meinen Ungunsten verschoben, alle Entfernungen scheinen unüberwindlich. Immer fliehe ich vor einer gestaltlosen, sich ständig schneller nähernden Bedrohung, und zum Schluß stürze ich schreiend und zappelnd in grausige Tiefen. Meist fliehe ich auf einen hohen Baum, den ich allerdings spätestens während des Erklimmens als zur Flucht untauglich erkenne. Diese quälende Erkenntnis vor Augen klettere ich weiter, um letztlich doch abzustürzen.

Die Intensität dieser Träume steigerte sich noch, als ich es endlich durch einen Trick erreichte, das Internat zu verlassen. Eines Nachts dann, ich träumte meinen schrecklichen Traum, da erwachte unvermutet ein Funke Bewußtsein in meiner panikgeschüttelten Seele, und ich erkannte meinen Traum als schon geträumt! Dieses Bewußtsein: ›Ich träume!‹ ließ die Angst nicht eigentlich geringer werden; dazu erlebte ich meine Traumwelt als viel zu wirklich. Aber ebenso wirklich war mein eben aufkommendes Bewußtsein; und mit dem wuchs sehr schnell auch meine Kraft, die Angst auszuhalten; eine ganz neue, eine aufregende, eine erregende Erfahrung. Und so suchte ich mir dann einen besonders schönen und auch hohen Baum, auf den ich floh, obwohl ich wußte, daß ich, oben angelangt, ihn würde verlassen müssen. Auf dem schwankenden Wipfel angekommen, beherrschte mich immer noch die Angst; zu anschaulich waren die Sinneseindrücke. Zwar stürzte ich nicht ab, hatte aber auch nicht den Mut, einfach zu springen: der vollkommen realistische Eindruck schwindelnder Höhe hielt dem Traumbewußtsein (mit seinem Wunsch, einfach zu springen) die Waage. Schließlich wurde daraus ein unbeschreibbarer Sturz-Sprung-Kompromiß. Irgendwie ›verließ‹ ich den Baum, fiel, genoß alsbald den freien Fall und versuchte schon, ihn zu steuern. Das gelang! Ich erreichte einen anderen Wipfel, breitete sofort die Arme aus und zum ersten Mal sprang ich selbst und flog-fiel, fiel-flog immer weiter und weiter in unbeschreiblicher Ekstase. Es war heller Wahnsinn und ich tat es wohl die ganze Nacht hindurch. So endete, was als mein letzter Alptraum (vor nun schon fast zwanzig Jahren) begann, als mein erster Klartraum.«

Auch in diesem Beispiel erkennen wir eine in gewisser Weise »kritische« Haltung des Träumenden. Der Junge befand sich damals offensichtlich in einer Lebenssituation, in der er seine kritischen Fähigkeiten zu entwickeln begann; wie anders hätte er sich auch aus seinem Dilemma herausretten können? Dazu kam die zwanghafte Struktur der sich immer gleich entwickelnden Träume, die schließlich so offensichtlich wurde, daß er seinen Traum als solchen erkennen konnte. Aber wer erfüllt schon diese Voraussetzung zum Erlangen der Klartraum-Fähigkeit? Wobei wir natürlich auch niemandem solche Bedingungen für ein spontanes Klartraumerlebnis wünschen wollen!

Archetypisches

Die Lerntechnik macht eben vieles leichter. Sie ermöglicht das planmäßige Erlernen einer *gezielten* kritischen Einstellung, die genau darauf zugeschnitten ist, den Traumzustand als solchen erkennen zu können. Es bedarf also weder bedrückender Alptraumserien noch besonderer Begabungen, sondern lediglich einer gewohnheitsmäßig kritischen Einstellung. *Hilfreich* ist darüber hinaus natürlich in jedem Fall ein möglichst breites Wissen über Träume und ihre Struktur. *Notwendig* aber ist nur die vielzitierte kritische Einstellung, die in die Frage mündet: »Wach' ich oder träum' ich?«

Ein allgemeines Wissen über Träume ist deshalb förderlich, weil es den Träumer auch für die Besonderheiten sensibilisiert, die er selbst nicht so häufig wahrnehmen wird, die aber überindividuell nicht selten sind. (»Überindividuell« bedeutet, es gibt Ähnlichkeiten im Traumerleben *aller* Menschen, die mit dem einzelnen, dem Individuum erst in zweiter oder dritter Linie zu tun haben. Wer um solche Strukturen weiß, hat es natürlich leichter, einen Traum als solchen zu erkennen, als jemand, dem dieses Wissen fehlt.)

Es gibt zum Beispiel Bilder wie die indischen Mandalas (Meditationsbilder), die so oder so ähnlich in allen Menschen vorhanden sind. Das sind Bilder, die so strukturiert sind, daß sie den Betrachter immer in ein Zentrum hinein- oder aus ihm herausführen. Wer das weiß, der kann sich dann, sobald er mit einem solchen Bild konfrontiert ist, unverzüglich die kritische Frage stellen, denn solche Bilder oder Ornamente tauchen auch häufig in Träumen auf. In unseren Breiten sind sie tatsächlich in den Träumen häufiger als in der Wachrealität.

Damit sind wir wieder bei den *Archetypen,* wie Jung sie sah. Wenn ich über diese Archetypen Bescheid weiß, dann kann ich sehr sensibel für Situationen werden, die mich an diese überindividuellen Symbole erinnern. Ich habe sozusagen ein wenig Symbolsprache gelernt und verstehe somit etwas mehr von meiner Traumwelt. »Eine Treppe hinabsteigen« zum Beispiel oder »eine Höhle besichtigen« oder

»eine Falltüre öffnen und in den Keller hinabsteigen«, das alles können Symbolisierungen des Unbewußten und meiner Vergangenheit sein. So trivial und anschaulich funktioniert unsere Psyche tatsächlich. Wer zum Klarträumen kommen will, für den empfiehlt es sich also auch, die kritische Realitätsüberprüfung vorzunehmen, wenn er in den Keller hinuntersteigt; denn vielleicht träumt er gerade symbolisch verschlüsselt von seiner Vergangenheit, von seinen unbewußten Wurzeln. Hier ein Beispieltraum:

»... Ich stehe vor dem Weinregal in meinem Keller und wundere mich darüber, wie wenig Flaschen doch von früher übriggeblieben sind, seit wir in dem neuen Haus wohnen. Mein Blick wandert zu einer antiken Falltüre in der Ecke. ›Seltsam‹, denke ich, ›in einem neuen Haus kann doch keine alte Falltüre sein!‹ Da erinnere ich mich an das Buch ›Der Mensch und seine Symbole‹ von C. G. JUNG und was ich darin über den Symbolgehalt solcher Falltüren gelesen habe. ›Ob ich wohl träume?‹ ... Nach der letzten Realitätsprüfung ist mir klar, daß ich träume. Voller Spannung gehe ich zu der Falltüre und versuche, sie zu heben. Nach unsäglichen Mühen und erst unter Zuhilfenahme einer Brechstange kann ich sie öffnen.

Ich steige voller Erwartung ins Dunkle hinab und gelange in einen Raum, in dem an einem klobigen Tisch ein alter Mann mit gesenktem Haupt sitzt. Ich rufe: ›Hallo!‹ Der Alte hebt den Kopf und schaut mich mit traurigem Gesicht an. Mit Schrecken erkenne ich meinen Vater, der allerdings in Wirklichkeit lange nicht so alt ist wie dieser Greis. Ich weiß, daß ich ihn jahrelang nicht gesehen habe, und das Gewissen schlägt mir wegen dieser Vernachlässigung. Ich versuche diesem Problem aus dem Weg zu gehen und mein Gewissen eben nicht in der Wachwirklichkeit zu beruhigen. So versuche ich die billige Lösung, indem ich mich für meine Gleichgültigkeit lieber nicht bei meinem wirklichen Vater, sondern bei diesem Traumvater entschuldige. Ich sage: ›Bitte verzeih mir, Vater, daß ich dich so lange nicht besucht habe, aber mein Berufsleben nimmt mich so in Anspruch, daß ich kaum zum Atmen komme.‹ Erst seine Antwort macht mir bewußt, daß ich gerade dabei war, die Klarheit wieder zu verlieren und in meine gewohnten oberflächlichen Ausreden zurückzufallen. Er sagt: ›Es ist schon richtig, daß viele Flaschen fort sind, seit du fort bist; und in den verbliebenen ist nur noch Essig!‹ Ich erkenne sofort, was er mir damit sagen will: ›Flaschen‹ habe ich immer die Freunde von früher genannt, die es alle zu nichts gebracht haben. Er kritisiert damit mein Karrierebewußtsein und meine Bindungslosigkeit an Menschen, die auf mich ›sauer‹ geworden sind, weil ich mich nur noch um mich selbst gekümmert habe. Ich beschließe auf der Stelle aufzuwachen und meinen Vater anzurufen. Das tat ich dann auch..«

Der Träumer schaffte es dann tatsächlich, zu seinem Vater wieder ein Verhältnis aufzubauen, das jedenfalls besser war als das was sie jahrelang gewohnt waren. Dieser Klartraum war also zumindest der Anlaß für eine wichtige Selbsterkenntnis und eine daraus resultierende Handlung. Der Anlaß für die Realitätsüberprüfung war das Wissen des Träumers um verschiedene archetypische Symbole. Das Buch, das er im Traum erwähnt, gibt es tatsächlich. Es ist für jeden, der mehr über die Symbolsprache erfahren will, sehr zu empfehlen.

»Anima« und *»Animus«* sind laut JUNG zwei grundlegende Archetypen. Anima ist die Verkörperung des Prinzips der Weiblichkeit, Animus das des Männlichen. Sie sind, wie alle diese Symbole, in den verschiedensten Erscheinungsformen zu finden, und »wollen« den Träumer dort, wo sie auftauchen, immer darauf hinweisen, daß er diesbezügliche Probleme hat, die zunehmend drängender werden. Eine besonders typische Animus-Symbolisierung ist die archetypische Figur des »alten Weisen«, des »Mönches« oder des »Hüters der Schwelle«. Solche Figuren tauchen – wie wir noch sehen werden – nicht selten in Träumen auf, besonders in solchen Träumen, die wir *Erkenntnisträume* nennen.

Kommen wir noch einmal kurz auf den letzten Beispieltraum zurück, jetzt aber in Zusammenhang mit dem Traumschema, das auf Seite 11 vorgestellt wurde. Die Unterscheidung zwischen »manifestem« und »latentem« Trauminhalt, wie sie in der Psychoanalyse üblich ist, ist Ihnen sicher noch gewärtig. Ein normaler Träumer kann über seine Erinnerung den »manifesten« Trauminhalt feststellen und sich dann mit Hilfe psychotherapeutischer Traumarbeit (mit oder ohne Anleitung) seinem »latenten« Trauminhalt annähern. Ein Klarträumer erlebt seinen manifesten Trauminhalt sozusagen »live« und kann sofort nach den latenten Trauminhalten fragen. Die Vorteile sind offensichtlich. Da sich das Traumgeschehen noch vor dem Hindernis der »sekundären Zensur« abspielt, ist ein Widerstand weniger auf dem Weg zur Selbsterkenntnis zu überwinden.

Die Psychoanalyse nimmt Gestalt an

Freud nannte den Traum die *»via regia«*, den Königsweg zum Unbewußten. Doch wie mühselig war seine Technik des Erinnerns, Assoziierens und Deutens. Überhaupt ist uns Freud bezüglich seiner Aussagen über die Traumdeutung zu einseitig. Es geht nicht an, nahezu sämtliche Handlungen, Symbole und Dinge in einem Traum mit einer sexuellen Problematik in Zusammenhang bringen zu wollen. Selbstverständlich ist dieses Konzept teilweise brauchbar, und man sollte nie vergessen, die Träume auch unter dem Aspekt verdrängter sexueller Triebe und Strebungen zu betrachten - aber eben nicht ausschließlich. Es gibt auch noch andere Probleme in der Persönlichkeit eines Menschen zu finden.

Ein junges Mädchen hatte einen unangenehmen Traum, in dem sie ständig über weite Strecken fiel. In psychoanaly-

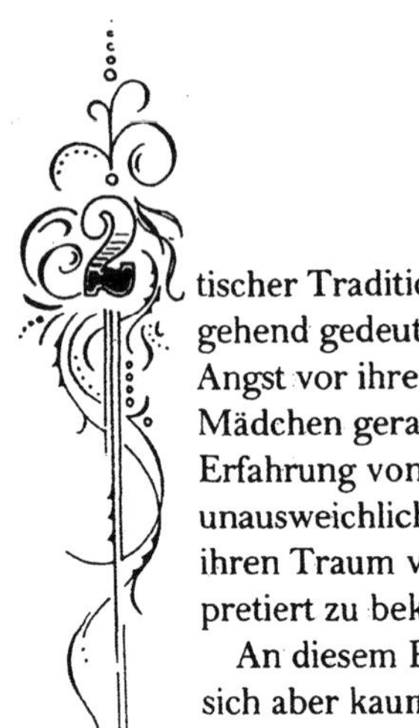

tischer Tradition werden solche Fallträume gerne dahingehend gedeutet, daß die Träumerin uneingestandene Angst vor ihrer Sexualität hat. Da sie sich zudem als junges Mädchen gerade in einer Lebensphase befindet, wo die Erfahrung von Sexualität in unverstellter Form immer unausweichlicher auf sie zukommt, hat sie kaum Chancen, ihren Traum von einem Psychoanalytiker anders interpretiert zu bekommen.

An diesem Punkt der Interpretation angelangt, wird man sich aber kaum noch von der Stelle bewegen können, da man versucht, einen Angstkomplex zu bearbeiten, der so oder so stark gar nicht vorhanden ist. In einer solchen Sackgasse ist nur noch entmutigende und fruchtlose Traumarbeit möglich, es sei denn, man löst sich vom (ansonsten sehr brauchbaren) psychoanalytischen Erklärungsmodell und stellt gewisse Umweltreize der Träumerin in Rechnung. So erkennt man unter Umständen sehr schnell, daß die junge Dame in dem berichteten Traum lediglich ihre Angst vor der ersten Flugreise ihres Lebens bearbeitet hat. Von Interpretationsfehlern dieser Güte ist schon oft berichtet worden. Allerdings gibt es eben auch, wie wir dem Traumbericht der Witwe aus der Einleitung entnehmen konnten, tatsächlich Symbole, die nur unter dem Aspekt der verdrängten Sexualität als sinnvoll deutbar erscheinen.

Im Grunde scheint uns das Menschenbild FREUDS aber zu pessimistisch zu sein. Sehr vereinfacht ausgedrückt, faßte FREUD den Menschen als ein gieriges Etwas auf, das ständig damit beschäftigt ist, Kulturleistungen zu erbringen, um seine sexuellen und aggressiven Triebe (das sogenannte *Es*) der Kontrolle des *»Über-Ichs«* (am besten mit Gewissen zu übersetzen) zu unterwerfen. Ein solches Individuum hat innerhalb der FREUDschen Theorie nur einen Ausweg: um nicht zu explodieren, muß es sublimieren, das heißt, es muß diese unakzeptablen Grundbedürfnisse in kreative und kulturell wertvolle Handlungen umsetzen. So entstehen nach seiner Auffassung Kunst, Gesetzeswerke, Wissenschaft, Sport und vieles andere mehr. Innerhalb dieses Modells werden Träume nur als Ventil zum »Druckablassen« gesehen. In den Träumen, so lautet der Grundgedanke, tun wir all das, was wir uns sonst nicht zu tun trauen - und wenn wir zu den wirklich »kultivierten« Menschen gehören, dann tun wir es eben selbst dort nur in Symbolen und verschlüsselt. Wer so denkt, der hat natürlich das Recht, jedes Traumdetail unter dem Aspekt von Aggression und Sexualität zu deuten.

Zur Ehrenrettung der Psychoanalytiker muß hier jedoch festgestellt werden, daß sie dieses Problem heutzutage nicht mehr so eng sehen wie der Begründer der Psychoanalyse selbst. Heute wäre die alleinige Beschränkung auf ein so eingeengtes Deutungsschema nur unfruchtbar. Wir wollen auch nicht vergessen, daß SIGMUND FREUD damals eine bahnbrechende wissenschaftliche Leistung erbrachte, als er gegen seine Selbstzweifel und gegen den starken gesellschaftlichen Druck endlich die Sexualität thematisierte.

Das Menschenbild FREUDS, das seinem Modell zugrunde liegt, war auch vielen anderen Psychologen zu pessimistisch - und so suchte man nach anderen Erklärungen und Modellen. Ein recht interessantes und wichtiges Modell zur Erklärung der in Frage stehenden Vorgänge lieferte dann die Gestalttherapie von FRITZ PERLS. Er ersetzte das mehr oder weniger statische Druckmodell FREUDS durch sein dynamisches *»Topdog-Underdog«*-Modell.

Ein Topdog (ein »Oberhund«) ist in gewisser Weise dem Über-Ich der Psychoanalytiker vergleichbar, ein Underdog (ein »Unterhund«) entspräche den Bestrebungen des Es. Was soll das, könnte man fragen, wenn es doch nur verschiedene Namen für denselben Sachverhalt sind? Die beiden Modelle beschreiben aber nicht denselben Sachverhalt, sondern gleichen sich nur auf den ersten Blick. Der Gedanke, der dem Modell von PERLS zugrunde liegt, ist qualitativ und nicht nur wörtlich ein anderer.

FREUDS Modell der Psyche besteht aus festen, unveränderbaren Instanzen: dem Ich, dem Es und dem Über-Ich.

Die Aufgabe des Ichs ist es dabei, das Es mit Hilfe der Forderungen des Über-Ichs im Zaume zu halten.

PERLS Modell dagegen kennt keine festen, unveränderbaren Instanzen. Es berücksichtigt die Tatsache, daß im Leben eines Individuums die verschiedensten Topdogs auftauchen und auch wieder verschwinden können. Es berücksichtigt ebenso - und das sehr anschaulich allein durch die Namenswahl - wie »Underdog« winselnd und sich windend und möglichst hinten herum die Forderungen von »Topdog« zu unterlaufen versucht. Und es berücksichtigt nicht zuletzt auch die Tatsache, daß »Topdog« gar nicht selten von »Underdog« viel zu viel verlangt.

Bei dem Modell von Ich, Es und Über-Ich konnte man sozusagen (wie in einem schlechten Film) noch leicht zwischen den Guten und den Bösen unterscheiden. Beim Topdog-Underdog-Modell ist das nicht mehr möglich. Das empfinden wir als einen Fortschritt. Zumal dieses neuere Modell eben auch der Tatsache Rechnung trägt, daß, ebenso wie sich unser Leben entwickelt und verändert, sich auch unsere Topdogs und Underdogs im Laufe der Zeit verändern können.

Wir haben es also bei PERLS nicht mehr nur mit einem Über-Ich zu tun, das die grundlegenden Tabus von Sex und Gefühlsbeherrschung repräsentiert, sondern zusätzlich mit den Geboten und Werten von Schulfreunden, Nachbarn, Eltern, Religionslehrern und so weiter. Eine ganze Welt voller Topdogs, eine Welt voller Rassehunde und Promenadenmischungen, und alle sind verschieden voneinander. Underdog, der in diesem Modell meistens nur reagiert und nicht von selbst aktiv wird, nimmt immer jeweils die Form an, in der er den Forderungen eines bestimmten Topdog am besten widerstehen zu können glaubt.

Topdogs und Underdogs kann man in seinen Träumen erkennen, wenn man ihre Eigenarten kennt und entsprechend sensibilisiert ist. In der Regel geschieht das während der gestalttherapeutischen Traumarbeit, in der mit verschiedenen Techniken die Erinnerung an einen Traum so lange wachgerufen wird, bis der Traum wieder plastisch nacherlebt werden kann. Wenn man aber Klarträumer ist und dieses Modell kennt, dann kann man schon während des Träumens seine Top- und Underdogs erkennen und sich dementsprechend verhalten.

Wie erkennt man nun einen Topdog? Er hat in der Regel folgende Eigenschaften: Er ist rechthaberisch und moralistisch, neigt dazu, Vorwürfe zu machen und Perfektion zu verlangen, er ist ein Tyrann und Prinzipienreiter und weiß immer alles besser. Seine Lieblingsworte sind »dürfte« und »müßte«. (Du *dürftest* jetzt eigentlich keine Musik hören, sondern *müßtest* an der Schreibmaschine sitzen!) Er ist meist autoritär; doch Vorsicht! Er ist auch scheinheilig und gibt sich oft den Anschein, unter der Unzulänglichkeit von Underdog schrecklich leiden zu müssen. Er ist also ein rechter Pharisäer.

Wie erkennt man einen Underdog? Auch er hat ein paar typische Eigenschaften: Er jammert und winselt um Nachsicht, er entschuldigt sich ständig, er ist voller Selbstzweifel und Selbstbezichtigungen, er ist Masochist, Feigling und Opfer, kurz er ist der typische Verlierer und akzeptiert insgeheim Topdogs Macht über sich, weil er dessen Ansprüche selbst in sich trägt. Er versucht, Topdog zu beschwichtigen, und macht lieber falsche Versprechungen, als sich weiter Topdogs Forderungen auszusetzen. Underdog ist nie an irgendwas schuld, immer sind es die Umstände.

Aber auch dieses Modell paßt nicht auf jede Situation. Nicht jeder Traum ist eine Dramatisierung des Topdog-Underdog-Konfliktes. Im Traum der heiratslustigen Witwe gibt es zum Beispiel nur mit viel gutem Willen solche Figuren zu entdecken.

Welche Wendung das Traumgeschehen nehmen kann, wenn der Träumer den Topdog-Underdog-Konflikt erkennt und thematisiert, zeigt das folgende Beispiel:

»Meine Mutter hat mir ein riesiges Eis gekauft und ich beginne gierig, es zu verschlingen. Das Eis ist aber so groß, daß ich es kaum halten kann. Das macht mich stutzig und ich stelle die kritische Frage... Kaum, daß mir klar wird, daß ich klar bin, werfe ich das Eis weg, denn ich habe jetzt Wichtigeres zu tun. Sofort schüttelt meine Mutter den Kopf und sagt: ›Das solltest du aber wirklich nicht tun, so viel Geld habe ich für das Eis bezahlt, und du wirfst es einfach in den Dreck, aber du warst ja noch nie besonders dankbar...‹. Mit jedem ihrer Worte fühle ich mich mickriger, und am Ende sage ich: ›Aber ich wollte es doch gar nicht wegwerfen, es ist mir hingefallen!‹ In diesem Moment merke ich, was ich da tue. Schließlich bin ich in einem Klartraum und habe bloß eine Topdogfigur vor mir. ›Wer bin ich denn?‹ rufe ich laut. Meine Mutter verstummt gekränkt. Ja, ja, sagen ihre Augen, nicht nur undankbar, sondern auch respektlos und grausam. ›Nun hör aber auf‹, rufe ich. ›Es gibt schließlich Wichtigeres als ein Eis im Dreck. Und außerdem, ich hab' dich erkannt. Du bist nicht meine Mutter, sondern ein Topdog. Und wenn du immer noch darauf bestehst, daß ich undankbar bin, dann ist das schon lange nicht mehr mein Problem, sondern nur noch deines. Ich weiß es schließlich besser, ob ich dankbar bin oder nicht. Ich hab' bloß keine Lust, dauernd auf dem Bauch zu kriechen und danke, danke zu rufen!‹ - Der Mutter-Topdog erkennt, daß hier nichts mehr zu holen ist, und ich kann endlich meine Traumfreundin besuchen...

Nach diesem Traum konnte ich die Besuche meiner Mutter mit ihren Tiraden über Dankbarkeit und Respekt viel besser ertragen. Es kam nie mehr zu diesen zwanghaften Streits, die immer daraus entstanden, daß mein schlechtes Gewissen mich dazu brachte, jeden ihrer Vorwürfe mit Vehemenz zurückzuweisen, selbst die, in denen noch ein Körnchen Wahrheit steckte.«

Ein etwas versteckterer Topdog-Underdog-Konflikt zeigt sich im folgenden Traumbericht einer Frau:

»Ich bin am Strand und betrachte fasziniert ein wunderschönes Haus, das dort hingebaut ist. Ich beobachte, wie die Wellen ruhig bis nahe dorthin rollen. Alles ist friedlich, keine Wolke weit und breit, und doch beschleicht mich eine unangenehme Unrast, eine nicht faßbare, schmerzende Unruhe, die mich mehr und mehr beherrscht. Da besinne ich mich, daß ich mir vorgenommen hatte, in extremeren Gefühlssituationen die kritische Frage zu stellen. Alles scheint normal, nirgends das geringste Anzeichen für einen Traum. Ich mache also die Gedächtnisprüfung. Wo war ich vor einer halben Stunde? Am Strand. Wo war ich heute morgen? Am Strand. Wo war ich in der Nacht? Am Strand. ›Moment mal‹, merke ich, ›da stimmt was nicht! Auch wenn es nicht so aussieht, ich muß mich im Traum befinden.‹ Bevor ich aber etwas Unüberlegtes tue, frage ich lieber erst einmal das Meer, was hier los ist. Schließlich ist weit und breit keine Menschenseele zu sehen, vor der ich mich blamieren könnte, wenn ich versuche, mit dem Meer zu reden. ›Was ist hier eigentlich los?‹ frage ich das Meer. ›Wie meinste'n das?‹ kommt es sofort zurück. Nun ist mir klar, daß ich träumen muß. ›Warum fühle ich mich so gespannt und unruhig?‹ frage ich. ›Du hast Angst‹, antwortet das Meer. ›Wovor soll ich denn wohl Angst haben?‹ ›Na hör mal! Du stellst dein bescheuertes Haus direkt auf meinen Strand! Ist doch wohl klar, daß ich es mir holen werde. So was Blödes wie dich gibt's nicht zweimal!‹ Das Meer redet mit mir wie ein Topdog, stelle ich fest. Ich will unbedingt herauskriegen, was hier los ist, und auf keinen Fall aufwachen. Also bewege ich während des Nachdenkens meine Augen schnell hin und her, um ja nicht aus Versehen etwas zu fixieren. Soll ich versuchen, den Topdog zu besiegen? Aber wie bekämpft man ein ganzes Meer? Und, wer weiß, vielleicht ist es ja deshalb so groß in meinem Traum, weil es im Recht ist? Warum sollen Topdogs nicht auch einmal im Recht sein? Ich beschließe also, Bescheidenheit zu zeigen. Im gleichen Moment schickt das Meer kleine, warme Wellen, die mir um die Knöchel spülen, und rauscht mir leise zu: ›Ich bin das Meer, das Meer, Meehr, Mehr, mehr...‹ Dieses Wort löst in mir eine schockartige Erinnerung aus: die Erinnerung an einen Streit, in dem ich einen größeren Teil unserer gemeinsamen Wohnung für mich beanspruchte, weil

ich das Gefühl hatte, ›mehr‹ Platz zu brauchen. Ich wollte ›mehr‹, als mir zustand, fühle ich jetzt. Damit drang ich in den Bereich der anderen ein, so wie das Haus in meinem Traum unberechtigterweise in den Bereich des Meeres eindrang. Die Unruhe in meinem Magen löst sich auf und dafür überkommt mich eine große Scham. Ich beschließe, das alles so bald wie möglich wieder in Ordnung zu bringen...«

Sprachkursus

Traumgeschichten sind seltsame Geschichten. Sie sind in einer Symbolsprache verfaßt und nur durch die »Logik« unserer Gefühle begreifbar, wenn wir das mal so ausdrükken dürfen. Traumbilder sind symbolisierte Gefühle, denen man mit unserer Schulweisheit alleine kaum beikommen kann. Mit logischen Schlüssen kommen wir nicht hinter ihren Sinn, sie entziehen sich dem »Verstehen« - sie wollen »begriffen« werden.

Die Fähigkeit zum Klarträumen entbindet einen zwar nicht von der Notwendigkeit, genau das zu erkennen, aber sie erleichtert uns das Entwickeln einer anderen Fähigkeit: Gefühlskomplexe (und Traumbilder) in ihrer Gesamtgestalt zu sehen oder doch zumindest zu erahnen - der Fähigkeit mithin, unsere Symbolsprache zu übersetzen, eben zu »begreifen«. Dann erst wird die Fähigkeit des Klarträumens zur wirklichen Kulturleistung. Und zu einer fruchtbaren Technik des persönlichen Wachstums.

Diese »Gestaltwahrnehmung der Gefühlsbilder« unserer Träume, von der hier die Rede ist, ist eigentlich recht leicht zu erreichen. Alles, was Sie dazu benötigen, ist genug Wissen über die verschiedenen Traumdeutetheorien und die Erkenntnis, daß man sich niemals auf ein Modell, auf ein System alleine verlassen darf. Wenn Sie dann noch die Bereitschaft mitbringen, dieses ganze Wissen auch mal völlig wegzulassen, falls es nicht weiterführt, und einfach abzuwarten, was wohl passiert, wenn man nur nach seinem

Gefühl handelt, fehlt nur noch die Praxis: viel Übung im Erleben und Deuten von Klarträumen.

Ein gewisses Vertrauen in die eigene Innenwelt kann die Offenheit, von der wir sprachen, nur begünstigen. Dieses Vertrauen meinte sicher auch ERICH FROMM, als er ganz im Gegensatz zu den Ansichten FREUDS in »Märchen, Mythen, Träume« schrieb: »... daß wir in unseren Träumen nicht nur weniger vernünftig und anständig, sondern auch intelligenter, klüger und urteilsfähiger sind als im wachen Zustand.«

Sie wissen nun genug über verschiedene Traumtheorien. Nun sind Sie da in gewisser Weise sattelfest, und wir können Ihnen erzählen, daß eigentlich, im Wachen wie im Träumen, nur die eigene Erfahrung zählt. Und wenn Sie irgendwann einmal fast alles über die archetypische Symbolik wissen, dann werden Sie die Erfahrung machen, daß Sie auch einen ganz individuellen Symbolkatalog anlegen können, der so nur für Sie Gültigkeit hat.

Nehmen Sie Ihre Träume ernst! Es sind Wahrnehmungen, die auf genau dieselbe Weise in Ihr Bewußtsein gelangen wie die aus dem Wachleben auch. Das Klarträumen wird Ihnen auf die Spur Ihrer speziellen, ganz individuellen Symbolsprache helfen. Selbst die Widerstände der primären Zensur werden dann zu Hilfsmitteln des Klarträumers: Wenn ich mich kenne, dann kann ich auch meine spezifische Zensur kennen – also kann ich auch lernen, wann immer ich auf sie stoße, mich in der »richtigen« Richtung immer weiter durchzufragen. – Natürlich, Rückschläge gehören zum Geschäft:

»Ich habe drei lebendige Marienkäfer im Mund; ich spucke sie vorsichtig aus. Es gelingt mir auch schließlich, mit viel Mühe. Jetzt kommt mir der Gedanke: ›Ach was, das träume ich jetzt, weil ich zum Zahnarzt muß und wünsche, es wäre schon vorbei, also brauche ich nicht weiterzuträumen.‹ Da fliegt einer der Käfer weg und sagt: ›Ich lasse mich nicht deuten!‹«

3. KAPITEL

Seltsame Begegnungen der 4. Art

Not macht erfinderisch

Die meisten Menschen empfinden Freude über ihre Fähigkeiten. Besonders dann, wenn diese Fähigkeiten sich noch im Werden befinden und mit Gefühlen von Vorwärtsgehen, Entdecken, Erreichen oder Siegen verbunden sind und sie die Erfahrung machen, erfolgreich Widerstände überwinden zu können. Ist eine neue Fähigkeit erst einmal gesichert, wird sie also nach allen Regeln der Kunst »beherrscht«, kommt eine andere Freude auf: Die Freude daran, das Beherrschte immer weiter zu entwickeln und zu verfeinern. Dieses Stadium des »Seßhaftwerdens« kann schließlich in einer Haltung münden, die Freude und Lust nicht mehr aus der Überwindung von Widerstand gewinnt, sondern aus dem ruhigen Bewußtsein, die gefühlsmäßige Trennung von Umwelt und Selbst zugunsten eines Gefühls von Einssein mit den Umständen aufgeben zu können. Das Bewußtsein der bestimmenden Wechselwirkungen zwischen dem eigenen Wollen und den Forderungen der Umwelt läßt persönlichen Erfolg immer weniger aus *Anstrengungen gegen* etwas als vielmehr aus *Handlungen für* etwas entstehen.

Dieser »vorbestimmte« Weg gilt natürlich auch für uns Klarträumer; wobei sich jeder einzelne frei dafür entscheiden kann, wie lange er in einer dieser Phasen verbleiben und wann oder ob er sie überhaupt wechseln will.

Mit dieser Entwicklung beschäftigen sich in etwa die beiden folgenden Kapitel anhand von zahlreichen Beispielen. Als Leser dieses Buches stehen Sie wahrscheinlich - was die Fähigkeit des Klarträumens betrifft - noch am Anfang einer solchen Entwicklung. Also beginnen wir mit den Erlebnissen von Sieg und Niederlage, die bislang noch jeder Klarträumer durchlebt hat. Dabei geht es noch gar nicht mal um Siege oder Niederlagen in den Auseinandersetzungen mit Ihren Traumfiguren, sondern zuerst einmal um die unvermeidlichen Kämpfe mir Ihrem ganz persönlichen Widerstand gegen das Klarträumen.

Ja, Sie haben richtig gelesen. Nicht nur bei Anfängern, auch bei schon versierten Klarträumern finden sich tatsächlich Widerstände gegen das Erreichen des Klartraumzustandes. Mit diesen Widerständen umgehen will gelernt sein. Und kann auch gelernt werden, wie die folgenden Seiten zeigen werden.

Doch zunächst wollen wir uns noch kurz mit der Frage beschäftigen, warum es überhaupt zu solchen Widerständen kommt, die im Traum immer wieder verhindern wollen, daß wir im Zustand des Klartraums bleiben oder daß wir ihn überhaupt erreichen. Es sind dieselben Widerstände, über die bereits in der Einleitung berichtet wurde, nur daß sie hier eine andere Form annehmen. Damit dieser Mechanismus besser verständlich wird, werden wir hier etwas weiter ausholen.

Allein daß es überhaupt solche *Widerstände* gibt, ob sie nun *primäre* oder *sekundäre Zensur* genannt werden oder sonstwie, sollte ja schon Anlaß für die berechtigte Frage sein, ob sie nicht vielleicht zu etwas gut sind? Und natürlich sind sie das. Verdrängungen, Verschiebungen oder andere Prozesse dieser Art innerhalb der Psyche sind zuerst einmal dazu da, uns lebensfähig zu halten. Wer schon einmal den lähmenden Schmerz erlebt hat - oder ihn sich vorstellen kann -, den man erleidet, wenn ein naher und geliebter Freund stirbt, der weiß, wovon die Rede ist. Gäbe es nicht diese Mechanismen des Widerstandes gegen den emotionalen Schmerz, niemand könnte sein Leben in Freiheit und Konstruktivität weiterleben. Verdrängen und Vergessen geben uns die Möglichkeit, über den Schmerz hinauszugehen. Über diese Möglichkeit des Vergessens berichtet auch der Volksmund in dem Sprichwort: »Die Zeit heilt alle Wunden.« Das bedeutet allerdings nicht, daß sich der Schmerz in Nichts auflösen würde. Der Schmerz bleibt bestehen, aber versteckt in einem verborgenen Winkel unserer Psyche. Daß das tatsächlich so ist, erfahren wir immer dann, wenn wir lebhaft an eine traurige Begebenheit aus unserer Vergangenheit erinnert werden: Die alten Gefühle treten wieder ins Bewußtsein, wir erinnern uns und sind wie damals traurig, verletzt oder zornig.

Damit wir von der im Laufe des Lebens zwangsläufig immer größer werdenden »Schmerzmenge« nicht überschwemmt und damit gelähmt werden, gibt es Mechanismen in uns, die eine solche Überflutung verhindern. So haben wir die Chance, uns auch an die schönen und lustvollen Begebenheiten unseres Lebens zu erinnern, die uns sozusagen als Modelle für unsere Ziele dienen. Denn das sind die Ziele, die uns in Bewegung halten, die uns das Leben lebenswert machen. Würden wir uns nur an den Schmerz erinnern, hätte das Leben keinen Sinn. (Natürlich darf man die Funktion des Schmerzes für ein sinnerfülltes Leben nicht unterbewerten - aber das ist ein ganz anderes Thema, das hier nicht zur Debatte steht.)

Die innerpsychischen Widerstände dienen also dem Ziel, Schmerzen zu verarbeiten und Entwicklung, Wachstum und Bewegung in unserem Leben zu fördern. Aber die Widerstände neigen dazu, sich zu verselbständigen. Das ist bei schematisch eingeübten Prozessen auch gar nicht anders zu erwarten. Denken wir nur an unseren Kupplungsfuß, der sich immer wieder regt, obwohl wir gerade auf eine Automatik umgestiegen sind. Und so finden wir diese Verselbständigung der Widerstände eigentlich bei allen Menschen, mal mehr, mal weniger, denn damit haben wir ein wunderbares Mittel, unbequemen Erinnerungen und Wahrheiten aus dem Wege zu gehen. So benutzt jeder seine innerpsychischen Widerstände auch dazu, sich seine ganz persönliche Realität ein wenig zurechtzubiegen, sich ein Selbstbild zu schaffen, mit dem er zufrieden sein kann. Das ist sicher nicht besonders schädlich, und man könnte auch überlegen, ob man diesen Sachverhalt nicht mit zu denen rechnen soll, die uns lebensfähig und selbstbewußt erhalten. Und ganz sicher ist das auch bei den meisten Leuten der Fall. Sich selbst mit einem gewissen Wohlwollen und ein klein wenig edler und schöner wahrzunehmen, als man es vielleicht in den Augen seiner Mitmenschen ist, hilft beim täglichen Lebenskampf enorm.

Schwierig oder »neurotisch« wird das Ganze erst, wenn diese innerpsychische Instanz uns so stark beeinflußt, daß unsere Wahrnehmung der Realität verzerrt wird. Das kann in extremen Fällen dazu führen, daß sich jemand für unfehlbar oder – wenn die innerpsychischen Widerstände ganz zusammenbrechen – für den fehlerhaftesten Menschen der Welt hält.

Aber auch ohne total fehlgesteuerte Widerstände in Betracht zu ziehen, kann es durchaus vorkommen, daß sich ein Widerstand derart verselbständigt, daß er, statt uns positiv bei der Schmerzarbeit zu unterstützen, sozusagen über das Ziel hinausschießt und allen Schmerz ausblendet. Eine solche Entwicklung ist dann eher hemmend für uns und steht der mutigen Auseinandersetzung mit den realen Gegebenheiten im Weg.

Um sich diesen Prozeß konkret vorzustellen, sollten Sie sich daran erinnern, wie es zum Beispiel jemandem ergeht, der sich wegen einer enttäuschenden Liebe von nun an jeder neuen Freundschaft mit äußerstem Mißtrauen nähert. Dieser Mensch, der eigentlich nur neuen Liebesschmerz verhindern will, nimmt sich damit jede Möglichkeit eines neuen Liebeserlebnisses. Seine Widerstände sind außer Kontrolle geraten. Doch so ein Beispiel ist fast schon spektakulär. Normalerweise laufen diese Verselbständigungen von Widerständen sehr viel subtiler und für einen selbst und die Mitmenschen kaum wahrnehmbar ab.

Nun haben wir in unseren Träumen aber einen unzensierten Bereich (den 2. Traumbereich auf der Abbildung von Seite 11), in dem wir all das, vor dem wir uns fürchten, was uns Schmerzen bereitet und das wir eigentlich inakzeptabel finden, ausleben können. Denn irgendwo *müssen* wir das alles ja auch einmal unverstellt fühlen und erleben können, denn es ist ja vorhanden, wenn auch »ganz unten«, und kann nicht für dauernd unterdrückt bleiben. Und vieles liegt da unten, das eigentlich gar nicht mehr dorthin gehört, aber immer noch einen verselbständigten »Schutz« genießt.

In diesen tiefsten Keller des Unterbewußten dringt nun plötzlich das Bewußtsein des Klarträumers vor. Welch ein Schreck! Eifersüchtig wacht das Unterbewußte mit allen ihm zur Verfügung stehenden Mitteln über die tatsächlichen und vermeintlichen Leichen in unserem Keller. Wie ein übergeschnappter Hausmeister, der beginnt, dem Hauseigner Vorschriften zu machen, versucht es, die Entrümpelung zu verhindern. Es liebt ja so sehr den Staub und die Spinnweben und die alten Gewohnheiten.

So verfällt es auf die erstaunlichsten Tricks, uns am Zustand der Klarheit zu hindern. Sie werden in dieser Beziehung sicher selbst noch einiges erleben, werden in intelligent gelegte Fallen tappen, aber auch in Situationen von großer Komik geraten. Erinnern Sie sich nur an den Traum mit dem arroganten Kellner.

Wenn Sie fleißig üben, werden Sie lernen, all diese Widerstände zu überwinden. Die folgenden Traumbeispiele sollen Ihnen zeigen, wie wichtig in diesem Zusammenhang die durch die Lerntechnik erworbene kritische Einstellung dem Bewußtseinszustand gegenüber ist. Man kann gar nicht kritisch genug sein.

»Cave canem!«

Zunächst ein Beispiel mit »doppeltem Boden«, in dem die Widerstände den Träumer, einen Akademiker, sogar wider besseres Wissen zum falschen Schluß kommen ließen.

»Ich gehe mit Freunden durch eine herrlich klare Herbstlandschaft und diskutiere mit ihnen über Tholeys unhaltbare Theorien. Dabei steigere ich mich immer mehr in meiner Ablehnung. Ich rufe: ›Diese Behauptungen von der völlig realistischen Wahrnehmung der Traumwelt sind doch unhaltbar! Wie sollte es denn möglich sein, daß man im Traum zum Beispiel diesen kalten, klaren Morgen und diesen farbenprächtigen Herbstwald in allen Details wahrnehmen könnte? Wie sollte man denn im Traum wohl dieses kalte und klare Gefühl in der Lunge fühlen, das sich bei tiefem Einatmen einstellt. Das ist doch alles gar nicht möglich. Und außerdem sind die von ihm vorgeschlagenen sogenannten Realitätsüberprüfungen doch nichts als Augenauswischerei! Zum Beispiel dieser Drehtest. Wenn ich

mich schnell um 180 Grad auf der Stelle drehe (und ich demonstriere es), dann dreht sich die Umwelt danach *natürlich* gegensinnig weiter. Das ist doch Scharlatanerie!‹
Irgendwann verebbte der Traum, und nur durch einen Zufall erinnerte ich mich am nächsten Tag an ihn, was mich nicht wenig beschämte.«

Wir sehen, das Unterbewußtsein schreckt nicht einmal vor falschen Tatsachenbehauptungen zurück, wenn es seine Felle davonschwimmen sieht. (Wer sich nicht mehr ganz sicher ist, wie der Drehtest funktioniert und deshalb die Pointe dieses Traumes verpaßt hat, der möge auf Seite 50 diesen Test noch einmal nachschlagen.)

Im vorigen Traum hatte der Träumer noch nicht einmal das Stadium des Zweifelns erreicht, in dem die kritische Frage erst möglich wird. Diese wurde sozusagen bereits im Vorfeld abgeblockt. Das folgende Beispiel zeigt, wie man, obwohl bereits im Stadium des Zweifelns an seinem Bewußtseinszustand, trotzdem noch überlistet werden kann:

»Mir fiel auf, daß ein unmittelbar vor mir stehendes Haus verkehrt herum zu stehen schien, worauf ich zur Überzeugung gelangte, daß ich wohl träumen müsse. Dann bemerkte ich aber, daß ich eine Brille aufhatte, und mir kam sofort der Gedanke, daß es eine Umkehrbrille sein könnte. Um dies zu prüfen, nahm ich die Brille ab, woraufhin das Haus jetzt in aufrechter Stellung vor mir stand. Dies führte mich dann zu der fälschlichen Annahme, daß ich mich doch im Wachzustand befände.«

Selbst wenn man sich bereits im Klartraum befindet, kann man also immer noch »rausgeworfen« werden. Das folgende Beispiel von einem schon nicht mehr als Anfänger zu bezeichnenden Klarträumer zeigt, wie dieser aufgrund einer unvorhergesehenen Änderung der Situation erst das Bewußtsein seiner Entscheidungsfreiheit verlor und daraufhin auch das Bewußtsein der Klarheit:

»... Ich hatte CASTANEDA gelesen, der sich mit Hilfe von Drogen in eine Krähe verwandelt hatte, und wollte versuchen, ob ich mich auch im Klartraum so verwandeln könne. Dies gelang mir tatsächlich. Ich verwandelte mich auf ähnliche Weise, wie ich es gelesen hatte, in eine Krähe und sah die Traumwelt plötzlich mit ganz anderen Augen. Als ich dann auf einen Telegrafenmast geflogen war, sah ich einen Mann mit einem kleinen Mädchen daherkommen. Der Mann hatte ein Gewehr bei sich. Als das Mädchen mich erblickte, sagte es zu dem Mann: ›Pappi, schau mal, eine Krähe. Kannst du mir die schießen?‹ Darauf legte der Mann das Gewehr an, und ich bekam große Angst und wollte mich zurückverwandeln. Da mir dies aber nicht gleich gelang, flog ich so schnell wie möglich davon...«

Der Traum endete als normaler Traum in völliger Vergessenheit.

Hier ist ein Klartraum eines Studenten mit – nach eigenem Bekunden – »gestörtem Verhältnis zu Frauen«, der uns eine weitere Variante von Widerstand vorführt. Ohne den Zustand der Klarheit völlig zu verlassen, wird der Fortgang des Geschehens doch so sehr gehemmt, daß eine weitere Entwicklung nicht möglich ist:

»Ich hatte am Nachmittag meditiert (allerdings mit einer sehr engen Jeans) und mich nach dem Meditieren aufs Sofa gelegt und war sofort eingeschlafen. Ich träumte von verschiedenen Dingen, die anscheinend nicht so wichtig waren. Aus diesem Grunde ist dieser Teil des Traumes mir auch nur noch fragmentarisch in Erinnerung.

Nach einigen Traumerlebnissen befinde ich mich in einem Raum mit mehreren Leuten und diskutiere mit einer Frau über die Saturnringe. Es geht dabei um das Phänomen der Cassini-Teilung und um die Frage, wer diese Teilung entdeckt hat und wann sie entdeckt wurde. Die Frau vertritt sehr energisch die Auffassung, daß die Cassini-Teilung erst nach der Jahrhundertwende von irgendeinem Amateurastronomen mit einem Fünf-Zoll-Newton-Reflek-

tor entdeckt worden sei. Mir persönlich ist die ganze Problematik und Situation sehr schleierhaft und mir fällt dabei zweierlei auf:

Erstens bin ich emotional stark an der Diskussion beteiligt, obwohl mich diese Problematik nicht persönlich berührt, ja ich möchte sagen, absurd lächerlich erscheint, und zweitens fällt mir auf, daß diese Situation recht gut mein momentanes Verhältnis zu Frauen widerspiegelt, was durch einige Beziehungsprobleme derzeitig sehr gespannt ist. So komme ich zur Erkenntnis des Traumzustandes und zur Überlegung, daß dies eine gute Möglichkeit sei, meine Spannungen zu Frauen abzubauen – letzteres geschieht allerdings mehr intuitiv als rational.

Wir, die Frau und ich – obwohl wir gerade noch miteinander gestritten haben –, gehen aufeinander zu und wollen uns umarmen. Ich verspüre allerdings zunächst noch eine starke innere Abneigung gegen diese Umarmung. Das ändert sich aber bereits nach der ersten Berührung, die ich als ausgesprochen lustvoll empfinde. Jetzt wollen wir miteinander schlafen. Da bemerke ich, daß ich noch meine Hose anhabe, und daß diese Hose plötzlich sehr unbequem wird. Ich ziehe sie aus, muß aber feststellen, daß mir das keine Erleichterung bringt. Es ist mir nach wie vor zu eng in der Hose. Ich schaue nach und stelle fest, daß ich mir zwar eine Hose ausgezogen habe, daß sich aber an meinem Körper noch eine weitere Hose befindet. Auch diese Hose ziehe ich aus. Doch der einzige Effekt, der sich einstellt, ist der, daß ich immer neue Hosen – auch Unterhosen – ausziehen muß. Da erinnere ich mich im Traum, daß ich heute morgen (in der Wachrealität) eine weiße Unterhose angezogen habe. Und so schaue ich auf die vielen Unterhosen, die ich noch ausziehen muß: Erst eine blaue, dann eine braune, dann eine schwarze, dann endlich eine weiße! Jetzt war ich sicher, endlich meine ›wirkliche‹ Unterhose ausgezogen zu haben. Aber vergebens! – Da sagte die Frau zu mir: ›Wenn es dir zu viele Schwierigkeiten bereitet, dann lasse es doch lieber.‹ Das war zuviel. Ich wachte auf. In meiner Jeans war es immer noch zu eng.«

In diesem Beispiel sind natürlich noch ganz andere als die Widerstände gegen einen Klartraum im Spiel. Ein Klarträumer sollte aber immer damit rechnen, daß sich seine unterbewußte Abwehr, wann immer und wo immer es möglich ist, aller seiner ihm bekannten (und unbekannten) Schwächen und Ängste bedient, um ihm möglichst effektiv das Klarträumen zu verleiden.

Und natürlich reagiert die unterbewußte Abwehr auch sehr anpassungsfähig auf die persönlichen Eigenarten und Fähigkeiten des Träumers. Ernst Mach, ein besonders scharfer Denker, den wir bereits auf der Seite 67 kennengelernt haben, war auch mit besonders schnell reagierenden, intelligenten und »lernfähigen« Widerständen konfrontiert. Nun, wo Sie inzwischen genug über Widerstände wissen, können wir Ihnen den Traum vollständig servieren:

»Als ich viel mit Raumfragen beschäftigt war, träumte mir von einem Spaziergang im Walde. Plötzlich bemerkte ich die mangelhafte perspektivische Verschiebung der Bäume und erkannte daran den Traum. Sofort traten aber auch die vermißten Verschiebungen ein. Im Traum sah ich in meinem Laboratorium ein mit Wasser gefülltes Becherglas, in dem ruhig ein Kerzenlicht brannte. ›Woher bezieht das den Sauerstoff?‹ dachte ich. ›Der ist im Wasser absorbiert. Wo kommen die Verbrennungsgase hin?‹ – Nun stiegen Blasen von der Flamme auf, und ich war beruhigt...«

Eine ganz besonders perfide Art, einen bereits erreichten Klartraumzustand zu beenden, ist das sogenannte *»falsche Erwachen«*. Der Name läßt ja schon ahnen, wie das vonstatten geht: Manchmal, wenn man sich schon längst im Klartraum befindet, träumt man plötzlich, zu erwachen. Dies erscheint einem so realistisch, daß man tatsächlich der festen Überzeugung ist, sich nun im Wachzustand zu befinden, obwohl man in der Tat weiterträumt – nun aber nicht mehr »klar«. Es kommt sogar vor, daß man sich in solchen Träumen zu Beginn noch darüber ärgert, so plötzlich aus einem schönen oder spannenden Klartraum erwacht zu sein, dann aber sein Schicksal hinnimmt und achselzuckend sein Tagwerk beginnt. Ein versierter Klarträumer gewöhnt es sich daher an, nach *jedem* von ihm erlebten Erwachen eine kritische und besonders genaue Realitätsprüfung vorzunehmen.

Lassen Sie sich nicht ins Bockshorn jagen!

Dafür, daß es tatsächlich Widerstände im Sinne der Psychoanalyse sind, die das Klarträumen erschweren, spricht auch ein Ergebnis der bisherigen Untersuchungen mit Klarträumern. Es fällt nämlich den meisten Befragten dann besonders schwer, zur Klarheit über ihren Bewußtseinszustand zu gelangen, wenn sie sich zuvor vorgenommen haben, im Traum etwas über die eigene Persönlichkeit zu erfahren.

Wie wir gesehen haben, zeigen sich diese Widerstände selbst während des Klarträumens. Will man zum Beispiel, in der Hoffnung, Näheres über sich selbst zu erfahren, im Klartraum sein Elternhaus aufsuchen oder gar eine Zeitreise in die vergangene Kindheit unternehmen, so stellen sich einem mitunter Traumfiguren in den Weg, die einen warnen oder einfach nicht vorbeilassen wollen. (Aus der esoterischen Literatur sind solche Erscheinungen nicht als personifizierte Widerstände, sondern als die *»Hüter der Schwelle«* bekannt. Esoteriker schreiben diesen Figuren allerdings eine tatsächliche Existenz in der Wachrealität zu.) Ein Klarträumer, der in seine Kindheit zurückreisen wollte, wurde von einer Traumfigur zurückgehalten und gewarnt, die sich recht unwirsch als sein »persönlicher Therapeut« vorstellte: »Du bist nicht reif für eine Reise in die Kindheit!« Eine Träumerin, die ebenfalls in ihre Kindheit reisen wollte, wurde von einer alten Frau im Traum gefragt: »Weißt du, ob du zurückkommen kannst?«

Es sind aber nicht nur einzelne Traumfiguren, sondern mitunter sogar ganze Armeen, die sich dem Klarträumer in den Weg zu stellen versuchen. Auch »unsichtbare Kräfte« können dem Träumer das Weiterschreiten erschweren. Es liegen auch Traumberichte vor, in denen von »Energiewänden« die Rede ist.

Ein geübter Klarträumer muß solche Hindernisse aber nicht als gottgegeben hinnehmen. Er hat genug Erfahrung, um sich trotz der belasteten Situation nicht aus dem Klartraum herauskatapultieren zu lassen. Er kann sich die Zeit nehmen, in Ruhe abzuwägen, ob er einer Warnung folgen soll oder nicht; ob er einen Widerstand akzeptiert oder nicht. Hier wird die Freiheit des Entschlusses als ein Aspekt der Klarheit gefordert. Der Klarträumer steht hier am Scheideweg - ebenso wie die sich entwickelnde Klartraumtherapie. Jemand, der sich dafür entscheidet, die Warnung zu ignorieren, jemand, der der »unsichtbaren Kraft« entgegentritt, der hat nach unserer Erfahrung mitunter mit schmerzlichen, manchmal schockierenden Erlebnissen und Erkenntnisse zu rechnen, die ihn aber auch zu tiefen persönlichen Einsichten führen und die die selbstheilenden Kräfte der Klarträume in die Wachrealität transportieren.

Wir haben viele fruchtbare Möglichkeiten gefunden, jeder Art von Widerstand zu begegnen. Der Träumer mit den vielen Hosen zum Beispiel hätte seine Traumpartnerin unmittelbar fragen müssen, *warum* sich seiner Wunscherfüllung so viele Hindernisse in den Weg stellen, anstatt dem Aufforderungscharakter seiner Widerstände blind zu folgen. Eine Sensibilisierung für Situationen dieser und anderer Art ist erlernbar. Doch mehr zum Umgang mit Traumfiguren im nächsten Kapitel.

Wer wagt, gewinnt

So. Nun sind Sie sensibilisiert genug, um möglichen Widerständen begegnen zu können. Damit Sie aber auch motiviert bleiben, finden Sie im folgenden einige Beispiele für die lustvollen Komponenten des Klarträumens: Lust an der Macht, Beherrscher der Traumwelt zu sein, Lust an der Spannung des Geschehens, Lust an der Selbsterkenntnis, Lust am Fliegen...

Die Lust an der Macht, das Traumgeschehen zu beherrschen, zeigt der folgende Traum:

»Von einem längeren Stadtbummel zurückkehrend komme ich in mein Arbeitszimmer und finde dort zu meiner Überraschung Professor X. vor. Er fragt mich vorwurfsvoll, wo ich denn so lange gewesen sei und ob ich denn nicht arbeiten wolle! Ich entschuldige mich und behaupte, daß ich ja nur ganz kurz weg gewesen sei. Daraufhin deutet Professor X. auf meinen Schreibtisch und weist mich höhnisch darauf hin, daß dort nur Kitschromanheftchen herumliegen. Ich antworte mit der Rechtfertigung, das seien ja gar nicht meine Bücher, und lüge ihm vor, daß ich *meine* Bücher zur Sicherheit immer im Schrank einsperren würde. Da geht Professor X. zum Schrank, öffnet ihn und zeigt mir – wieder mit vorwurfsvollem Blick – daß sich im Schrank nichts als eine große Menge von Pornobüchern befindet. Mir ist die Situation äußerst peinlich, und ich erinnere mich, in solchen Situationen immer meinen Bewußtseinszustand überprüfen zu wollen. Obwohl ich immer noch davon ausgehe, mich im Wachzustand zu befinden, kommt mir die Situation allmählich doch sonderbar vor.

Als erstes fällt mir das unfreundliche Verhalten des ansonsten sehr beherrschten Professors auf, dann kann ich mir auch nicht erklären, wie die Kitschromane und Pornobücher in mein Zimmer gelangt sein können. Schnell wird mir klar, daß ich träume. Nun frage ich Professor X., was er denn eigentlich von mir wolle! Da sagt er sehr böse, einer müsse ja schließlich auf mich aufpassen und ich werde schon sehen, wo das alles enden werde. Ich aber gehe einfach auf ihn zu, um ihm die Nase herumzudrehen. Er wehrt sich zunächst und greift mich selber an. Da es ja *mein* Traum ist, gelingt es mir leicht, ihn zu bezwingen, und obwohl er mich mitleiderregend anblickt, drehe ich ihm schließlich doch mit vollem Genuß die Nase herum...«

Das zweite Beispiel macht deutlich, wie aufregend es sein kann, ein selbstinszeniertes Geschehen mitzuerleben:

»Plötzlich fiel mir ein, daß ich mir am Vortag vorgenommen hatte, mir selbst im Traum zu begegnen. Ich suchte mich in dem Menschenzug, der noch ein großes Stück von mir entfernt war, und entdeckte mich tatsächlich. Als G. (das bin ich) meinen Standplatz passiert hatte, sah ich sie von hinten ganz fest an und versuchte, ihr zu suggerieren, daß sie sich nach mir umdrehen solle. Ich hatte wahnsinniges Herzklopfen und war voll freudiger Anspannung. Zwischendurch kam auch Angst auf, und ich sagte mir: ›Denk daran, Tholey hat gesagt, man braucht keine Angst zu haben!‹ Nach einigen Momenten drehte sich G. ganz langsam nach mir um. Wir sahen uns in die Augen, sie lächelte und winkte mir zu. Es war eine große Nähe und Wärme zwischen uns entstanden. Ich hatte das Gefühl, als ob wir alte Bekannte seien... Eigentlich wollte ich sie jetzt fragen, wie ich es am Vortag geplant hatte, ob sie die verdrängten Teile meiner Person in sich vereinigt habe. Doch ich war so glücklich über mein Erlebnis, daß ich mich entschloß, es dabei zu belassen. Ich hatte das Bedürfnis, die andere G. nicht überstrapazieren zu wollen. Gleichzeitig überkam mich eine große Sicherheit, daß ich dieses Ereignis noch oft würde wiederholen können und daß ich dann jedesmal einen Schritt weitergehen könnte. Ich faßte den Entschluß aufzuwachen und wachte sofort auf, noch mit großem Herzklopfen und mit einem Glücksgefühl.«

Dieser Traum beginnt mit einem Flugerlebnis und nimmt dann eine überraschende Wende:

»Ich befinde mich in meinem Zimmer (ich bin bereits zuvor zur Erkenntnis des Traumzustandes gelangt) und überlege, was ich unternehmen soll. Mir kommt die Idee, eine Person, die mir in meinem letzten Klartraum begegnet ist, aufzusuchen, um sie zu fragen, wer sie sei. Also starte ich vom Fenster aus einen Flug. Ich gelange über die Straße und halte nach der betreffenden Person und einem geeigneten Landeplatz Ausschau. Da sehe ich etwa fünf Meter unter mir auf der Straße einen wild gestikulierenden Kerl, der mich wütend beschimpft: ›Das gibt es doch überhaupt nicht, daß da einer herumfliegt. Das ist schon physikalisch unmöglich! Das habe ich noch nie gesehen. Das gehört verboten. Ich rufe die Polizei.‹ Da frage ich ihn (was ich in solchen Fällen meistens tue), wer er überhaupt sei. Der Kerl knurrt, sichtlich verärgert über diese Frage: ›Ein Oberhund!‹ Im gleichen Moment nimmt sein Gesicht hundsartige Züge an. Als ich jetzt weitere Fragen an ihn stellen will, kommt er mir zuvor und schreit: ›Das sind doch alles törichte Fragen, die du da im Traum stellst: Wer bist du? – Was willst du? – Wer bin ich? – Können wir uns aussöhnen?‹ (Es handelt sich um Fragen, die ich häufig beim Klarträumen gestellt habe.)

Erst jetzt fällt mir auf, daß ›Oberhund‹ ja die wörtliche Übersetzung des englischen Begriffs ›Topdog‹ ist, der von dem Gestalttherapeuten FRITZ PERLS eingeführt wurde. Mir wird schlagartig klar, daß der Traum genau den Konflikt widerspiegelt, in dem ich mich zur Zeit befinde: Soll ich gegen den Widerstand und die Ablehnung renommierter Kollegen meine Klartraumforschungen veröffentlichen oder besser noch nicht? Ich erinnere mich auch, daß man sich mit Topdogfiguren (bei denen es sich ja um Verkörperungen innerer oder äußerer autoritärer Stimmen handelt) kämpferisch auseinandersetzen soll. Aber habe ich mich je an starre Regeln gehalten? Ich habe schließlich Besseres zu tun, als mich mit einem solchen Widerling auseinanderzusetzen, der sich zudem durch seine widersprüchlichen Beschimpfungen schon selbst entlarvt hat. Im gleichen Augenblick erscheint ein riesiger Zaun zwischen mir und dem Kerl (Prof. X.?), der sich nun in einen winzigen Hund verwandelt. Ich fliege weiter, höre zwar noch ein leises Kläffen, blicke aber nicht mehr zurück ... – Nach diesem Klartraum entschloß ich mich endgültig zur Veröffentlichung meiner Klartraumuntersuchungen.«

Die beiden nächsten Träume sind gute Beispiele dafür, wie man sich mit unangenehmen Traumfiguren erfolgreich auseinandersetzen kann:

»Mitten auf der Straße griff mich plötzlich ein übel aussehender Kerl mit erhobenem Knüppel an. Ich lief sofort weg, doch der Kerl verfolgte mich. Da rief vom Bürgersteig aus ein kleines Männchen, das ich zuvor gar nicht bemerkt hatte: ›Schau dir doch den Kerl genauer an! Solche Figuren gibt es doch nur im Traum!‹ Ich blickte kurz zurück. Der Verfolger sah wirklich nicht wie ein gewöhnlicher Mensch aus; er war riesengroß und erinnerte mich an Rübezahl. Mir war jetzt klar, daß ich mich im Traum befand, und ich setzte mit spürbarer Erleichterung meine Flucht fort. Da fiel mir plötzlich auf, daß ich ja gar nicht zu fliehen brauchte, sondern etwas anderes tun konnte. Ich erinnerte mich daran, daß ich im Traum andere Personen ansprechen wollte. Also blieb ich stehen, ließ den Verfolger herankommen und fragte ihn, was er denn eigentlich wolle. Seine Antwort lautete: ›Woher soll ich denn das wissen?! Dies ist doch schließlich *dein* Traum und außerdem hast *du* doch Psychologie studiert und nicht ich ...‹«

»... Nach den anstrengenden Auseinandersetzungen mit meinem (Traum-)Vater liege ich völlig erschöpft in der Sonne, da taucht meine (Traum-)Mutter auf und beginnt, mir Vorwürfe zu machen. Sie läßt sich einfach nicht abwimmeln und fängt bereits zu keifen an. Ich überlege, ob ich sie in ein kleines, häßliches Tier verwandeln soll, um sie zur Ruhe zu bringen, fühle mich aber zu matt für eine solche Konzentrationsleistung. Außerdem denke ich noch immer über mein Verhältnis zu meinem Vater nach. Also versuche ich es schließlich mit dem letzten Ausweg, ihr zu entkommen, mit der Blickfixation. Aber um mich herum ist nur Sand und Meer ohne jeden Kontrast, ohne eine sicht-

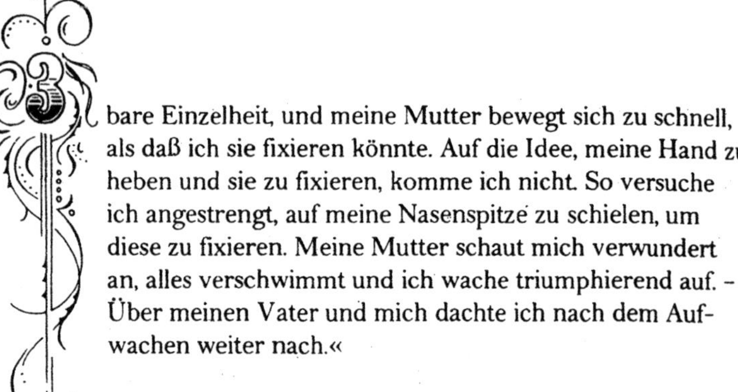

bare Einzelheit, und meine Mutter bewegt sich zu schnell, als daß ich sie fixieren könnte. Auf die Idee, meine Hand zu heben und sie zu fixieren, komme ich nicht. So versuche ich angestrengt, auf meine Nasenspitze zu schielen, um diese zu fixieren. Meine Mutter schaut mich verwundert an, alles verschwimmt und ich wache triumphierend auf. - Über meinen Vater und mich dachte ich nach dem Aufwachen weiter nach.«

Dieser Träumer nutzt die Möglichkeit, die Traumwelt nach seinem Belieben zu gestalten, voll aus:

»... Um meine Flugtechnik zu verbessern, steige ich auf die Brücke. Ich schlage mit den Armen, aber es geht nicht besonders gut. Ich suche nun eine bequeme Stufe im Geländer, stoße mich ab, schlage mit den Armen und schwebe. Ich versuche nun, höher zu steigen, und es funktioniert! Kreisend und die Thermik nutzend schraube ich mich immer höher, so hoch, bis ich das Gefühl bekomme, mich nun in ganz dünner Luft zu befinden.

Es ist kalt, und es gibt hier oben keine Thermik mehr. Mit Befriedigung stelle ich fest, daß die physikalischen Gegebenheiten meiner Traumrealität mit denen der Wachrealität übereinstimmen. Aber schließlich ist es *mein* Traum, und ich will, meiner Bequemlichkeit zuliebe, die Physik etwas ändern. Von einem Moment zum anderen ist mir nicht mehr kalt, und ich leide auch nicht mehr unter Atemnot. Immer höher steige ich, ein herrliches Gefühl von absoluter Freiheit durchströmt mich. Ich will nun so hoch steigen, daß ich unter mir die Rundung der Erde erkennen kann. Bald ist es soweit. Ich schwebe am Rande des Weltraums und genieße einen herrlichen Blick auf unseren heute wolkenlosen, blauen Planeten. Ich schwebe über diesem gigantischen Abgrund mit einem herrlichen Gefühl im Bauch, ein bißchen wie Achterbahn, und steige immer noch höher und höher. Dabei fühle ich mich ganz sicher. Langsam kommt Langeweile auf, ich habe mich sattgesehen. Dann beschließe ich, abzustürzen. Wie das wohl ist? Ich will nicht in der Atmosphäre verglühen und achte darauf, vorher noch ein kleines Naturgesetz zu ändern, aber dann falle ich, falle immer schneller und schneller. Der Wind zerrt an meinen Kleidern, zieht mir die Gesichtshaut über die Wangenknochen. Immer schneller wird der rasende Fall. Obwohl ich weiß, daß ich nur träume, kommt leichte Angst auf, *zu* realistisch ist alles, doch angenehm. Ich rufe mich zur Ordnung, es ist doch nur ein Traum! Da ist der Boden! Ich will aber nicht abbremsen. Wie wird es wohl sein? Ich schlage hart auf, bleibe aber ganz, tauche ein, bin unter der Erde, schwimme im angenehm warmen Gestein immer weiter und fühle mich sehr wohl... Irgendwann später wache ich auf.«

Das nächste Traumbeispiel stammt von einem Träumer, der sich vorgenommen hat, die Fähigkeiten seiner Traumfiguren zu erforschen:

»Ich will herausfinden, ob Traumfiguren Kulturtechniken wie rechnen, lesen oder reimen beherrschen, und frage im Klartraum meinen Sohn: ›Rudi, kannst du mir einen Reim aufsagen?‹ ›Aber selbstverständlich, Papa.‹ ›Dann sag mir einen.‹ ›Postal erhältst du das Geld direkt.‹ (Ich hatte in diesen Tagen Probleme mit Banküberweisungen und überlegte, ob ich mir das Geld nicht besser mit der Post schicken lassen sollte.) Ich antworte enttäuscht: ›Aber das reimt sich doch überhaupt nicht!‹ Rudi sagt: ›Ich meinte doch nicht direkt, sondern direktal.‹

Ich bin nicht so ganz von seinen intellektuellen Fähigkeiten überzeugt und frage daher: ›Weißt du überhaupt, was ein mal eins ist?‹ ›Na eins!‹ Er schaut mich entrüstet an. Ich: ›Und wieviel ist drei mal vier?‹ Rudi: ›Elf.‹ Ich: ›Also kannst du doch nicht rechnen. Das ergibt doch zwölf.‹ ›Ja, Papa. Aber ich habe hier sieben und vier. Und das ergibt doch elf, oder nicht?‹ ›Gut, Rudi. Laß aber jetzt den Blödsinn und sage mir einen guten Reim. Du bekommst auch etwas dafür.‹ ›Was denn?‹ ›Ein Stück Schokolade.‹ ›Aber du hast doch gar keine Schokolade, Papa.‹ ›Ich kann dir ja ein Stückchen zaubern.‹ ›Aber du kannst doch gar nicht zaubern!‹ ›Wir sind doch im Traum. Da kann man zau-

bern!‹ ›Aber *du* kannst doch nicht mal im Traum zaubern!‹ Ich erinnere mich an einen bestimmten Klartraumbericht, in dem eine Klarträumerin beschrieb, wie sie ein Stück Fleisch aus der Luft zauberte, und greife mit der Hand in die Luft, ohne jedoch die gewünschte Schokolade herbeizaubern zu können. Mein Sohn guckt mir spöttisch zu. Jetzt versuche ich es noch einmal, lasse die Hand aber erst einmal geschlossen (ich will der Reizbindung eine Chance geben), um sie dann langsam zu öffnen. Wieder keine Schokolade! Da blickt mich Rudi triumphierend an und kräht: ›Siehste! Ich wußte doch, daß du nicht zaubern kannst!‹ Verärgert wache ich auf.«

Der folgende Traum ist ein schönes Beispiel dafür, wie eine im Traum gewonnene Selbsterkenntnis auch Auswirkungen auf die Wachrealität haben kann:

»Ich war schon lange Jahre unzufrieden mit den Arbeitsergebnissen meiner Abteilung. Nie wurde ich das Gefühl los, meine Mitarbeiter würden hemmend auf meine Kreativität wirken. Nachdem ich der Abteilung endlich vorgesetzt wurde, verstärkte sich dieser Eindruck noch. Außerdem bekam ich in dieser Zeit großen Streit mit meinen Eltern, insbesondere mit meinem Vater, der sich immer noch anmaßte, mir allgemeine und besondere Verhaltensmaßregeln zu erteilen. Nachdem ich dann schon einige Zeit zum Klarträumen gelangt war, beschloß ich, in meinen Träumen meinem Vater zu begegnen, um dort, sozusagen in einem gefahrlosen Freiraum, verschiedene Taktiken auszuprobieren, die mich die unhaltbare Situation in der Wachrealität beherrschen lassen könnten. Eines Nachts träumte ich dann den folgenden Traum:

Ich war klar geworden, nachdem ich auf der Bahnhofstoilette einen Drehtest gemacht hatte. Beim Hinausgehen traf ich auf einen Bahnbeamten mit roter Mütze, den ich sofort fragte, wo ich denn meinen Vater, den bekannten Professor X., treffen könne. Der Mann sah mich sehr mißtrauisch an und fragte mich sehr von oben herab, ob ich denn überhaupt wisse, worauf ich mich da einlasse. Ich fühlte mich plötzlich sehr unsicher, war aber doch noch neugierig genug, um nochmals nachzufragen. Der Beamte weigerte sich aber, mir zu antworten, und begann sogar, mich als arrogant und rechthaberisch zu beschimpfen. Mir war, als ob ich im Boden versinken müsse, denn schon blieben die Leute stehen und sahen zu uns hin. Ich erinnerte mich aber, daß ich mich ja im Traum befand, und überlegte sofort, ob ich dieses Problem so lösen wollte, wie ich es immer im Traum tat, nämlich indem ich eine Schlägerei vom Zaune brach und die Traumfigur fürchterlich vertrimmte. Das hatte ich aber schon so oft gemacht, daß ich mir keine Befriedigung mehr davon versprach. Außerdem hatte es mich nie weitergebracht. Also befolgte ich zum erstenmal die Anweisung, die Traumfigur zu fragen, wer sie eigentlich sei. ›Dein altes Ego‹, war die Antwort. ›Was meinen Sie damit? Meinen Sie vielleicht Alter ego?‹ fragte ich nach. Die Traumfigur, die inzwischen etwas geschrumpft war und gar nicht mehr arrogant wirkte, wich mir aus: ›Wollen Sie nicht lieber wissen, wie Sie hier ihren Vater finden können? Ich muß nämlich gleich zu meinem Zug.‹ Ich ließ mich ablenken und sagte, ja, ich wolle meinen Vater finden, und wurde, bevor er sich hastig und erleichtert verabschiedete, von ihm zu einer kleinen Seitentüre gewiesen.

Ohne lange nachzudenken stürmte ich durch die Türe und fand mich in einem großen Saal wieder, an der Seite einer Rednertribüne. Am Rednerpult stand ein Mann, den ich zwar nur von hinten sah, in dem ich aber sofort meinen Vater erkannte, der dort offensichtlich eine wichtige Rede hielt. Meinen ersten Impuls, ihn auf der Stelle zur Rede zu stellen, unterdrückte ich, um ihm erst eine Weile zuzuhören. (Ich könnte hier seine ganze Rede wiedergeben, so deutlich ist mir alles noch in Erinnerung, viel deutlicher als eine Rede, die man in der Wachrealität hört und an die man sich ja nur inhaltlich, nicht aber Wort für Wort erinnern kann.) Es war eine Rede voller Selbstbeweihräucherung und Arroganz. Er war auf eine ekelhafte Weise von sich selbst eingenommen, er verteidigte Mißerfolge, an

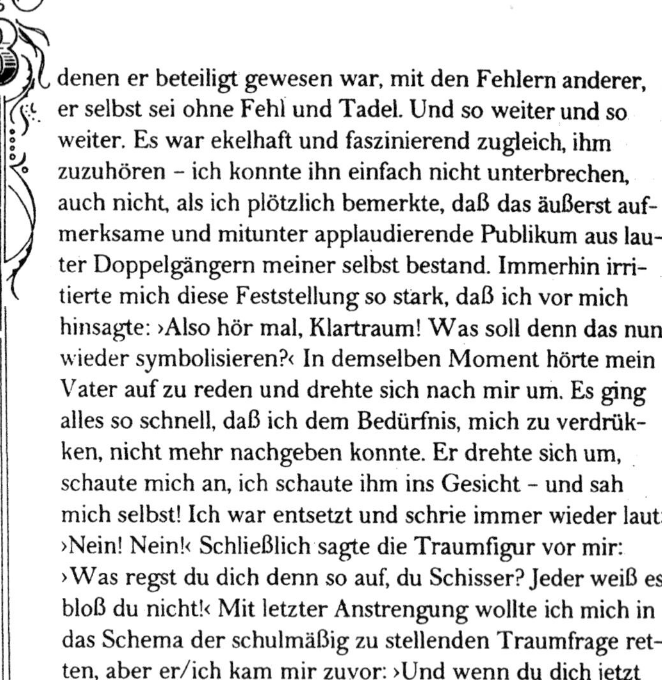

denen er beteiligt gewesen war, mit den Fehlern anderer, er selbst sei ohne Fehl und Tadel. Und so weiter und so weiter. Es war ekelhaft und faszinierend zugleich, ihm zuzuhören – ich konnte ihn einfach nicht unterbrechen, auch nicht, als ich plötzlich bemerkte, daß das äußerst aufmerksame und mitunter applaudierende Publikum aus lauter Doppelgängern meiner selbst bestand. Immerhin irritierte mich diese Feststellung so stark, daß ich vor mich hinsagte: ›Also hör mal, Klartraum! Was soll denn das nun wieder symbolisieren?‹ In demselben Moment hörte mein Vater auf zu reden und drehte sich nach mir um. Es ging alles so schnell, daß ich dem Bedürfnis, mich zu verdrükken, nicht mehr nachgeben konnte. Er drehte sich um, schaute mich an, ich schaute ihm ins Gesicht – und sah mich selbst! Ich war entsetzt und schrie immer wieder laut: ›Nein! Nein!‹ Schließlich sagte die Traumfigur vor mir: ›Was regst du dich denn so auf, du Schisser? Jeder weiß es, bloß du nicht!‹ Mit letzter Anstrengung wollte ich mich in das Schema der schulmäßig zu stellenden Traumfrage retten, aber er/ich kam mir zuvor: ›Und wenn du dich jetzt blöd stellst und mir überflüssige Fragen stellst, dann ist dir wirklich nicht zu helfen!‹ Ich mußte dieser unmöglichen Situation irgendwie entkommen, also fixierte ich das Mikrofon am Rednerpult und erwachte.

Obwohl ich diesen Traum zunächst sehr stark ablehnte, kam mir die gestochen-scharfe Erinnerung daran immer wieder ins Gedächtnis. Im Laufe der kommenden Monate verbesserte sich das Verhältnis zu meinen Eltern erheblich, ich war immer öfter mit meiner Arbeit zufrieden, und am Ende des Jahres erhielt ich zum erstenmal ein Weihnachtsgeschenk von meinen Mitarbeitern.«

Das letzte Beispiel zeigt einen weniger geglückten Umgang mit einer Traumfigur:

Um den Anfang des Traumes verstehen zu können, muß man wissen, daß sich im Klartraum auch Sportarten, insbesondere solche mit hohen Anforderungen an die Koordination schwieriger Bewegungsabläufe mit tatsächlichem

Effekt trainieren lassen. Die einzige Voraussetzung dafür ist, daß der träumende Sportler den im Traum trainierten Bewegungsablauf bereits einmal in der Wachrealität begriffen und erfahren hat. Im übrigen sind die vielen Flugerlebnisse der Klarträumer sowieso eine Art von Grundlagentraining für jede Art von Bewegungssport, denn sie üben - auf eine äußerst lustvolle Weise - unser Lagegefühl im Raum. Und ein gutes Lage- und Gleichgewichtsgefühl ist ja *die* Voraussetzung für jede Art von Bewegungssport.

Eine immer wieder zu beobachtende Besonderheit des sportlichen Trainings im Klartraum (es gibt tatsächlich bereits Sportler, die von spürbaren Effekten berichten!) ist die, daß man dazu neigt, sich mehr zuzutrauen, als man tatsächlich leisten kann. Das ist aber völlig ungefährlich, denn obwohl die Gesetze der Schwerkraft wirken und es daher viele Stürze gibt, gibt es natürlich keinerlei Verletzungen. Es ist offensichtlich, daß sich aus diesen Gegebenheiten mitunter ein allzumenschliches Gefühl von lustvoller Überlegenheit ergeben kann, das dann kurzfristig auch zu Arroganz und Respektlosigkeit den Naturgesetzen oder anderen allgemeinen Werten gegenüber führen kann. Wer kennt nicht solchen Überschwang in der Folge eines großen Erfolgserlebnisses. Und körperliche Erfolgserlebnisse sind im Klartraum eben sehr leicht zu haben. Da Sie nun von diesen Trainingsträumen wissen, wird Sie der Beginn des folgenden Beispiels nicht irritieren:

»Ich war sehr riskant und aggressiv Ski gefahren und bemerke nun einen Höhleneingang, den ich neugierig betrete. Dort sehe ich einen Mann, der mit einer Kapuze vermummt ist. Ich denke, er müsse ein Skifahrer sein, und frage: ›Kannst du mir helfen?‹ Er antwortet unverständlich, und als ich ihn von vorne anblicke, bemerke ich anstelle eines Brustkorbes nur ein Gebiß. Ich frage: ›Wer bist du?‹ Er antwortet mit einer Stimme, der man anmerkt, daß er keine Lippen hat: ›Der Beutewolf.‹ Mir kommt der Gedanke, daß es sich um den Tod handeln könne. Darauf nehme ich meinen Skistock und steche ihm mit voller Kraft in den Bauch. Aber da ist kein Fleisch, sondern nur Knochen. Ich steche noch mehrmals zu, gebe dann aber auf, weil ich keinen Erfolg damit habe. Jetzt sagt der Tod zu mir: ›Komm mit, ich werde dir etwas zeigen!‹ Und er führt mich tief hinab durch gelblich beleuchtete Steingewölbe in einen runden Raum. In der Mitte steht ein großer, steinerner Sarkophag. Nachdem ich nicht begreife, was er mir zeigen will, deutet der Tod auf das auf den Sarkophag gemalte Bild eines liegenden Skeletts, das ich zuvor gar nicht bemerkt hatte! Er sagt: ›Schau dir das an! Das sitzt einem im Nacken! Das sitzt jedem im Nacken, der lebt! Und du lebst!‹ Da wache ich auf.«

Irgendwie hatte der Träumer wohl schon während seines Trainingstraumes das ungute Gefühl gehabt, zu respektlos mit der Natur und mit seinem eigenen Leben umgegangen zu sein. So bekam er von einer archetypischen Todesfigur einen Dämpfer versetzt, der ihn nicht zuletzt auch daran erinnerte, mit welchen Folgen er in der Wachrealität zu rechnen hätte, wollte er dort ebenso »todesverachtend« Ski fahren.

Das Beispiel zeigt auch sehr schön, wie man mit seinen Traumfiguren besser nicht umgeht, wenn man konstruktiv träumen will. Es ist in diesem Sinne ein »schlechtes« Beispiel. Solch ein Verhalten bezeichnen wir als »unreifen Umgang mit Traumfiguren«.

Wie man sich tunlichst gegenüber seinen Traumfiguren und -situationen verhalten sollte, wenn man vom Klartraum konstruktive Hilfen zur persönlichen Entwicklung erwartet, ist im kommenden Kapitel beschrieben.

4. KAPITEL

Hohe Schule

»Knigge« für Klarträumer

Zu Beginn des letzten Kapitels klang an, daß es verschiedene Möglichkeiten und Haltungen gibt, mit seinen Fähigkeiten umzugehen. Diese Haltungen kann man verkürzt – und damit sicher auch wertend – in »reife« und »unreife« unterteilen. Analog dazu unterscheiden wir zwischen »reifem« und »unreifem« Umgang mit Traumfiguren und Traumsituationen. Diese Unterscheidung soll Sie nicht abschrecken; sie soll lediglich einen qualitativen Unterschied deutlich machen, der besonders im Zusammenhang mit den sogenannten »Selbsterkenntnisträumen« zum Tragen kommt. Es gibt unseres Wissens auch keinen Klarträumer, der mit seinen Trauminhalten immer nur auf reife Weise umgeht. Auch als Fortgeschrittener braucht man immer wieder einmal den lustbetonten, »unreifen« Umgang mit der Traumrealität. Vielleicht kann man an dieser Stelle auch von dem Unterschied zwischen »Traumarbeit« und »Traumurlaub« sprechen.

Unreifer Umgang mit Traumbegebenheiten

Was, wie schon erwähnt, bei jedem Klarträumer immer wieder auftaucht, sind ekstatische, stark lustbetonte Flugerlebnisse. Es ist gar nicht verwunderlich, daß diese Flugträume so oft vorkommen, denn so verschieden die Menschen auch sind, sind sie doch alle der Schwerkraft unterworfen – keiner kann sich aus eigener Kraft für längere Zeit vom Boden lösen. Daneben hatte aber jeder auch schon Momente in seinem Leben, wo er aufgrund von seelischer oder körperlicher Erschöpfung unter seinem eigenen Gewicht oder anderen drückenden Lasten litt und er sich am liebsten frei wie ein Vogel davongeschwungen hätte.

So sind die meisten Klarträume immer auch Flugträume, und Flugerfahrungen sind – nach allgemeinem Bekunden – die schönsten Traumerlebnisse.

Es gibt noch zahlreiche andere Beispiele für den »unreifen«, aber durchaus befriedigenden Umgang mit Traumfiguren und -situationen, wie die folgenden Träume beweisen. Dabei ist es uns unmöglich, hier das ganze Spektrum von Möglichkeiten darzustellen. Dazu sind die Menschen zu verschieden, und Sie selbst werden sicher noch ganz andere Varianten erleben.

Eine Frau berichtet von zwei Träumen, die sie im Abstand von ungefähr zwei Wochen hatte:

»Ich wurde klar, als ich mich auf der Flucht vor einem großen, schwarzen Hund befand. Ich versuchte gerade, über einen Zaun zu klettern. Meine linke Hand war steif, ich konnte sie nicht richtig gebrauchen. Mit der rechten Hand ging es nicht. Da dachte ich an das Konzept der SENOI (siehe Seite 26) und ging dem Hund entgegen. Ich schlug ihn einfach nieder.

Was mich überraschte, war der entsetzliche Schrei, den das Tier ausstieß. Der Ton, der Schrei war eine Mischung von Mensch und Tier. Ich war sehr überrascht, aber nicht ängstlich. Ich erwachte und war sicher, einen Fehler gemacht zu haben. Das Tier zeigte sich mir nun als ›Underdog‹. Ich hatte einen Underdog erschlagen, was mir sehr unangenehm war.

Ich stand an eine Mauer gelehnt – halb Mauer, halb Mensch –, und etwa zehn Meter vor mir stand eine männliche Figur, die mich mit Wurfpfeilen bewarf. Da ich das Senoi-Konzept anwenden wollte, bat ich die Traumfigur näherzukommen. Ich wollte sie bekämpfen. Der Mann sagte aber: ›Ich bin doch nicht blöd!‹ Da wußte ich, daß das irgendwie mit dem Hund zu tun hatte, den ich im Klartraum erschlagen hatte. Es war der Hund aus dem Klartraum, der sich nun getarnt hatte. Er hatte etwas dazugelernt, eine Erfahrung gemacht…«

Auch im nächsten Traum verhindert die unreife Haltung des Träumers eine fruchtbare Auseinandersetzung:

»Ich hatte am Tag meinen Bruder beleidigt, worüber ich beim Einschlafen schuldbewußt nachdachte. Im Traum spaziere ich durch einen Park. Dort entdecke ich ein auf

einer Stange sitzendes Rhesusäffchen. Dieses versucht, die Spaziergänger anzuspucken. Da gehe ich auf ihn zu und sage: ›Affen können doch gar nicht spucken!‹ – Es antwortet: ›Meinst du?‹ und spuckt mir voll ins Gesicht. Jetzt ist mir klar, daß ich mich im Traum befinde. Ich packe den Affen am Schwanz und schleudere ihn etwa zwanzig Meter von mir weg in die Wiese. Doch er kommt wie ein ›vergifteter Affe‹ wieder auf mich zu und beißt mich in die Hand. Dann sagt er: ›An dem Biß wirst du noch zu beißen haben!‹ Da wache ich auf (falsches Erwachen).

Meine Hand schmerzt und blutet. Mich an die Worte des Affen erinnernd, beschleicht mich für kurze Zeit ein Gefühl der Unheimlichkeit. Aber dann schlägt dieses Gefühl in Freude um: Habe ich doch mit der blutenden Hand, die ich vom Träumen ins Wachen mitgebracht habe, etwas entdeckt, was das gesamte herkömmliche Weltbild umstürzen wird. Erst bei genauerem Bedenken der Sachlage setzt sich mein kritisch-realistisches Weltbild durch, und ich erkenne, daß ich mich immer noch im Traum befinde. In diesem Moment kommt mein Bruder zur Türe herein und schaut mich traurig an. Zunächst will ich mit ihm sprechen, doch dann versuche ich, mich zu drücken, indem ich mit einem Kopfsprung durch das offene Fenster den Flugzustand erreichen will. Da höre ich meinen Bruder hinter mir her rufen: ›Das ist doch fünf Meter hoch!‹ Im gleichen Moment stürze ich ab, versuche noch, auf den Füßen zu landen, tue mir dabei aber sehr weh. Da wache ich auf. Der Schmerz ist weg.

Dies war mein erster Absturz beim Fliegen, obwohl ich zuvor Hunderte von Flugträumen ohne einen Absturz erlebt hatte.«

Allen drei eben erzählten Klarträumen ist gemeinsam, daß die »unreife« Haltung der Träumer es verhinderte, die ganz offensichtlich gegebenen Möglichkeiten zu Selbsterkenntnis und Problemlösung wahrzunehmen. Die Träumerin fragte nicht, was der Hund eigentlich von ihr will oder wer er ist; der Träumer fragte nicht nach dem Symbol des Anspuckens oder wie er sich mit seinem Bruder versöhnen könne. Das letzte Traumbeispiel hat dagegen den Vorteil, daß es wenigstens im nachhinein dem Träumer eine deutliche Botschaft übermittelt: nämlich die des »Absturzes« aufgrund eines gelinden Anfalls von Größenwahn (das Weltbild auf den Kopf stellen zu wollen) und von asozialen Allmachtsphantasien (den wehrlosen Affen am Schwanz wegzuschleudern und dem Versuch, durch einen Sprung aus dem Fenster einer mitverantworteten, unangenehmen Situation einfach so aus dem Wege zu gehen). Dabei deutet auch der in dem Traumbericht auftauchende Wechsel der Bezeichnung des Äffchens von »es« zu »er« auf eine tieferliegende Symbolik, die der Träumer unbewußt bereits gefühlt haben muß.

Die folgenden Beispiele von unreifem Umgang mit Traumbegebenheiten unterscheiden sich von den bisherigen insofern, als sich in ihnen keine oder nur sehr undeutliche Anhaltspunkte für einen möglichen Erkenntnisgewinn finden. Es geht jetzt also nicht um das Vertun gegebener Chancen, sondern von vornherein um das Aufsuchen von Lust und Befriedigung spendenden Situationen oder ganz einfach um Nervenkitzel.

»Heute morgen beim Wiedereinschlafen habe ich fahrende Cabrios mit Menschen darin gesehen und gedacht, wenn ich einer von den Menschen in den Autos wäre, könnte ich vielleicht aus dem fahrenden Auto abheben und selbst fahren (= fliegen). Und weil ich mich im Traum erinnerte, daß ich mir im Wachen schon so lange wünschte, im Traum zu fliegen, habe ich es sehr bedauert, daß ich nicht in einem der Autos drinsitze, sondern am Straßenrand stehe. Zum Trost habe ich mich mit den Augen und dem Gefühl ganz der Bewegung der schnell fahrenden Autos hingegeben, und plötzlich wurde ich die Bewegung. Ich hob ab und legte mich flach in die Luft und sah zu meiner Freude, daß ich über den Autos flog, so schnell, wie sie fuhren. Dann konzentrierte ich mich ganz auf das Gefühl, wie es ist, endlich zu fliegen, und geriet in eine ungeheure Freude, weil ich zugleich jede Faser meines Körpers spürte, dabei aber völlig schwerelos war. Ich wurde ganz ekstatisch vor Freude und beschloß, noch schneller zu fliegen, um nur noch aus diesem Gefühl zu bestehen. Und ich flog schneller, schoß richtiggehend durch die Luft, flach, mit angelegten Armen, ohne eine einzige eigene Bewegung, und als ich die Luft an meinen Ohren entlangpfeifen spürte, wurde die Freude so groß, daß der Traum sich einfach aufzulösen begann…«

Auch der folgende Traum zeugt von dem Bemühen eines jungen Mannes, im Traum möglichst lustbetonte Situationen zu erleben:

»Ich träume, daß ich mich in einer bestimmten Tantrastellung oral selbst befriedige, und erkenne daran, daß es ein Traum sein muß, da ich nicht so gelenkig bin. Sofort verschiebt sich meine Wahrnehmung, und ich habe zwar weiterhin das Gefühl, daß mein Penis von meinem Mund umschlossen wird, aber gleichzeitig spüre ich, daß meine Zähne geschlossen sind und meine Zunge die Zahnreihen ertastet. Leider konzentriere ich mich zu sehr auf letzteres und wache auf. Da ich dieses Scheinerwachen kenne, stehe ich auf und suche nach einer Frau. Diese ist auch sofort da – aber ich wache wieder auf und liege im Bett und ein Freund hat mir eine Wärmflasche unter die Füße gelegt. Das finde ich in dem Augenblick so rührend fürsorglich, daß ich gar nicht erkenne, daß es ihn gar nicht gibt und eine Wärmflasche sowieso blöde ist. Irgendwann wache ich dann tatsächlich auf.«

Es geschieht auch recht häufig, daß sich Klarträumer ihre traumhaften Fähigkeiten zunutze machen, um gefährliche oder aufregende Dinge zu erleben:

»Ich bade in einer Kiesgrube mit vielen anderen Leuten. Ich laufe an einem wahnsinnig steilen Ufer entlang. Es wird so steil, daß man bald nicht mehr im seichten Wasser laufen kann, weil es keine seichten Stellen mehr am Ufer gibt. Dann kommt mir eine gute Idee: Ich gehe einfach über das Wasser wie der liebe Gott! Das ist ein Riesengag, da werden die Leute Augen machen! Ich laufe los, sacke aber etwa wadentief im Wasser ein. Das befriedigt mich nicht, und ich will wegfliegen. Aber irgend etwas hält mich im Wasser fest und scheint einfach nicht loslassen zu wollen. Da ich aber unbedingt fliegen will, beginnt die Wasseroberfläche sich durch meine Anstrengungen zu verändern. Es entstehen Wellen von sechs bis acht Meter Höhe, und die ganze Kiesgrube wird - ohne ihren Charakter als Kiesgrube zu verlieren - zu einem riesigen Wellenbad. Ich denke: ›Auch nicht schlecht‹, und übe mich im Wellenreiten. Es ist ein ganz tolles Gefühl, in einer Kiesgrube bei idealen Wellenverhältnissen nur mit dem eigenen Körper Wellenreiten zu betreiben. Wirklich Spitze! Nach einer Weile dieses göttlichen Genusses strebe ich dem Ufer entgegen und bremse durch eine geschickte 180-Grad-Drehung meines Körpers um die Quer- und Längsachse die rasante Fahrt ab und benutze die an den Füßen wirkende Schubkraft, um blitzschnell und sicher ans Ufer zu gelangen.

Am Ufer angelangt entdecke ich hinter einem Gebüsch einen Abgrund. In diesem Abgrund kämpfen zwei Tiere miteinander - das eine eine Art Schäferhund, das andere eine etwas größere Raubkatze, die natürlich dem ›Hund‹ überlegen ist. Ich will in das Kampfgeschehen eingreifen, bin dann dicht über den beiden Tieren und denke: ›Oh, das ist brenzlig, wenn die auf einmal beißen!‹ Dann ziehe ich die große Raubkatze am Nackenfell, aber die kümmert das überhaupt nicht. Dann greife ich mit meiner Hand von hinten um ihren Hals und drücke zu. Die Katze dreht sich um und will mich beißen, aber ich stecke ihr vorher die rechte Hand ins Maul. Ich denke: ›Wenn es wirklich hart auf hart geht, sage ich einfach: Du bist nur ein Traumtier, dann kann es mich nicht verletzen.‹ Ich greife, während ich das denke, mit der Hand, die vorher am Nacken war, an die Kehle des Tieres und schaue ihm tief in die Augen. Dabei läßt der Schmerz des Bisses nach, und ich spüre meine Hand sanft in das Tier eindringen, so, als würde sie in eine Kasperlepuppe schlüpfen. Der Blick des Tieres wird matter, fast stumpf, und ich bekomme das Gefühl, es ist tot. Da beginnt sich das Bild aufzulösen... Ich wache auf, schlafe aber gleich wieder ein.«

Der Betreffende, ein junger Psychologiestudent, wurde durch unabsichtliches Fixieren (er schaute in die Augen des Tieres) aus seinem Traum herausgeholt. Als Psychologe (und Versuchsperson) nahm er sich auch mitunter vor, bestimmte Forschungsaufgaben im Klartraum zu bewältigen. Das kommende Beispiel zeigt aber, wie die ehrenwerte Absicht, unser Wissen über die Klarträume zu mehren, wieder einmal von seinem starken Bedürfnis nach »Sex, Crime und Action« verdrängt wird:

»Ich laufe entlang einer Anhöhe, unter der eine Straße vorbeiführt. ›Eine gute Gelegenheit, jetzt kann ich einmal das Problem der Fixierung bewegter Objekte studieren.‹ Dann denke ich: ›Ein Auto soll die Straße entlang kommen!‹ Und schon kommt ein Auto daher. Ich fixiere es, aber nichts passiert, und das Auto verschwindet in der Ferne. Ich denke: ›Das war viel zu kurz, um überhaupt etwas beobachten zu können. Also brauche ich was Langsameres. Ein Radfahrer muß her.‹ Schon kommt ein Radfahrer angebraust, leider genauso schnell wie das Auto. ›So geht das nicht weiter‹, denke ich und laufe die Straße entlang, in der Hoffnung, etwas Besseres zu finden. Ich finde einen großen, leeren Parkplatz und denke: ›Ideal! Jetzt brauche ich nur noch ein Auto, das im Kreis um mich herumfährt.‹ Schon kommt ein Ford Transit auf den Parkplatz und macht Anstalten, im Kreis zu fahren. Irgendwie klappt das nicht, der Wagen machte eine Zickzackfahrt, hält an, und ein blonder Mann, wie Marlon Brando, steigt aus, geht ins Gebüsch und pinkelt. Ich gehe hin, und er sagt zu mir: ›Eh' komm, wir bumsen erst mal!‹ Ich – sichtlich verblüfft – schaue mir den Kerl an, taxiere ihn und überlege: ›Warum nicht? Vielleicht... eigentlich... nee! Und außerdem soll der endlich mal im Kreis rumlaufen!‹ Dann endlich läuft er los, und ich fixiere ihn ziemlich lange beim Laufen. Als nach vier bis fünf Sekunden noch nichts passiert ist, fange ich an zu überlegen, was überhaupt passieren sollte. Ich werde aus meinen eigenen Gedanken nicht schlau und komme zu dem Entschluß, ihn mal ganz lange zu fixieren; entweder er verschwindet dann oder eben nicht.

Aber die Zeit, die ich mit meinen Gedanken beschäftigt war, hat der Kerl ausgenutzt und ist auf einen Baum geklettert. Ich gehe zu ihm hin und rede ihm zu wie einem kranken Pferd. Er müsse das verstehen, und ich müsse jetzt einfach wissen, wie das mit dem Fixieren sei. Er bleibt aber stur und irgendwie eingeschnappt auf dem Baum sitzen. Das geht weiter so hin und her, bis ich hinter mir eine Gruppe von Männern bemerke, Reporter, die von einer Frau, einer Journalistin, geführt werden. Die Frau ist ein hagerer, intellektueller und etwas flachbusiger Typ (das ist im allgemeinen nicht wichtig, aber hier ist es wichtig, um den Rest von meinem Traum zu verstehen), der mir prinzipiell nicht unsympathisch ist. Jedenfalls springen sie alle da herum, und die Journalistin holt einen Notizblick aus der Tasche und spricht laut aus, was sie da notieren will. ›Da sitzt ein Verrückter auf einem Baum.‹ Darauf wendet sie sich zu mir: ›Und hier haben wir...?‹ – Ich, ganz schnell denkend: ›Frech sein! Das isses!‹, antworte sehr bestimmt und langsam und mit erhobenem Zeigefinger: ›Ich bin Psychologe!‹ Sie antwortet: ›Hihihi, das soll ein Psychologe sein?‹ und legt sich zurück und lacht, und die Reporter stehen auch da und grinsen. Sofort verspüre ich eine unwiderstehliche Lust, ihr eins auszuwischen. Ich karikiere ihren Stil und sage: ›Hähähä, und das‹ – dabei deute ich auf ihre Brust – ›das soll eine Frau sein??‹ Das hat gesessen, sie legt sich verdutzt zurück, und nun beginnen die Männer zu kichern. Ich denke noch: ›Das sitzt!‹, da beginnt sie, um ihre Unsicherheit zu überdecken, ebenfalls zu kichern. Aber darauf habe ich nur gewartet und sage: »Du bist ja so bekloppt, daß du...« Der Träumer hat sich dann bis zum Ende seines Traums noch weiter abreagiert.

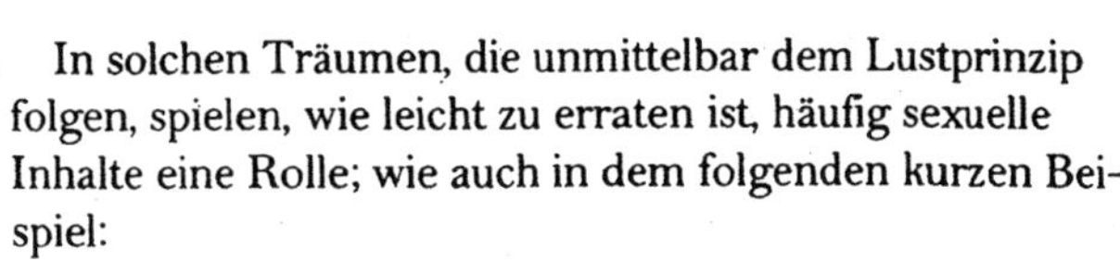

In solchen Träumen, die unmittelbar dem Lustprinzip folgen, spielen, wie leicht zu erraten ist, häufig sexuelle Inhalte eine Rolle; wie auch in dem folgenden kurzen Beispiel:

»... Ich befinde mich in einer Eingangshalle. Links von mir befindet sich eine schöne Frau in einem gläsernen Raum, einer Art von Büro oder Rezeption. Sie kommt an die Türe, bittet mich herein und fragt, was ich will. Sie lädt mich zu einer Tasse Kaffee ein. Plötzlich liegen wir im ›Clinch‹... Ich habe einen ziemlich realistischen Geschlechtsverkehr mit ihr, den ich aber abbreche, weil ich eine Pollution befürchte...«

Unser folgendes und letztes Beispiel für diese Art von Klarträumen zeigt sich schon gar nicht mehr so »unreif«, ist die Träumerin doch in der Lage, von ihrem zur Zeit allgegenwärtigen Leistungsstreß bezüglich ihrer Beziehungsprobleme abzusehen und mal etwas Schönes zu erleben.

»... Ich befinde mich in irgendeiner unangenehmen Situation in einem großen Raum. An den Wänden sind Tiere, die mich anekeln. Würmer und große rosa Tiere, die wie riesige Heuschrecken aussehen. Irgendwie kommt mir das alles unrealistisch vor, und ich mache eine Realitätsüberprüfung... Nachdem ich nun sicher bin, daß ich träume, überlege ich, was ich tun soll. Mit den unangenehmen Tieren kann ich nichts anfangen, sie ekeln mich zwar nicht mehr so sehr, aber auf die Idee, mit ihnen zu sprechen, komme ich nicht. Ich sehe mich also um und entdekke in einiger Entfernung eine Wand, vor der Säulen stehen. Es sieht aus wie die Front eines im griechischen Stil erbauten Gebäudes... Ich beschließe, näher hinzugehen, und sehe gleichzeitig auf der rechten Seite eine Art Schaufenster mit Reizwäsche, allerdings in Puppengröße. Ich gehe näher hin und habe den Wunsch, etwas davon anzuziehen. Da sehe ich, daß dahinter eine Türe ist, allerdings ohne Klinke. Mir fällt ein, daß Tholey gesagt hat, daß man

Leute im Klartraum treffen kann, die man gerne sehen möchte, wenn man sie sich in einen Raum nebenan denkt. Ich beschließe, D. dahinter zu treffen, und mache die Tür mit dem Kopf auf wie eine Katze. Die Tür geht auf, und ich gleite in den Raum. Dabei merke ich, daß ich meine Kleider verliere, und bin sicher, daß ich - wie ich es mir vorher gewünscht habe - nun die Reizwäsche anhabe. Der Raum, in den ich komme, ist leer, nur am Boden liegt etwas, was ich nicht erkennen kann. Ich bin enttäuscht, daß D. nicht da ist.

Ich gehe weiter und komme in einen neuen Raum, in dem ein Mann ist, in dem ich D. erkenne, obwohl ich auch feststelle, daß er ihm nicht sehr ähnlich ist. Ich überlege, ob ich mit ihm über unsere Situation reden soll. (In der Wachrealität haben wir unsere Beziehung aufgelöst und seit über einer Woche schon keinen Kontakt mehr miteinander.) Ich überlege aber, daß er mir ja nichts von sich, sondern höchstens etwas über mich erzählen kann, denn er ist ja eine Figur meiner Träume und nicht der D. aus der Wachrealität. Also frage ich nicht, sondern schlafe mit ihm und wache dann auf.«

Ob Sie die Traumberichte auf den letzten Seiten als warnendes Beispiel betrachten wollen oder als Anregung zu eigenen Erfahrungen, liegt ganz an Ihrer eigenen Art oder an Ihrer augenblicklichen seelischen Verfassung. Gemeinsam ist all diesen Träumen, daß die Träumer auf »unreife« Art mit ihren Traumerlebnissen umgehen, was zwar einen Lustgewinn bedeuten kann, aber in bezug auf eine mögliche Selbsterkenntnis wenig bringt.

Trotzdem ist das »unreife« Vorgehen der Träumerin des letzten Traums in gewisser Weise auch »reif« zu nennen. Zeigt sie doch, daß sie - zumindest im Traum - in der Lage ist, großzügig über die kleinkarierten Hemmnisse des Alltags hinwegzugehen und auf eine vermutlich fruchtlose Diskussion verzichten kann. Was wir nun eigentlich unter einem »reifen« Umgang mit Traumfiguren verstehen, soll im nächsten Abschnitt deutlich werden.

Freund oder Feind?

Hier und da ist ja schon angeklungen, wie man seinen Traumfiguren begegnen sollte, wenn man sich von seinen Träumen einen Erkenntnisgewinn erhofft, der auch in die Wachrealität hineinreichen kann.

Egal ob es sich um freundliche oder eher bedrohliche Gestalten oder Ereignisse handelt, denen wir in unseren Klarträumen begegnen: Wichtig ist immer, daß wir die Konfrontation, Auseinandersetzung oder das Gespräch mit ihnen suchen, daß wir Kontakt aufnehmen.

Die Abbildung »Umgang mit freundlichen Traumfiguren« zeigt in einer Übersicht zum einen die Fragen, die sich bisher als sehr fruchtbar erwiesen haben, und gibt zum anderen noch weitere Hinweise für ein die Kommunikation förderndes Verhalten.

Sie sollten auf jeden Fall immer das Gespräch mit den Traumfiguren suchen, auch wenn diese sich zunächst ablehnend oder desinteressiert zeigen. Die Fragen wie: »Wer bist du?« »Was willst du?« und »Kannst du mir helfen?« haben sich als Einstieg zu einem fruchtbaren Gespräch als äußerst erfolgreich erwiesen.

Auch sollten Sie das Gespräch nicht vorzeitig beenden, sondern immer erst dann, wenn Ihnen der gesamte Sachverhalt wirklich »klar« ist. Außerdem kann man die Häufigkeit der Klarträume, die man in einer Nacht zu träumen in der Lage ist, noch dadurch steigern, daß man mit seinen Traumfiguren weitere Zusammentreffen in anderen Träumen vereinbart.

Daß wir im übrigen solche Fragen nicht nur an Traumfiguren richten können, sondern auch an Dinge oder Situationen, in denen wir uns im Traum befinden, macht sehr schön der Traum von dem Haus am Meer deutlich, der auf Seite 79 nachzulesen ist.

Freundliche oder neutrale Traumfiguren machen in der Regel keine Probleme. Problematisch wird es bei feindseligen Traumfiguren. Das ist ein weites Feld, und solche Figuren sind nicht immer als »Topdogs« anzusehen oder nur

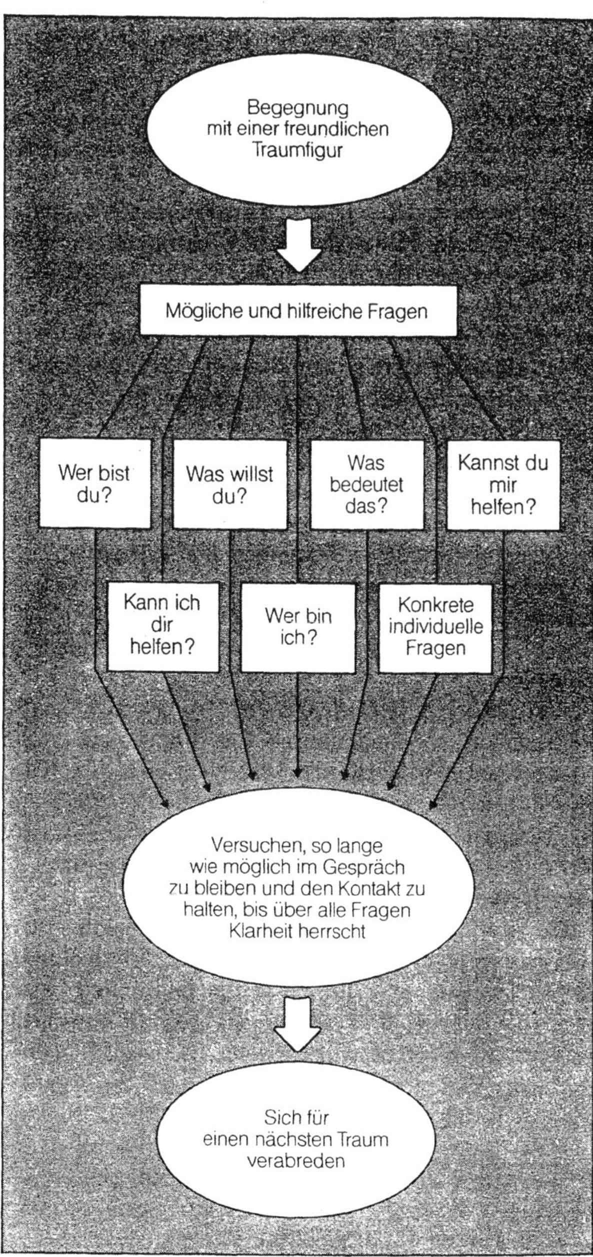

Handlungsschema zum Umgang mit freundlichen Traumfiguren

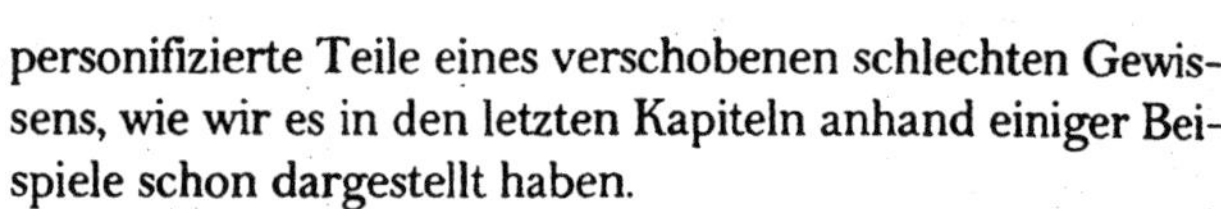

personifizierte Teile eines verschobenen schlechten Gewissens, wie wir es in den letzten Kapiteln anhand einiger Beispiele schon dargestellt haben.

Zwar kann man davon ausgehen, daß es sich bei den meisten Traumgestalten um Personifizierungen von Teilen der eigenen Persönlichkeit handelt (Triebe, Bedürfnisse, Ziele, Gewissensforderungen), aber statt eines rein innerseelischen Konflikts kann durch die Bedrohung, die von einer feindseligen Traumfigur ausgeht, auch ein zwischenmenschlicher Konflikt zum Ausdruck kommen. (Damit ist vor allem dann zu rechnen, wenn die Traumfigur eine Person aus der Wachrealität darstellt, allerdings gibt es auch von dieser Regel Ausnahmen.)

Wie auch immer - durch einen geeigneten, also »reifen« Umgang mit feindlichen Traumgestalten (tierischer, mythologischer, archetypischer oder menschlicher Art) lassen sich Konflikte tatsächlich lösen und unangenehme Symptome im Traum- wie im Wachleben lindern oder gar beseitigen.

Sollte es sich bei einer feindlichen Traumgestalt um die Personifizierung eines innerseelischen Konfliktes handeln (wie etwa dem Widerspruch zwischen Kinder- und Karrierewunsch), so trägt man zur Lösung des Konfliktes am besten dadurch bei, indem man sich mit der betreffenden Traumgestalt einigt oder sie doch zumindest irgendwie ihrer Bedrohlichkeit beraubt.

Der erste Schritt zur Konfliktlösung besteht immer darin, daß man vor der feindlichen Gestalt nicht flieht, sondern die Konfrontation mit ihr sucht. Schon im nächsten Schritt geht es darum, den Streit im offenen Gespräch zu schlichten und sich möglichst zu versöhnen. Hier liegt ein ganz deutlicher Unterschied zu den Praktiken der Senoi und auch zu den Prinzipien des »Katathymen Bild-Erlebens«.

(Das »Katathyme Bild-Erleben« ist eine Therapieform, bei der man in entspanntem Zustand und bei geschlossenen Augen von einem Therapeuten dazu angeregt wird, aus den abstrakten und zufälligen Figuren, die sich bei geschlossenen Augenlidern alsbald auf der Netzhaut zeigen, realistisch anmutende Figuren, Landschaften und Geschichten zu formen, die dann eine Art von Eigenleben entwickeln können. Weder schläft man noch träumt man.)

Alle primitiven oder, freundlicher ausgedrückt, archaischen Formen von Auseinandersetzung wie körperliche Angriffe, Anspucken, Anschreien, Beschimpfen, aber auch Überlisten und Einschmeicheln haben sich nach unserer Erfahrung als unfruchtbar erwiesen. Unsere Untersuchungen zeigen vielmehr, daß selbst ursprünglich angriffslustig Traumfiguren zu reiferen Formen der Auseinandersetzung bereit sind, falls unser Traum-Ich selbst sich nicht zu primitiven Verhaltensweisen hinreißen läßt.

Der 7. Aspekt

Überhaupt gehört das Gespräch des Traum-Ichs mit dem Traum-Du (also den Traumfiguren) zu den faszinierendsten Klartraumerlebnissen, von denen bis jetzt berichtet wurde. Zugleich stellt es das wirkungsvollste Therapeutikum des Klarträumens dar - vor allem, weil es der höchsten Stufe der Klarheit äußerst förderlich ist, dem siebten Aspekt, den wir Ihnen nun nicht länger verschweigen wollen: *der Klarheit über das, was der Traum symbolisiert.* Und zwar schon während des Träumens. Dies ist der wirkliche »Königsweg« zum Unbewußten.

Ist man sich im Traum erst einmal der Symbolik des Konfliktes, der Traumgestalt oder der Traumumgebung bewußt, so kann man durch viel gezieltere Fragen seine Traumfiguren zur Zusammenarbeit bewegen. Oft allerdings reicht selbst bei aggressiven Traumfiguren ein einfaches: »Wer bist du?«, und die angesprochene Traumfigur gibt sich, unter Aufgabe ihrer aggressiven Absichten, zu erkennen. Dabei ist es auch möglich, daß sich ihr Äußeres wandelt. So muß man zum Beispiel damit rechnen, daß sie sich in eine wichtige Beziehungsfigur verwandelt.

Bei der sprachlichen Auseinandersetzung mit den Traumfiguren (die der kämpferischen unbedingt vorzuziehen ist) sind die Gefühlsregungen des Traum-Ichs zwar nicht so heftig wie bei der kämpferischen, dafür aber um so differenzierter. Damit ist die sprachliche Auseinandersetzung viel besser dazu geeignet, über die sowieso anzustrebende Einigung mit der Traumgestalt zu einer Konfliktlösung zu gelangen.

Solche Einigungen können verschiedenes bewirken. Zum einen die Wiedereinordnung abgespaltener oder verdrängter Grundbedürfnisse in die Persönlichkeit, die sogenannte *Reintegration.* Hier ein Beispiel:

Aufgrund äußerst hoher Leistungsanforderungen an mich selbst habe ich jahrelang mein Bedürfnis nach Pause/ Urlaub machen, also nach faul sein, nicht wahrhaben wollen. Wenn ich dazu endlich stehen kann, habe ich es »reintegriert«.

Zum anderen kann eine solche Einigung die Anpassung verinnerlichter Beziehungspersonen an die Gesamtpersönlichkeit, die sogenannte *Assimilation von Introjekten,* bewirken. Auch hierfür ein Beispiel:

Jemand, der seinen Vater mit seinen extremen Leistungsforderungen als »Introjekt« in sich trägt, also die Forderungen, die sein Vater an ihn stellt, als seine eigenen verinnerlicht hat, und der es endlich schafft, diese inneren Forderungen ohne schlechtes Gewissen seinen tatsächlichen Fähigkeiten anzupassen, hat sein »Introjekt assimiliert«. Aber auch ganz einfach die Anpassung von Bedürfnissen und Zielen an Gewissensforderungen und umgekehrt ist ein mögliches Ergebnis einer solchen Einigung.

Letzten Endes wird die immer wiederkehrende Einigung mit den Traumgestalten dazu führen, daß die personifizierten Teile der Persönlichkeit des Träumers nicht mehr gegeneinander, sondern miteinander, also zusammen arbeiten. So kann der Träumer dann auch im Wachen den sachlichen, sozialen und emotionalen Anforderungen seines Lebens immer besser gerecht werden.

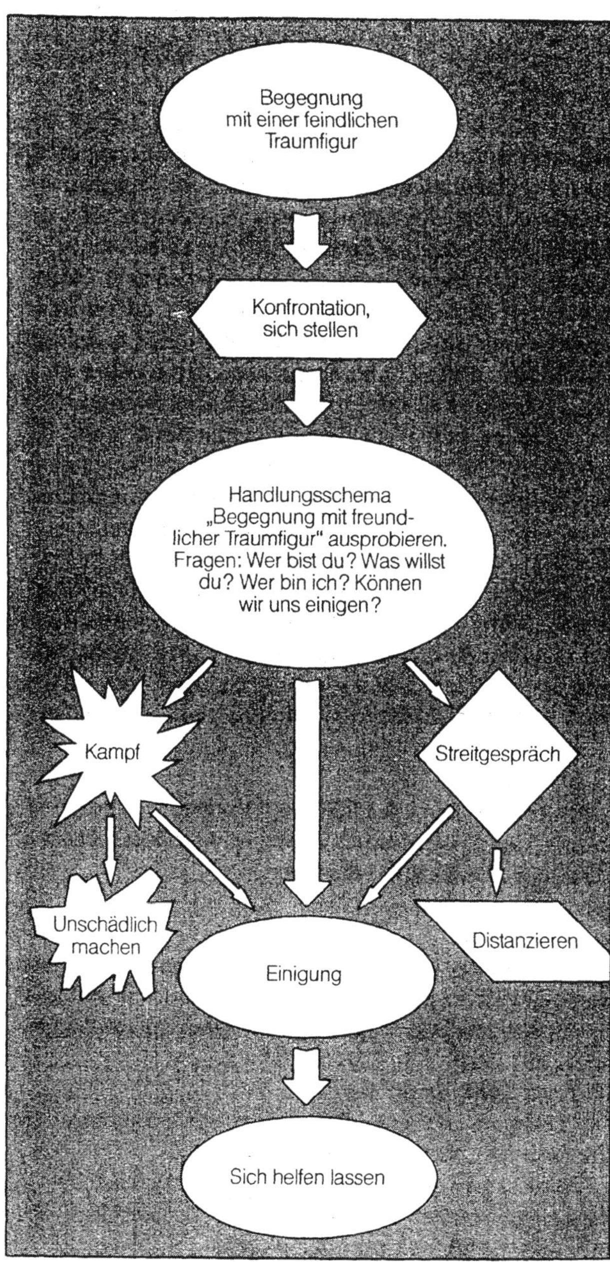

Handlungsschema zum Umgang mit feindlichen Traumfiguren

Mitunter sind Klarträumer auch mit feindseligen Traumfiguren konfrontiert, mit denen – trotz allen Entgegenkommens – keine Einigung erzielt werden kann. Solche verbohrten Exemplare repräsentieren meistens Fremdkörper innerhalb der eigenen Persönlichkeit, wie zum Beispiel Introjekte, Komplexe oder auch übertrieben hohe Gewissensforderungen. Man sollte sich von ihnen befreien. Entweder durch einfaches Distanzieren oder, falls sie aufdringlich werden und nicht hören wollen, durch Kampf und Sieg. In jedem Fall sollte man sie unschädlich machen.

Um Ihnen diese nicht immer einfache Aufgabe zu erleichtern, haben wir die nach unserer Erfahrung bewährten Prinzipien im Umgang mit feindlichen Traumfiguren in einem Handlungsschema (siehe Seite 121) zusammengestellt. Diese Prinzipien sind allerdings nicht als starre Handlungsanweisungen aufzufassen, auch wenn die Darstellungsform der Schautafel diesen Gedanken nahelegt. Es sind allgemeine Richtlinien für diese Art von Auseinandersetzungen, so formuliert, wie sie sich bisher bewährt haben. Im konkreten Einzelfall weiß ein Klarträumer, sobald er etwas Erfahrung gesammelt hat, selbst am besten, wie er sich zu verhalten hat.

Im einzelnen hat sich folgendes Vorgehen bei einer Begegnung mit einer unfreundlichen oder bedrohlichen Traumfigur als sinnvoll erwiesen:

1. Konfrontation
Fliehen Sie nie vor einer bedrohlich erscheinenden Traumfigur! Bieten Sie ihr die Stirn. Schauen Sie ihr in die Augen! (Allerdings nicht zu lange – sonst fixieren Sie Ihren Blick und erwachen!)

2. Freundliches Ansprechen
Versuchen Sie auch feindliche Traumfiguren zunächst wie freundliche zu behandeln (siehe Seite 117).

Sprechen Sie sie an! Als erste Fragen haben sich die folgenden bewährt: »Wer bist du?« »Wer bin ich?« »Was willst du?« »Können wir uns einigen?«

3. Streitgespräch
Ist offensichtlich keine unmittelbare Einigung möglich, versuchen Sie in offenem und sachlichem Gespräch den Streit beizulegen. Achten Sie darauf, auf gerechtfertigt erscheinende Vorwürfe einzugehen, weisen Sie aber unqualifizierte Vorwürfe sowie Drohungen und Beschimpfungen ganz entschieden zurück!
4. Distanzierung
Erscheint eine Einigung im Dialog unmöglich, so distanzieren Sie sich deutlich von den Angriffen der Traumgestalt - unter Umständen auch räumlich. Lassen Sie sie links liegen!
5. Kampf
Ist mit dem Traumgegner kein Gespräch möglich, sondern geht er gar zum Angriff über, so weichen Sie keinen Schritt zurück! Zeigen Sie ihm Ihre Verteidigungsbereitschaft durch eine entsprechende Haltung und durch einen offenen Blick. Wenn er immer noch nicht klein beigibt, dann kämpfen Sie mit ihm. Nur Mut - Sie werden schon keinen Schaden nehmen. Im Gegenteil.
6. Unschädlich machen
Versuchen Sie unbedingt, den Kampf erst dann zu beenden, wenn Sie Ihren Traumgegner getötet, verjagt oder so sehr geschwächt haben, daß er Ihnen keinen weiteren Schaden mehr zufügen kann. Oder wenn Sie doch noch eine Einigung erzielen können.
7. Einigung
Sinn und Zweck all dieser Formen der Auseinandersetzung mit feindlichen Traumfiguren ist es, irgendeine Form von Einigung zu erzielen. Versuchen Sie deshalb, sich zunächst gütlich zu einigen, aber, wenn das nicht möglich ist, scheuen Sie auch ein Streitgespräch oder einen Kampf nicht. Je nachdem, ob eine sprachliche Kommunikation möglich ist oder nicht, kann danach die Einigung im Sinne einer Übereinkunft erfolgen oder im Sinne einer Aussöhnung, die durch freundschaftliche Gebärden bekräftigt wird.

8. Sich helfen lassen
Fragen Sie eine Traumgestalt, mit der Sie sich geeinigt haben, zunächst nur ganz allgemein, ob sie Ihnen helfen kann. Anschließend können Sie konkrete Angelegenheiten des Traum- und/oder Wachlebens zur Sprache bringen, bei denen Sie Hilfe in Anspruch nehmen wollen.

All unsere bisherigen Untersuchungen zeigen, daß – wenn auch nicht immer eine Einigung erzielt werden kann und es noch seltener vorkommt, daß man von einer vormals bedrohlichen Traumfigur eine konkrete Hilfe erhält – es doch in allen Fällen so ist, daß bei »reifem« Umgang mit feindseligen Traumgestalten diese ihre Bedrohlichkeit sehr schnell verlieren. Zudem tauchen bei fortschreitend reiferem Verhalten im Traum zunehmend freundliche Traumfiguren auf, die sich spontan als Helfer und Ratgeber anbieten. Wie man in den Wald hineinruft, so schallt es eben heraus.

Es erscheint uns wichtig, hier noch einmal darauf hinzuweisen, daß man als Klarträumer vor oder spätestens während der Auseinandersetzungen mit seinen Traumfiguren darauf achten sollte, genauestens zwischen unberechtigten und berechtigten Anforderungen an das Traum-Ich zu unterscheiden. Die gebieterisch drohenden Traumgestalten können einerseits Verkörperungen unberechtigter autoritärer Stimmen sein, die als Fremdkörper innerhalb der Persönlichkeit anzusehen sind und von denen man sich distanzieren sollte; auf der anderen Seite kann es sich natürlich auch um Verkörperungen tatsächlich berechtigter Gewissensstimmen handeln, mit denen man sich auf alle Fälle einigen sollte.

Vom Klarwerden zum Klarbleiben

Wenn Sie diesem Buch bis hierher gefolgt sind, dann wissen Sie mehr über Klarträume als die meisten Psychologen. Eigentlich fast alles. Jetzt fehlt Ihnen nur noch das Wissen um eine andere Art von Techniken, in einen Klartraum zu gelangen. Die eine, allgemein übliche Art der *Reflexionstechnik* haben Sie mit der Lerntechnik ja schon ganz nebenbei erworben. Die Reflexionstechnik mit ihrer kritischen Überprüfung des Bewußtseinszustandes ist eine *Kl*arheit *g*ewinnende Technik, kurz KLG-Technik genannt. Im folgenden werden Sie die *Kl*arheit *b*ewahrenden, die sogenannten KLB-Techniken kennenlernen, Techniken also, die Sie die Klarheit beim Einschlafen gar nicht erst verlieren lassen, sondern mit deren Hilfe Sie die Klarheit direkt aus dem Wachbewußtsein ins Traumleben hineinnehmen können.

Diese die Klarheit bewahrenden Techniken erfordern zwar anfangs viel Übung, haben aber gegenüber der KLG-Technik einen entscheidenden Vorteil: Mit ihrer Hilfe kann man zu selbstgewählten Zeitpunkten Klartraumerlebnisse herbeiführen und dadurch ihre Häufigkeit wesentlich steigern.

Sie erinnern sich sicher noch an das Erlebnis des »falschen Erwachens«. Analog dazu kann bei Anwendung der KLB-Techniken ein »falsches Wachbleiben« das Erreichen des Klartraumzustandes verhindern. Man erlebt dann beispielsweise, daß man aus irgendwelchen Gründen nicht einschlafen kann und sich deshalb irgendwann aus dem Bett begibt. Erst später – nach dem Aufwachen – stellt man fest, daß man sich doch im Traum befunden hatte...

Am erfolgreichsten lassen sich die KLB-Techniken während eines leichten Nachmittags-Nickerchens anwenden, wenn man einmal kurz wach wird, oder in den frühen Morgenstunden, wenn man entweder nach längerem Nachtschlaf aus einem Traum erwacht oder aber eine Wachphase hinter sich hat. Je nachdem, ob man dann beim Einschlafen seine Aufmerksamkeit auf Bilder, seinen Körper oder aber nur auf das denkende Ich richtet, unterscheiden wir verschiedene KLB-Techniken.

Die Bildtechnik

Hier liegt die Aufmerksamkeit nur auf den optischen Gegebenheiten beim Einschlafen, den sogenannten *hypnagogen Bildern*. Hypnagoge Bilder sind optische Erscheinungen flüchtiger Natur, wie man sie oftmals kurz vor dem Einschlafen bei geschlossenen Lidern beobachten kann, etwa Lichtblitze und schneeflockenartige Strukturen, die, je weiter man in den Schlaf sinkt, sich zu naturalistisch anmutenden Abbildungen entwickeln können, die aber nach wie vor von flüchtiger Natur sind. Es erfordert deshalb einige Übung, ihnen bewußt zu folgen. Trotz der individuell recht großen Unterschiede im Erleben dieser Bilder läßt sich im allgemeinen der folgende Ablauf beobachten:

Man sieht zunächst Lichtblitze und geometrische Strukturen mit rasch wechselnden Formen. Es folgen dann Bilder von Gegenständen oder Gesichtern, bis es schließlich zur Ausbildung ganzer Szenerien kommt, die zuerst nur kurz aufblitzen, sich dann aber immer mehr stabilisieren. Gelingt es dem Einschlafenden, die Klarheit über seinen Bewußtseinszustand bis zum Auftreten solcher Szenerien aufrechtzuerhalten, erhebt sich als nächstes die Frage, wie er es anstellen muß, selbst in die Szenerie hineinzugelangen. Entsprechende Versuche haben gezeigt, daß es ganz falsch wäre, aktiv in das Bild hineintreten zu wollen. Diese Vortraumszenerien sind zu labil, als daß sie einen derart massiven Eingriff verkraften könnten. Sie würden sich auflösen. Offensichtlich ist es so, daß in diesem Grenzzustand zwischen Schlafen und Wachen die Sinnes- und Körperempfindungen noch sehr abhängig von peripheren Reizen sind (hier: Informationen aus der Umwelt, die dem Einschlafenden die Orientierung über Ort, Zeit und Lage seines Körpers vermitteln), so daß sich das Körper-Ich noch nicht so wie im Traum relativ zu den optisch wahrgenommenen Gegebenheiten bewegen kann. So ist es zum Beispiel völlig unmöglich, durch einen hypnagogen Schneeflockenvorhang aktiv hindurchzugehen. Ein solcher Versuch würde die Bilder zusammenbrechen lassen, und eine neue Szene müßte aufgebaut werden. Statt also aktiv in die Szene eintreten zu wollen, sollte man tunlichst versuchen, sich in passiver Weise von der Szene »mitnehmen« zu lassen.

Auch hier hat es sich als hilfreich erwiesen, vor dem Einschlafen das Ausführen einer ganz bestimmten Handlung für den Traum zu planen. Es ist nämlich schon vorgekommen, daß man bei dieser Technik zeitweise die Klarheit über den Bewußtseinszustand während der Einschlafphase verliert. Über die Erinnerung an die geplante Handlung aber läßt sich dann im Traum die Klarheit über den Bewußtseinszustand leicht wiederherstellen.

So befindet man sich dann klaren Bewußtseins von Anfang an im ersten Traum der Nacht, der somit zwangsläufig ein Klartraum sein wird.

Die Körpertechnik

Wenn man während des Einschlafens konzentriert, aber ohne besondere Anstrengung auf seinen Körper achtet, genauer gesagt auf sein Körpergefühl, kommt es vor, daß dieser zu erstarren scheint. Je nachdem, wie man den Zustand dieser Starre überwindet, kann man von einer Einkörper- oder Zweikörpertechnik sprechen.

Zur *Zweikörpertechnik* finden sich viele Hinweise in der esoterischen Literatur. Mit Hilfe dieser Technik, die der sogenannten *Astral-Projektion* der Esoteriker vergleichbar ist, kann man außerkörperliche Erlebnisse (*O*ut-*o*f-*B*ody-*E*xperiences = OOBE) der verschiedensten Arten erzeugen. Dabei löst man sich mit einem zunächst vorgestellten und dann gefühlsmäßig verwirklichten zweiten Körper, dem *Astralleib*, aus dem ersten, starren Körper.

Wir wollen es an dieser Stelle nicht versäumen, ganz klar zu machen, daß wir im Gegensatz zu den Esoterikern nicht daran glauben, uns aus dem physikalisch existierenden Organismus lösen zu können. Wir wollen hervorheben, daß es sich bei unseren OOBEs um traumähnliche

Erlebnisse handelt und nicht um Vorgänge in der physikalischen Welt. Ist man sich darüber im klaren, muß man sich auch keine Gedanken mehr darüber machen, ob und wie man je wieder in seinen Körper zurückkommen kann. Außerdem kann man sich – frei vom mystizistischen Ballast der Esoteriker – einer Unzahl von Ablösungstechniken bedienen.

Wichtig ist hierbei nämlich nur, daß man sich intensiv vorstellt, einen zweiten, beweglichen Körper zu haben, mit dem man aus dem starren nach oben herausschwebt, nach unten durch das Bett herausfällt, sich herausdreht oder auf eine beliebige andere Art herauslöst. Hat man sich dann von seinem starren Körper getrennt, so kann der zweite Körper, der zunächst als luftig oder »feinstofflich« empfunden wird, entweder diese Konsistenz beibehalten oder sich so weit verfestigen, daß er sich wie ein normaler Körper im Wachzustand anfühlt.

(An dieser Stelle sei auch die Überlegung erlaubt, ob die großen esoterischen Schriftsteller, zumindest die, die von Astralreisen, Dämonen, siebentem Himmel oder ähnlichem berichten, nicht allesamt Beihnahe-Klarträumer waren, ohne die Aspekte eins, zwei und sieben verwirklicht zu haben. Eine Annahme im übrigen, die noch wahrscheinlicher wird, wenn man das auf Seite 143 vorgestellte Wahrnehmungsmodell akzeptiert. Natürlich sind solche Erlebnisse aus bestimmten Gründen sehr eindrucksvoll und werden darum auch als tatsächliche »kosmische« Ereignisse erlebt. Die Erklärung dieser Vorgänge als Astralreisen liegt daher nahe. Wir aber betrachten diese kosmischen Erlebnisse als eine Höherentwicklung des Klarträumens – so, wie wir das Klarträumen als eine Höherentwicklung des gewöhnlichen Träumens betrachten).

Einfacher als die Zweikörper- ist die *Einkörpertechnik*, bei der man den »erstarrten« Körper erlebnismäßig selbst wieder beweglich macht. Das erreicht man durch die sehr intensive Vorstellung, daß man sich in einer anderen Lage oder an einem anderen Ort befindet als der physische, im Bett liegende Organismus. Die erlebnismäßige Verwirklichung dieser Vorstellung fällt recht leicht, da man in dem hier zur Debatte stehenden Zustand kaum noch Sinnesinformationen über die physikalischen Gegebenheiten erhält. Erlebt man dann tatsächlich, daß man sich in einer anderen (Traum-)Umgebung und nicht mehr in der des Bettes befindet, so löst sich die Starre nach kurzer Zeit von selbst auf.

Eine andere Methode, den erstarrten Körper wieder beweglich zu machen, besteht darin, ihn zunächst (erlebnismäßig) zu einem luftigen Gebilde zu verflüchtigen, um ihn anschließend wieder zu einem beweglichen Körper verfestigen zu können.

Der Zustand der Starre ist übrigens kein notwendiges Zwischenstadium bei den Körpertechniken. Erfahrene Klarträumer können Varianten dieser Technik anwenden, schon bevor der Körper in den - mitunter als unangenehm empfundenen - Starrezustand fällt. Sie entwickelten im Laufe ihrer Übungen ein immer untrüglicheres Gespür dafür, zu welchem Zeitpunkt die hier beschriebenen Übergangserlebnisse zwischen dem Wach- und dem Traumzustand am besten zu verwirklichen sind.

Da man sich zum Einschlafen meist in einem dunklen Raum befindet, erscheint in der Regel bei Anwendung der Körpertechniken die Umgebung zu Anfang ebenfalls dunkel. Je mehr man sich dann von dem Ort entfernt, an dem man sich zu Anfang befand, desto schneller hellt sich die Traumumgebung auf. Ein beliebter Trick ist in diesem Zusammenhang auch das »Lichtanknipsen«. Darüber gibt es allerdings einander widersprechende Berichte: Die eine kann's - der andere nicht. Was jedenfalls allen Anwendern der Einkörpertechnik gemeinsam ist, ist, daß sie - spätestens nach dem Auflösen der Starre - einfach im Traum aufstehen und ihre Klartraumgeschichte damit beginnen.

4 Die Bild-Körper-Technik

Bei dieser Technik richtet sich die Aufmerksamkeit des Einschlafenden nicht ausschließlich auf seine optischen Wahrnehmungen oder einseitig auf seinen Körper, sondern im gleichen Ausmaß auf beides. Suggeriert er sich dabei in entspanntem Zustand, daß sein Körper leicht und frei beweglich ist, so kann es geschehen, daß dieser in einen Bewegungs- oder Schwebezustand gerät. Wenn die Vorstellung eines geeigneten, der Traumsituation angemessenen Fortbewegungsmittels hinzukommt, scheint der Körper in die Traumszenerie hineinzugleiten oder zu -fahren. Besonders leicht gerät der Körper in einen Gleitzustand, wenn sein Besitzer zuvor im »optischen Umfeld« ein einheitliches Bewegungsgeschehen erlebt hat, wie es während des Einschlafens ja häufig beobachtet werden kann. So sieht man zum Beispiel im Anfangsstadium ein bewegtes Punktmuster, später – bei der Ausbildung von Szenerien – vielleicht eine wandernde Schafherde oder einen vorbeifliegenden Vogelschwarm. Ist das Gesichtsfeld auf diese Weise von einheitlich bewegten Objekten ausgefüllt, so kann die Bewegung des Körpers »umschlagen«, wobei die Objekte sich nun entweder überhaupt nicht mehr oder doch mit deutlich verringerter Geschwindigkeit bewegen. Geübte Klarträumer können die Bewegungen ihres Traumkörpers innerhalb bestimmter Grenzen durch geeignetes Blickverhalten willentlich beeinflussen. Der Gleitzustand selbst wird manchmal auch von einem raschen Szenenwechsel beendet. Das Gefühl dabei ähnelt dem, das man empfindet, wenn man sich mit Hilfe der Bildtechnik in seine Traumszenerie hineinversetzt.

Die Ichpunkt-Technik

Diese Technik fußt auf dem Gedanken, daß selbst das Erleben des eigenen Körpers lediglich ein vom Wachzustand übernommenes und ein im Traum entbehrliches Phänomen ist. Tatsächlich kann man nämlich nach dem Einschlafen (und manchmal schon währenddessen) erleben, wie man nur noch aus einem punktförmigen Ich besteht, von dem aus man an der Traumwelt teilhaben kann. Dieses Erlebnis ist leicht zu verwirklichen, wenn man sich während des Einschlafens auf den Gedanken konzentriert, daß man bald gar nichts mehr von seinem Körper spüren wird. Spürt man seinen Körper dann tatsächlich nicht mehr, kann man als »Ichpunkt« frei im Raum (der zunächst mit dem Schlafzimmer identisch zu sein scheint) hin und her schweben...

Diesem Ichpunkt ist dann die Traumwelt frei zugänglich. Traumszenerien können entweder bewußt gestaltet werden, oder man gibt sich einer vorgefundenen Szenerie einfach hin, läßt sie fließen und beobachtet die Entwicklung.

Die Bild-Ichpunkt-Technik

Dieses Vorgehen unterscheidet sich von der Ichpunkt-Technik nur dadurch, daß man seine Aufmerksamkeit zusätzlich auf die schon beschriebenen Einschlafbilder richtet. Hat sich dann eine bestimmte optische Einschlaf- oder Traumszenerie gebildet, wird es möglich, in diese Szenerie hineinzureisen. Der Ichpunkt kann unter Umständen auch in eine andere Traumgestalt eindringen und deren Motorik übernehmen.

ANDERE TECHNIKEN

Es ist ganz unmöglich, an dieser Stelle alle Varianten der KLB-Techniken zu schildern. Wahrscheinlich gibt es genauso viele, wie es fortgeschrittene Klarträumer gibt. Wir sind aber der Meinung, daß die hier gegebenen Hinweise genügen. Wichtig ist allein, daß man zunächst möglichst viele eigene Erfahrungen mit Einschlaferlebnissen sammelt. So findet man alsbald heraus, welche der geschilderten Techniken sich für einen selbst am besten eignen.

Apparative Techniken werden im letzten Kapitel noch angesprochen werden. Was an dieser Stelle aber noch abschließend erwähnt werden soll, sind lange bekannte *ältere Techniken.*

Obwohl die ersten systematischen Untersuchungen über die Natur der Klarträume und die Möglichkeiten, das Klarträumen zu erlernen, von uns durchgeführt wurden, gibt es bereits seit Jahrtausenden vereinzelte Hinweise zu diesem Thema.

Sie finden sich bei den Tantrikern, den tibetanischen Yogis, bei buddhistischen Mönchen, Mystikern, Theosophen, Anthroposophen, Okkultisten, Spiritisten, Magiern und in fast allen Geheimreligionen und Geheimwissenschaften sowie bei indianischen und malayischen Volksgruppen. Insgesamt aber sind die Traumtechniken dieser Gruppen zu sehr mit mythologischem oder ideologischem Ballast befrachtet, als daß ihre Anwendung einfach und effektiv sein könnte.

Natürlich findet sich in den traditionellen Ratschlägen mitunter schon ein Körnchen Wahrheit. So empfehlen beispielsweise die tibetanischen Yogis, daß man sich zum Erlernen des bewußten Träumens in die Einsamkeit zurückziehen sollte, um dort nackt herumzutoben und immer wieder schreien zu können: »Das ist ein Traum!« (CHANG, 1963). Hier besteht das Körnchen Wahrheit darin, daß es für das Herbeiführen von Klarträumen natürlich günstig ist, in ungewöhnlichen Situationen den Gedanken an einen Traum auftauchen zu lassen (siehe die Lerntechnik). Allerdings führt der apodiktische Ausspruch des Yogis: »Das ist ein Traum« schließlich doch zum Selbstbetrug. Dieser tritt spätestens dann zutage, wenn er diesen Satz wirklich ernst zu nehmen beginnt und mit Anlauf eine Klippe hinunterspringt...

Oder betrachten wir den Ratschlag des Yaqi-Zauberers DON JUAN, man solle seine Hände im Traum betrachten, um das Träumen (gemeint ist das Klarträumen) zu erlernen. Hier findet sich der rationale Kern der Anweisung darin, daß eine im Klarträumen noch wenig geübte Person die in einem Traum einmal erreichte Klarheit leichter aufrechterhalten kann, wenn sie etwas im Wachzustand Geplantes im Klartraum ausführt. Dafür eignet sich das Betrachten der Hände schon, falls man es nicht zu sehr ausdehnt (Blickfixation!). Für das Erlernen des Klarträumens an sich aber ist der Ratschlag DON JUANS weniger geeignet; man kann ihn schließlich erst dann befolgen, wenn man bereits zur Klarheit gelangt ist.

Es wundert uns denn auch gar nicht, daß CASTANEDA von großen Schwierigkeiten berichtet, diese Traumkunst zu erlernen, obwohl er von DON JUAN durch viele Erzählungen und gefährliche Gifte und Drogen darauf vorbereitet worden war. In einem seiner späteren Bücher (»Die Kunst des Pirschens«, 1981) finden sich dann auch Hinweise, die eine auffallende Ähnlichkeit mit unserer Bildtechnik haben.

So! Nun sind Sie über alles im Bilde, was für einen Klarträumer praktische Bedeutung hat. Falls Sie Interesse daran haben, bleibt nur noch eines zu tun: die Einbettung dieser Praktiken in ein ihnen nicht widersprechendes und doch plausibles Weltbild. Aber das ist Philosophie, Liebhaberei eben, wie die Vorsilbe »philo« schon andeutet. Doch: »Nichts ist so praktisch wie eine gute Theorie«, behauptete schon KURT LEWIN, einer der führenden Psychologen der ersten Hälfte unseres Jahrhunderts. Im nächsten Kapitel werden Sie Gelegenheit haben, sich seiner Meinung anzuschließen, »denn nichts ist so wichtig für eine Theorie wie eine gute Praxis«. Also üben Sie weiter!

5. KAPITEL

Erkenntnistheorie für den Hausgebrauch

Standpunkte

Wir alle wissen: Wir sind nicht allein. Es gibt *uns*. Es gibt andere Menschen. Es gibt Tiere. Es gibt die Dinge. Es gibt die Welt um uns.

Aber wie nehmen wir die Welt wahr? Und nehmen wir sie überhaupt fehlerfrei wahr? Wie funktioniert das? Und wo hat diese Wahrnehmung eigentlich ihren Ort?

Das sind Fragen, die sicherlich ebenso alt sind, wie die nachsteinzeitliche Menschheitsgeschichte. Oder vielleicht sogar noch älter, wer weiß?

Eine dieser Fragen ist nach allgemeinem Konsens schon lange geklärt: Die Frage nach dem Ort der Wahrnehmung ist beantwortet. Nicht mit dem Herzen - was die Romantiker zutiefst enttäuscht haben muß - nehmen wir die Welt wahr, auch nicht mit der Galle - was einige Misanthropen wohl immer noch gerne so hätten, sondern mit dem Gehirn nehmen wir die Welt wahr. Mit dem Gehirn in unserem Kopf, das sich seine Informationen dazu von unseren Sinnesorganen holt.

Es ist die Medizin, die für sich in Anspruch nehmen kann, diese Antwort gegeben und schlüssig nachgewiesen zu haben. Das war ein großer Schritt vorwärts, auch für die Philosophie, die Biologie... Das war, in gewisser Weise, auch kulturell ein bedeutender Umbruch. Aber die Antwort ist vertrackt. Sie führte nicht nur zu Erkenntnisgewinn, sie warf auch neue Fragen auf. Äußerst irritierende Fragen.

Warum entstehen die Dinge in unseren Köpfen? - Und wie ist es überhaupt möglich, daß ein Baum, der ja um soviel größer ist als ich selbst, in meinem kleinen Kopf Platz findet? Oder ein Schiff? Oder ein Haus...? Und falls die große Welt tatsächlich in meinem kleinen Kopf Platz findet - was ist mit all den anderen Köpfen? Finden sich in denen dieselben Bäume, Schiffe, Häuser, Menschen? Oder nur die gleichen? Oder etwa ganz andere? Kann ich sicher sein, daß die anderen Köpfe mit den anderen Gehirnen dasselbe wahrnehmen wie ich? Dieselbe Welt?

Das sind die Fragen, um die sich - unter anderem - die sogenannte »Erkenntnistheorie« kümmert.

Dabei ist »Erkenntnistheorie« ein großes Wort, das Sie nicht schrecken soll. Und ein großer Anspruch ist sie auch. Dabei muß aber festgehalten werden: In der Regel schlagen sich damit nicht einmal diejenigen herum, die das sollten: die forschenden Wissenschaftler. Und doch ist es so, daß jeder Klarträumer, wenn er die kritische Frage nach seinem Bewußtseinszustand stellt, ein bißchen Erkenntnistheorie betreibt, ohne das allerdings so zu nennen. Das Vertrackte ist, daß eigentlich *jeder* seine Umwelt unter bestimmten erkenntnistheoretischen Gesichtspunkten wahrnimmt – ohne sich dessen aber je bewußt zu werden. Dabei wäre das Bewußtsein darüber, welche dieser möglichen Haltungen man gerade einnimmt, äußerst dienlich, um »Holzwege« zu vermeiden.

Besonders schwerwiegend ist das Beschreiten solcher Holzwege innerhalb der Wissenschaft; es kann »blind« machen. Zwei dieser – unserer Meinung nach – besonders irreführenden Pfade innerhalb der Psychologie werden Sie im Abschnitt »Abgrenzungen« kurz skizziert finden. Natürlich auch deshalb – zugegeben – damit Sie *unseren* Standpunkt in dieser Beziehung um so leichter akzeptieren können.

Übrigens: Um angehende Klarträumer nicht über Gebühr abzuschrecken: Das Wissen um die erkenntnistheoretischen Zusammenhänge ist keine notwendige Voraussetzung zum Erlernen des Klarträumens. Sie könnten dieses Kapitel getrost überspringen – Klarträumer werden Sie dennoch.

Und falls Sie noch schwanken, vielleicht gibt Ihnen der alte Ausspruch LEWINs den letzten Anstoß: Nichts ist so praktisch wie eine gute Theorie.

Sie merken: Trotz des Eingeständnisses der nicht notwendigen Voraussetzung haben wir ein großes Interesse daran, Ihnen auch dieses Kapitel unters Kopfkissen zu legen. Warum nur? – Ganz einfach: Das auf den folgenden Seiten dargestellte Wahrnehmungsmodell des »Kritischen Realismus« könnte Ihnen die *Gleichwertigkeit des Erlebens von Klartraum-Realität und Wach-Realität* auf überzeugende

Weise verdeutlichen. Außerdem gibt dieses Wahrnehmungsmodell die theoretisch-wissenschaftliche Grundlage für *das* neue psychotherapeutische Instrument des kommenden Jahrzehnts ab: für die Klartraumtechnik.

Zudem könnten wir auch das Missionarische unseres Anspruchs nur schwer verhehlen, denn der Kritische Realismus ist eine erkenntnistheoretische Grundhaltung, der wir sowieso eine möglichst große Verbreitung, ja Popularität wünschen.

Sie wittern Elitäres? Elfenbeintürme? Unnötige Kompliziertheiten? - Warten Sie's ab!

»Phänomenales« und »Transphänomenales«

Was bedeutet denn hier überhaupt »kritisch« in diesem Gedankengebäude des Kritischen Realismus? - Nichts anderes, als daß dieses Modell sauber (hier: kritisch!) unterscheidet, was »objektiv« da ist und was »subjektiv« wahrgenommen wird. - Diese Unterscheidung mag Ihnen zunächst nur trivial erscheinen; doch wie dünn das Eis wird, wenn wir hier einfach die Selbstverständlichkeiten des sogenannten gesunden Menschenverstandes voraussetzen, wird Ihnen schnell klar werden. Denn unterschiedliche Standpunkte führen - bei noch soviel gesundem Menschenverstand - zu verschiedenen Blickwinkeln und damit - cum grano salis - auch zu verschiedenen Wahrnehmungen, wenn Sie uns diese Verkürzung erst einmal gestatten.

Ein einfaches Gedankenexperiment soll diese Problematik erhellen. Stellen Sie sich folgendes vor:

Ein Mensch, der sich auf einer weiten Ebene befindet, sieht von ferne einen anderen Menschen. Er beschließt, zu diesem anderen hinzugehen. Am Ziel angekommen, muß er erkennen, daß es sich nicht um einen anderen Menschen, sondern um eine alte Vogelscheuche handelt.

Einmal davon abgesehen, daß Menschen natürlich Erfahrungen mit Vogelscheuchen haben, die sie vor solchen Irrtümern schützen können, und auch davon abgesehen, daß Menschen in der Regel nicht allein auf weiten Ebenen vorkommen, sondern in sozialen Zusammenhängen – einmal von all dem abgesehen, wollen wir dieses Gedankenexperiment doch zu Ende führen.

Welche Möglichkeiten hat dieser Mensch, sich das Erlebte zu erklären?

Nun, ein sehr naives Wesen, das zudem auch noch einem magischen Weltbild verhaftet ist, wird sich das Ganze vielleicht so erklären können, daß der andere sich während seines Weges dorthin in eine Vogelscheuche verwandelt haben muß – schließlich hat er ihn ja vor einer halben Stunde erst tatsächlich als Menschen gesehen. Das ist, ein entsprechendes Weltbild unseres Wanderers vorausgesetzt, logisch einwandfrei abgeleitet! Aber das ist auch trivial. Denn eine so naive Person kann man sich heutzutage – selbst gedanklich – nur schwer vorstellen.

Etwas spannender wird diese Überlegung aber dann, wenn wir annehmen, unser Wanderer wäre gar kein Wanderer, sondern ein Wesen, dem das Seßhafte viel näher liegt als unbequeme Neugier oder gar Sehnsucht nach sozialer Kommunikation: Ein solcher Mensch hätte sich ja nie auf dieses ferne, andere Wesen zubewegt und wäre zeitlebens der Überzeugung geblieben, dort hinten stünde ein anderer Mensch, einer, der noch viel träger ist, als er selbst …

Somit könnte in einem Beobachter dieses beispielhaften Geschehens eben doch die beunruhigende Frage auftauchen, ob das, was wir wahrnehmen, tatsächlich so ist, wie wir es wahrnehmen. Und weiter die Frage, wie wir den Realismus dieser unserer Wahrnehmungen denn überhaupt kontrollieren können …

Schon seit Jahrtausenden schlägt sich die Philosophie mit solchen und ähnlichen Fragestellungen herum – und nicht ohne Grund, wie diverse Holzwege der Wissenschaft ja schon gezeigt haben. Doch davon später.

Wie also kontrolliert man, ob das, was man wahrnimmt, nicht bereits vom eigenen Standpunkt aus schon in einem Grad verändert ist, der das Realitätsprinzip unmerklich zu verdrängen beginnt? Wie entschlüssele ich meine Wahrnehmung? Wie verbessere ich den verrauschten Empfang? – Mit einem entsprechenden Weltbild tue ich das, und die Skizze zu diesem Weltbild finden Sie auf der kommenden Seite 141.

Damit wir uns nicht mißverstehen: Dieses Modell, welches wir Ihnen hier nahebringen werden, kann natürlich nicht von Personen begriffen und akzeptiert werden, deren Realitätsbezug schon im pathologischen Sinne geschädigt ist; ein Psychotiker in einem akuten Schub von Verfolgungswahn wird dafür entweder nur Hohngelächter übrig haben, oder aber eine weitere teuflische Finte der kleinen grünen Männchen vermuten, die ihn nun sogar mit philosophischen Tricks von der Erkenntnis der Wahrheit abhalten wollen. Wir Gesunden aber (doch wer ist schon ganz gesund?) können die Differenzierungen des Modells begreifen und eine bewußte Entscheidung über seine Fruchtbarkeit treffen.

Der Anschaulichkeit wegen werden wir das Modell nur am Beispiel der optischen Wahrnehmung erläutern.

Die zwei Eierköpfe in der Modellzeichnung stellen zwei bewußtseinsbegabte Organismen dar, die mit ihren Sinnesorganen ihre Umwelt und sich selbst wahrnehmen. Die Umwelt nehmen sie mit ihren äußeren Sinnesorganen wahr, sich selbst mit ihren inneren Sinnesorganen.

Von allen Sinnesorganen führen Reizleitungen zum sogenannten Psycho-Physischen Niveau (»PPN«), einem untereinander vernetzten System verschiedener Großhirnbereiche, dem die Wissenschaft keinen festen Ort zuweisen kann. Die Bezeichnung Psycho-Physisches Niveau macht bereits deutlich, welche Aufgabe dort erfüllt wird: Dort wird das Physische psychisch, d. h. bewußt, dargestellt; dort entsteht der von unseren Augen wahrgenommene Baum sozusagen vor unserem »inneren« Auge: *Dort wird die Welt repräsentiert.*

Im PPN also findet unsere Wahrnehmung statt. All unsere Wahrnehmung. Ob es nun Riechen, Fühlen, Sehen oder Schmecken ist; ob es Empfindungen von Schmerz, Lust, Rachedurst oder Großzügigkeit sind; selbst moralische Bewertungen von wahrgenommenen Sachverhalten haben dort ihren Ort. Und nur dort! Alle »Repräsentanzen« unserer Umwelt inklusive unseres eigenen Körpers werden dort wahrgenommen. Denn das PPN ist der »Sitz« unseres Bewußtseins.

Die Nervenleitungen, die vom PPN ausgehend den Bewegungsapparat unseres Körpers steuern – in ständigem Wechselspiel mit den Informationen, die von unseren Sinnesorganen zum PPN geschickt werden –, machen es dann schließlich möglich, daß unser Organismus auf seine Umwelt reagieren kann. Mit »reagieren« meinen wir nicht nur die »Motorik«, die der Übersichtlichkeit halber als einzige Reaktionsmöglichkeit im Schaubild auftaucht, sondern auch *jede andere Art von emotionaler oder verstandesmäßiger Reaktion*. Es ist ganz wichtig, sich vor Augen zu halten, daß unser einziges »Innen«, das wir als bewußte Wesen vom »Außen« unterscheiden, in unserem jeweiligen PPN seinen Platz hat. Unser physikalischer Körper gehört bereits zum »Außen«!

Wenn wir zum Beispiel von unseren Sinnesorganen Informationen darüber erhalten, daß sich eine unserer Hände einem sehr heißen Gegenstand nähert, dann wird dieser Sachverhalt erst einmal im PPN dargestellt, repräsentiert, mit allen damit zusammenhängenden Informationen über ungefähre Temperatur, Entfernung, ähnliche Erfahrungen aus der Vergangenheit sowie mit sämtlichen dazugehörenden Gefühlen und Stimmungen von Angst, Vorsicht oder auch Übermut. Dann erst gehen die Kommandos raus, die unseren Körper auf (hoffentlich!) sinnvolle Weise reagieren lassen. Die Konsequenzen dieser Reaktion werden dann auch wieder im PPN repräsentiert, so daß es ständig möglich bleibt, etwa notwendige Korrekturen durchzuführen. – Die hier so beschriebene Regelung unseres Verhaltens gilt im Prinzip natürlich auch für

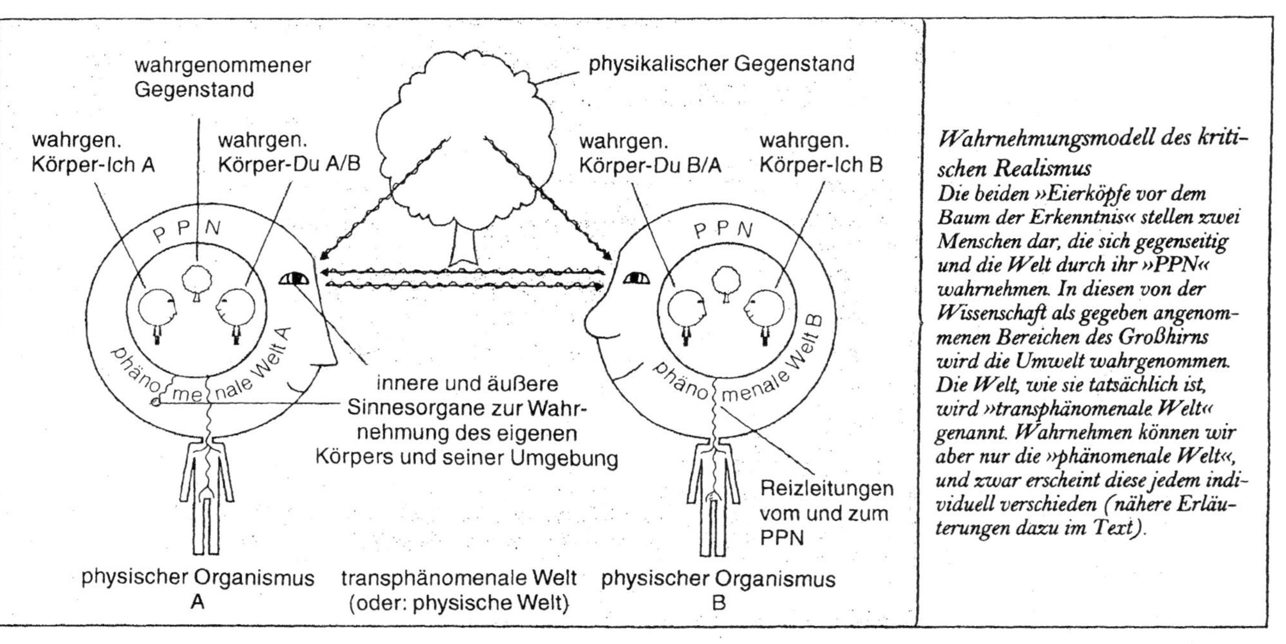

Wahrnehmungsmodell des kritischen Realismus
Die beiden »Eierköpfe vor dem Baum der Erkenntnis« stellen zwei Menschen dar, die sich gegenseitig und die Welt durch ihr »PPN« wahrnehmen. In diesen von der Wissenschaft als gegeben angenommenen Bereichen des Großhirns wird die Umwelt wahrgenommen. Die Welt, wie sie tatsächlich ist, wird »transphänomenale Welt« genannt. Wahrnehmen können wir aber nur die »phänomenale Welt«, und zwar erscheint diese jedem individuell verschieden (nähere Erläuterungen dazu im Text).

ungleich komplexere Zusammenhänge, wie wenn wir etwa einem Menschen begegnen, in den wir verliebt sind...

Was so ein Weltbild für Konsequenzen hat, können Sie sich am besten dadurch veranschaulichen, daß Sie nochmals die Abbildung auf Seite 141 betrachten. Besser noch, Sie machen eine Fotokopie. Statt »Körper-Ich A« schreiben Sie nun Ihren eigenen Namen in die Fotokopie, und statt »Körper-Ich B« den eines Freundes. Selbstverständlich müssen Sie dann auch statt »Körper-Du A/B« hineinschreiben »So, wie ich meinen Freund sehe« und statt »Körper-Du B/A« muß nun stehen »So, wie mein Freund mich sieht«. – Haben Sie's? Dann müssen Sie nur noch eine kleine aktuelle Meinungsverschiedenheit durchspielen, bei der anscheinend gar kein Kompromiß möglich ist...

Dieses Modell macht also nicht nur plausibel, warum wir mitunter Dinge wahrnehmen, die so gar nicht vorhanden sind, sondern auch, warum zwei verschiedene Menschen ein und denselben Sachverhalt verschieden wahrnehmen müssen. Wir sind nämlich nicht nur von Geburt an bereits verschieden und haben im Laufe eines individuellen Lebens unterschiedliche Filter entwickelt, die unsere Wahrnehmung »färben«, sondern wir sind auch – jeder einzelne von uns – *Inseln in einer transphänomenalen Welt, die von den phänomenalen Welten unserer Wahrnehmung auf Dauer getrennt bleiben.* Um diese beiden Begriffe aus dem philosophischen Kauderwelsch, »phänomenal« und »transphänomenal«, kommen wir nicht herum, aber bei näherem Hinsehen erweisen sie sich als leicht begreifbar.

Ein Phänomen ist etwas, was wir wahrnehmen, zum Beispiel sehen können. Das Wort kommt aus dem Griechischen und bedeutet »das Erscheinende« oder »das sich den Sinnen zeigende«. Die *»phänomenale Welt«* ist also alles, was wir wahrnehmen; und für uns somit alles, was im PPN repräsentiert ist.

»Transphänomenal« ist auch ganz einfach. Die Vorsilbe »trans« bedeutet »hinüber«, »drüber« oder »jenseits«. Ein LKW trans-portiert etwas über die Landstraße; ein Transvestit ist jemand jenseits der üblichen Kleiderordnung. Und

das »Transphänomenale« ist eben das, was jenseits der uns selbst zugänglichen phänomenalen Wahrnehmung liegt.

Wenn Sie uns bis hierhin gefolgt sind, wird Ihnen auch die Konsequenz dieser Zusammenhänge einleuchten: *Es gibt ebenso viele phänomenale Welten, wie es bewußtseinsbegabte Wesen gibt – aber es gibt nur eine transphänomenale Welt!*

So bleibt es nicht aus, daß wir Menschen uns selbst bei sogenannt »vollständigen Übereinkünften« immer noch eine ganz persönliche Sichtweise bewahren, eine die uns von allen anderen unterscheidet. Im allgemeinen stört das nicht. Deutlich wird es immer nur dann, wenn wir einmal nicht großzügig »fünfe gerade sein lassen« können, sondern ganz kleinlich und rigoros auf für uns wichtigen Details bestehen, die die anderen kaum als vorhanden erkennen können. Versuchen Sie einmal, von fünf Unfallzeugen fünf gleichlautende Schilderungen zu bekommen oder Ihrem Gegenüber in einer Abrüstungsverhandlung klarzumachen, daß seine Cruise-Missiles viel gefährlicher seien als Ihre Jagdbomber.

Ein anderes Beispiel soll den Sachverhalt noch weiter verdeutlichen: Stellen Sie sich vor, Sie gehen mit Ihrem Hund spazieren. Ihre phänomenale Welt mag dann so aussehen: »Was für ein unangenehmer Nieselregen heute ist! Ach, da hinten geht Herr G. Na, sonst ist nichts zu sehen.« – Ganz anders sieht die phänomenale Welt Ihres Hundes aus. Als »Nasentier« besteht sie für ihn aus einer Vielzahl der aufregendsten und unterschiedlichsten Gerüche, die Sie überhaupt nicht wahrnehmen können. Dafür sehen Hunde relativ schlecht, und Herr G. im Hintergrund wird ihm vermutlich nicht auffallen, wenn nicht gerade der Wind seinen Geruch herüberweht. In der *einen* transphänomenalen Welt ist alles vorhanden. Herr G., den Sie sehen, und die chemischen Vorgänge, die Ihr Hund als Gerüche wahrnimmt. Unterschiede gibt es nur in den phänomenalen Welten.

Oder denken Sie nur daran, wie klein der Bereich der für uns sichtbaren Strahlung ist, im Vergleich zu ihrer ungeheuer großen (transphänomenalen) Bandbreite. Eingeengt von Infrarot und Ultraviolett, sehen wir mit unseren

Augen nur den geringsten Teil der tatsächlich überall vorhandenen Strahlung. Andere Lebewesen leben da in einem ganz anderen »sichtbaren« Spektrum. Schlangen zum Beispiel reagieren sehr sensibel auf infrarote Strahlung, Pflanzen auf Ultraviolett. Selbst unter uns Menschen finden sich noch nennenswerte Unterschiede. Denken Sie nur an die gar nicht so seltene Rot-Grün-»Blindheit«.

Gerade auf diesem Gebiet der elektromagnetischen Phänomene gäbe es noch eine Unzahl weiterer Beispiele zu beschreiben, von der Wahrnehmung magnetischer Felder bis hin zu der von extrem langwelliger Strahlung. Die aufgeführten wenigen Hinweise aber sollten wohl genügen, Ihnen den Gedanken nahezubringen, daß wir alle die (transphänomenale oder auch physische) Welt eben nur ausschnittweise wahrnehmen können – nur innerhalb unserer persönlichen und artspezifischen Grenzen.

Müssen wir da noch erwähnen, daß dies selbstverständlich nicht bloß für die allgemeingültigen physikalisch-biologischen Grenzen gilt, sondern auch für die individuell oft sehr verschiedenen seelisch-emotionalen Grenzen...?

Abgrenzungen

Worum geht es also? – Im Mittelpunkt jedweder erkenntnistheoretischer Überlegung steht immer die Frage nach den Beziehungen zwischen psychischen und physischen Gegebenheiten. Mit anderen Worten, und um es kurz zu wiederholen: die Frage danach, inwieweit das, was wir wahrnehmen, etwas mit dem zu tun hat, was »tatsächlich« vorhanden ist – ja sogar, ob wir das, was »tatsächlich« da ist, überhaupt mit Sicherheit erkennen können.

Daß diese Frage so abwegig nicht ist, sollte durch die vorangegangenen Seiten klar geworden sein.

Zudem ist diese Frage nach den Beziehungen zwischen Psychischem und Physischem, zwischen Innen und Außen, zwischen Materie und Bewußtsein seit jeher die Kernfrage aller Philosophie. Von ARISTOTELES über DESCARTES zu HEGEL und MARX, ja sogar heute noch (POPPER, ECCLES, sogar CASTANEDA) wird diese sogenannte »Leib-Seele-Problematik« zwar als die Grundfrage aller Philosophie angesehen, aber leider immer wieder falsch angegangen. Einer unserer Zeitgenossen (FUCHS, R.: »Ansätze, Methoden und Wissenschaftliche Grundlagen der Handlungsforschung«, 1976) nennt dieses Problem mehr oder weniger schelmisch, doch zutreffend die »Gretchenfrage der Wissenschaftstheorie«.

Sie erinnern sich vielleicht, Gretchen fragt den Faust: »Heinrich, wie hältst du's mit der Religion?« (oder so ähnlich), und Faust, der Farbe bekennen soll, druckst herum. Sagt er ihr die Wahrheit, will sie ihn nicht. Für eine Lüge ist er sich aber auch zu schade. Und überhaupt, weiß er denn eigentlich eine Antwort, die ihn auch selbst überzeugt? Diese Gretchenfrage, die FUCHS meint, beschreibt die Situation im Wissenschaftsbetrieb. Allerdings: Man drückt sich nicht nur gerne um die Antwort herum, man stellt erst gar nicht die Frage.

Wozu es aber führt, wenn man diese Frage zu umgehen sucht und dann - als Folge davon - dazu »gezwungen« ist, bei der Erforschung des Menschen entweder die psychischen Sachverhalte oder aber die physischen Tatbestände auszuklammern, das zeigen beispielhaft zwei noch gar nicht so alte Richtungen der wissenschaftlichen Psychologie.

Da ist zum einen der *Behaviorismus*, der nur das erforschen wollte, was physikalisch meßbar ist, und der alle anderen Bemühungen als unwissenschaftlich bezeichnete, der sogar (weil es ja nicht meßbar ist) das Bewußtsein ganz »bewußt« als sogenannte »black box« aus seinen Forschungsbemühungen ausklammerte und so den Menschen zu einem seelenlosen Reiz-Reaktions-Mechanismus verkümmern ließ.

Dazu ein Beispiel: Ich pikse einer 327 Gramm schweren männlichen Ratte eine Stahlnadel von 17 Gramm Gewicht und einer Spitzenverrundung von 700 Mikrometern mit einer Geschwindigkeit von 6,5 Metern pro Sekunde in den Po, und sie springt daraufhin 137,6 Zentimeter hoch. - Von

Schrecken, Angst, Schmerz, kurz, von dem, was sich dabei im Bewußtsein des Tieres abspielen könnte, ist nicht die Rede. - Ein zugegeben polemisches Beispiel, das aber die tatsächliche Struktur dieser Denkrichtung klarmacht.

Selbstverständlich findet sich innerhalb der Psychologie auch das dem Behaviorismus entgegengesetzte Extrem, die reine *Bewußtseinspsychologie*, sozusagen eine Umkehrung des Behaviorismus, in der sich der Mensch zu einem schier körperlosen und damit (theoretisch!) handlungsunfähigen Geisteswesen verflüchtigt. - Sie sehen: Nicht nur das Black-box-Denken führt zum Black-out des Realitätsprinzipes in der Wissenschaft.

Diese beiden Holzwege in der Wissenschaft sollen Ihnen als Nicht-Wissenschaftlern also andeuten, warum ein stabiler erkenntnistheoretischer Standpunkt auch im akademischen Leben seine Bedeutung hat. Zugegeben - die beiden ausgewählten Holzwege sind wirklich als extreme Beispiele anzusehen, und es gibt natürlich auch eine Fülle von Zwischentönen, für deren Darstellung hier kein Platz bleibt. Zumindest aber können unsere Beispiele sehr schön den Bedarf verdeutlichen, der dort (wie im praktischen Leben auch) für einen erkenntnistheoretischen Standpunkt besteht, der die Wechselbeziehungen zwischen dem Physischen und dem Psychischen nicht länger ausklammert; ja, der sie möglichst noch zur Erklärung der Welt (so, wie wir sie erleben) geradezu benötigt.

Und eben das leistet der Kritische Realismus. - Natürlich. Darauf haben wir ja die ganzen letzten Seiten über hingearbeitet.

Grundlagen

Natürlich haben wir uns das nicht alles selbst ausgedacht. Wir sind Anhänger der Gestalttheorie - auch Gestaltpsychologie genannt - und halten somit auch das von dieser Theorie vertretene erkenntnistheoretische Wahrnehmungsmodell für das einzig vernünftige: Den Kritschen Realismus eben.

Was ist denn eigentlich die Gestalttheorie oder Gestaltpsychologie? - Darüber könnte man stundenlang, tagelang, wochenlang schreiben. Aber natürlich gibt es Grundzüge, die kann man in einer halben Stunde schreiben, und die können Sie in wenigen Minuten lesen:

Der Begriff der »Gestalt« wurde erstmals von EHRENFELS eingeführt. Er verstand darunter eine seelische Ganzheit, die sich durch »Übersummativität« und »Transponierbarkeit« auszeichnet. Als Beispiel nennt er die Melodie: Sie ist übersummativ, weil sie sich nicht aus der Summe ihrer einzelnen Teile erklären läßt, und transponierbar, weil sie trotz Änderung aller Einzeltöne - etwa beim Wechsel des Tonhöhenniveaus - wiedererkennbar, also erhalten bleiben kann. Man hört auch oft den (die Zusammenhänge allerdings etwas verkürzenden) Satz: Das Ganze ist mehr als die Summe seiner Teile.

Große Namen der Gestaltpsychologie sind WERTHEIMER, KÖHLER und KOFKA, die die sogenannte »Berliner Schule« repräsentieren, aber auch LEWIN, METZGER, RAUSCH und BISCHOF.

Die theoretischen und experimentellen Grundlagen wurden an den Universitäten von Frankfurt/Main und Berlin erarbeitet. Die Machtübernahme der Nazis mit den bekannten Folgen für unser Volk und die Wissenschaft führte dann aber zur Emigration der bedeutendsten Köpfe der Gestalttheorie und damit zum Verfall des einst hohen Niveaus der Gestaltpsychologie bei uns.

Der erkenntnistheoretische Ansatz der Gestalttheorie ist im Text dieses Kapitels dargestellt. Für eine Darstellung der psychophysischen, systemtheoretischen, psychologischen Ansätze sowie für eine umfassende Darlegung von der Anwendung der Gestaltpsychologie auf das menschliche Zusammenleben ist allerdings in diesem Buch kein Platz. - Über weiterführende Literatur informiert das Literaturverzeichnis am Schluß des Buches.

Eine Zusammenfassung der Verdienste der Gestaltpsychologie soll hier aber doch noch Platz finden: Ihren Hauptverdienst kann man darin sehen, daß sie dem in anderen Richtungen der Psychologie entwickelten Zerrbild des Menschen ein angemesseneres Bild gegenübergestellt hat. So betrachtet sie den Menschen nicht als Mechanismus oder als besonders intelligente Ratte, wie es einige Behavioristen heute immer noch tun, sondern trägt seinem reichhaltigen und komplexen Innenleben Rechnung. Die Gestaltpsychologen betrachten den Menschen als dynamisches Ganzes, dessen einzelne Teile in ständiger Wechselwirkung miteinander stehen und sich gegenseitig tragen und bedingen.

Schließlich begreifen sie den Menschen nicht als isoliertes, abgeschlossenes System, sondern als soziales Wesen, das seinen Sinn im mitmenschlichen Zusammenleben erfüllt. Dabei betrachten die Gestaltpsychologen ihre Grundannahmen nicht als unwiderlegbare Glaubenssätze, sondern als sinnvolle Hypothesen, deren Fruchtbarkeit allein an der Erfahrungswirklichkeit zu messen ist.

Veranschaulichungen

Die komplexeren Zusammenhänge und Erlebnisse in Ihrem Leben, in denen Sie schon einmal Dinge wahrgenommen haben, die *so* gar nicht existierten, müßten Sie sich zur Verdeutlichung des bisher Behaupteten selbst ins Gedächtnis rufen. - Wir können Ihnen auf diesen Seiten nur noch Beispiele anbieten, die auf den Zusammenhängen der optischen Wahrnehmung beruhen.

Einige wenige der vielen von der Psychologie gesammelten Wahrnehmungstäuschungen haben wir zur Veranschaulichung ausgewählt: Beispiele für etwas, was gesehen wird, obwohl es gar nicht vorhanden ist.

Dieses Bild sollten Sie etwa eine Minute lang intensiv betrachten.

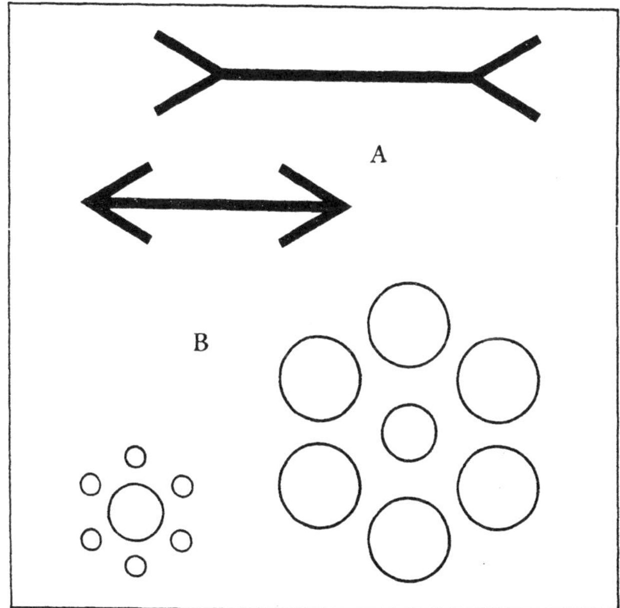

Zwei Beispiele für optische Täuschungen

Schauen Sie doch bitte einmal (möglichst bei gutem Tageslicht) für etwa eine Minute intensiv auf den schwarzen Stern des Segelbootes auf Seite 149. Bewegen Sie dabei möglichst nicht die Augen. Richten Sie dann Ihren Blick auf eine leere, möglichst weiße Fläche. - Sie werden feststellen, daß Sie das Boot immer noch vor Augen sehen, noch dazu als »Negativ«.

Betrachten Sie alsdann die Pfeile und Ringe auf derselben Seite und nehmen Sie ruhig ein Zentimetermaß zur Hand, falls Sie unseren Behauptungen nicht trauen wollen: Die Strecken in der Abbildung A sind gleich lang, die Mittelkreise in Abbildung B sind gleich groß.

Womit nicht nur gezeigt wäre, daß der Schein trügen kann, sondern auch, wie leicht wir zu Fehleinschätzungen der Wirklichkeit kommen können. Richtig müßte es eigentlich heißen: »Zu Fehleinschätzungen von Gegebenheiten der transphänomenalen Welt«. - Aber wer kann schon dauernd als kritischer Realist leben? Den größten Teil unseres Alltags verbringen wir alle als »naive« Realisten.

Diesen optischen Täuschungen unterliegen alle Menschen in gleicher Weise. Darin sind sich unsere PPNs sehr ähnlich. Sie verzerren die »Wirklichkeit« hier für alle gleich. (Diese Strukturgleichheit der Wahrnehmungsorganisation ist es übrigens auch, die sicherstellt, daß wir uns auf eine von einem anderen Organismus beschriebene Wahrnehmung weitgehend verlassen können, ohne die in Rede stehenden Gegebenheiten selbst wahrgenommen zu haben.)

Allerdings gibt es auch andere Beispiele, keine Täuschungen, sondern sogenannte »Kippfiguren«.

Auf Seite 151 finden Sie einen sogenannten Neckerschen Würfel vor, eine Abbildung, die der eine so sieht, als ob sich seine Betrachtungsposition rechts über dem Würfel befände, und die der andere auf Anhieb so sieht, als befände er sich links unterhalb des Würfels. Wenn man die Figur dann lange genug betrachtet, beginnt sie zu »kippen«: Mal zeigt sich die Figur dem Betrachter von rechts

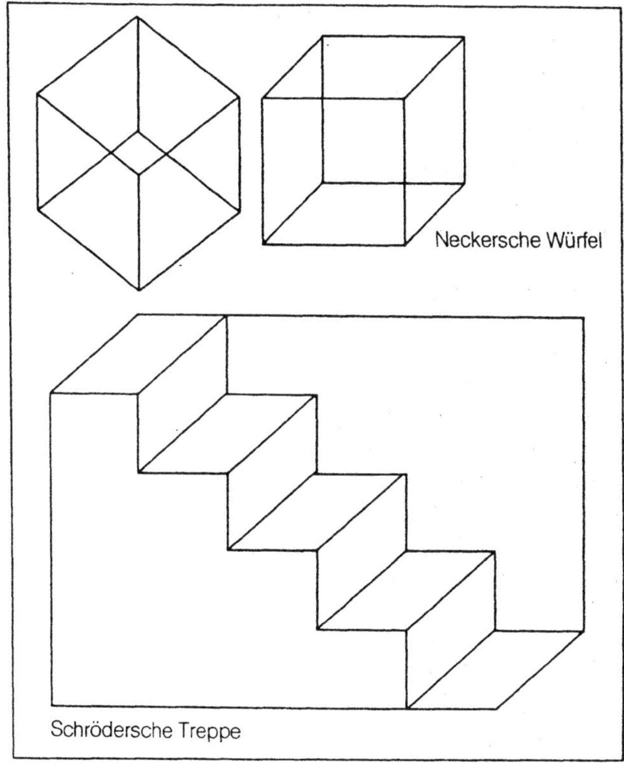

oben, mal von links unten ... und so weiter, bis er wegschaut. Es ist sogar möglich, dieses Kippen willentlich zu steuern - allerdings kann das nicht jeder.

Hier also haben wir zwei deutlich voneinander zu unterscheidende Wahrnehmungen ein und desselben Gegenstandes, noch dazu unserer willkürlichen Steuerung unterworfen, was ja wohl dafür spricht, daß wir den Gewohnheiten unseres PPN nicht gar so hilflos ausgeliefert sind. Mit einer einfachen Anstrengung unseres Willens haben wir das phänomenal Gegebene tatsächlich »transzendiert« (sind darüber hinaus gegangen) und können damit feststellen, daß uns das »transphänomenal Gegebene« hier in wenigstens zwei verschiedenen Gestalten erscheinen kann.

Die Schrödersche Treppe (siehe oben) kann den Effekt noch eindrucksvoller demonstrieren: Entweder wir sehen eine Treppe, die von links oben nach rechts unten führt, oder aber eine, die rechts oben in der Ecke eines Raumes auf dem Kopf steht.

Nun sind die bislang aufgeführten Beispiele doch von recht einfacher Struktur. Ist es daher angemessen, über die möglichen biologischen und physiologischen Erklärungen hinaus zur weiteren Klärung ein Wahrnehmungsmodell mit einem derart großspurigen Titel zu entwickeln? - Es ist schon so, daß die optische Wahrnehmung lediglich einen sehr kleinen Teil der umfassenden Wahrnehmungsmöglichkeiten eines Menschen umfaßt.

Ein letztes Beispiel, welches - obwohl nur gezeichnet - gewisse Gefühlsregungen auslösen kann, finden Sie auf der Seite 153. Bitte schauen Sie es sich in aller Ruhe an und beschreiben Sie es sich möglichst genau, bevor Sie hier weiterlesen. - Was haben Sie zuerst gesehen? Die junge oder die alte Frau? Die junge Frau wird in der Regel von den Betrachtern als »schön« empfunden, die alte als »häßlich«. Auch hier ist es manchem möglich, das Bild willentlich »kippen« zu lassen, manche sehen immer nur eine Version. Eben ihre Version, weil ihre »phänomenalen Repräsentanzen« (also das, was von den transphänomenalen Gegebenheiten ausgehend in ihrem PPN repräsentiert ist) das Transphänomenale der »Außenwelt« ja immer individuell strukturiert wiedergeben. Selbst jene, die das Bild willkürlich zum Kippen bringen können, unterliegen einer solchen Strukturierung der Wahrnehmung: Schließlich haben Sie zu Beginn doch nicht beide Bilder auf einmal wahrgenommen, sondern sich zunächst für eines der beiden »entschieden«.

Also muß man davon ausgehen, daß dafür, *wie* wir die Dinge erfahren, nicht nur physiologische Gegebenheiten verantwortlich sind. Auch unsere emotionalen Einstellungen beeinflussen unsere Wahrnehmungen von Bildern und anderen Menschen. Für sich betrachtet mag das ein trivialer Sachverhalt sein. Im erkenntnistheoretischen

Ein etwas komplexeres »Kippbild«. Die meisten Menschen sehen erst eine junge Frau und dann die häßliche Alte.

Zusammenhang aber liegt uns daran, klar zu machen, daß der Kritische Realismus als einziger Denkansatz ein Wahrnehmungsmodell stellen kann, das diesem Sachverhalt Rechnung trägt, ohne dadurch mit anderen Gegebenheiten in Widerspruch zu geraten.

Zudem zeigen selbst kompliziertere psychologische Experimente, daß wir unsere Welt nicht »einfach so« wahrnehmen, sondern die Unzahl auf uns einstürmender Wahrnehmungsreize sehr wohl auf eine bestimmte Weise organisieren und so zu einer *gestalteten* Wahrnehmung kommen:

Ein Mensch sitzt vor einem Papier mit 4000 Kästchen und soll – wie beim »Schiffe versenken« – die woanders eingezeichnete dreifarbige Endfigur finden. 4000 Quadrate mal drei Farben sind 12 000 Alternativen. Trotzdem machen die Versuchspersonen nur 15 bis 20 Fehler bei der Zuordnung der richtigen Farben zu den richtigen Quadraten. Warum? - Das liegt daran, daß die zu findenden Figuren eine sogenannte »gute Gestalt« aufweisen (Kreis, Kreuz, Pyramide, etc...). Außerdem gibt es nur rechte Winkel - auch eine gute Gestalt. Der genaue Ablauf ist hier nicht wichtig, kann bei Interesse jedoch nachgelesen werden (KRECH/CRUTCHFIELD, »Grundlagen der Psychologie«, S. 81 f., 1976).

Die Tendenz zur guten Gestalt oder Prägnanz, wie man auch sagt, wirkt sich nicht nur, wie es in diesem Beispiel eindrucksvoll gezeigt ist, auf unsere Wahrnehmung aus; ohne sie wäre eine geistige Orientierung und ein sinnvolles Handeln in der Welt gar nicht möglich (davon mehr im letzten Kapitel). Aber sie kann uns auch in die Irre führen, wenn wir unkritisch sind. Denken Sie an die abgebildeten Täuschungsfiguren, an Vorurteile oder »Kurzschlüsse« beim Denken, oder erinnern Sie sich an die in Kapitel 3 beschriebenen Widerstände. Aber wir Menschen sind dazu imstande, durch näheres Hinsehen oder tieferes kritisches Eindringen in eine Sache allmählich immer besser zwischen dem bloß vorgetäuschten Phänomenalen und dem tatsächlich vorliegenden Transphänomenalen zu unterscheiden und uns entsprechend zu verhalten.

Die Nichtbeachtung dieses Unterschiedes führt immer auch zu Energieverschwendung; wie bei einer Fliege, die - naturgemäß ein naiver Realist - einfach nicht akzeptieren kann, daß sich zwischen ihr und der Sonne ein Fensterglas befindet. - *Wir* können. Und so schrecken wir ab und an auf, betreiben ein bißchen Erkenntnistheorie (ohne das dann so zu nennen) und machen schließlich, ist das Hindernis umschifft, wie gehabt weiter.

Aussichten

Was hat das alles mit dem Klarträumen zu tun? - Erinnern Sie sich noch, wie es zum ersten erfolgreichen Anwenden der Lerntechnik kam (Kapitel 1)? Für einen Anhänger des kritisch-realistischen Erkenntnismodells der Gestalttheorie lag die einzige Möglichkeit, die Streitfrage, ob man nun farbig oder schwarz-weiß träume, zu klären, auf der Hand: indem man nämlich einen Weg findet, sich während des Träumens seines Traumzustandes bewußt zu werden; denn das träumende Individuum befindet sich ja in derselben phänomenalen Welt, wie das wachende. Vom Kritischen Realismus her mit seiner postulierten Verdoppelung der Welt in transphänomenale und phänomenale mußte es also so etwas wie den Klartraumzustand geben.

Das kritisch-realistische Modell ist revolutionär - nicht nur im Hinblick auf die Eröffnung völlig neuer Forschungsbereiche, wobei wir hier nur auf die Klartraumforschung verweisen wollen, sondern auch im Hinblick auf die Praxis. Und diese entscheidet ja letztlich über die Brauchbarkeit eines theoretischen Modells. Revolutionär sind die psychotherapeutischen Folgen, was wir noch in diesem Kapitel aufzeigen wollen, revolutionär sind auch die Konsequenzen im sportlichen Bereich, worauf wir im letzten Kapitel näher eingehen werden. Bevor wir uns jedoch mit möglichen praktischen Folgen befassen, noch ein Blick auf die »Verdoppelung« der Welt.

Gerade diese uns so praktisch erscheinende Verdoppelung der Welt führt immer wieder zu dem Einwand, daß bei Richtigkeit dieses Ansatzes sich die Wahrnehmungsgegenstände ja im Kopf selbst - und nicht in der »Außenwelt« befinden müßten... Und dafür wären sie doch erstens viel zu groß und zweitens würde das ja bedeuten, daß die ganze Welt nur immateriell sei, was sie ja offenbar nicht ist.

Solche Einwände können bei konsequentem Nachvollzug der Modellvorstellungen jedoch nicht auftreten, denn wer der Theorie konsequent gefolgt ist, der weiß, daß sein physischer Körper ja ebenfalls zum Transphänomenalen gerechnet werden muß und erst über die entsprechenden

Reizleitungen aufgrund einer Repräsentation im PPN wahrgenommen wird – und dort werden ja auch die anderen Gegenstände der transphänomenalen Welt repräsentiert (die, die sich außerhalb des ebenfalls transphänomenalen Körpers befinden und darum auch außerhalb seiner repräsentiert werden müssen). Das sogenannte »Problem der Außenlage der Wahrnehmungsdinge« entpuppt sich damit als Scheinproblem. Denn unter diesen Voraussetzungen ist es offensichtlich, daß sich außerhalb des Körpers befindliche Gegenstände und Organismen auch als außerhalb des Körpers liegend wahrgenommen werden müssen, denn sie werden ja zwangsläufig voneinander getrennt im PPN repräsentiert.

Unsere PPNs benötigen also keine unförmigen Schwellköpfe, um den vom Organismus (auf der Skizze S. 140) betrachteten »Baum der Erkenntnis« umhüllen zu können. Solche Kritik sieht den Wald vor lauter Bäumen nicht, denn selbst das PPN von so kritischen Kritikern umfaßt nicht nur Bäume, ganze Wälder, andere Menschen und auch Wahrnehmungsmodelle, sondern auch sie (die Kritiker) selbst mit ihren Organismen. So findet man sich dann maßstabgerecht verkleinert auf dem Boden der Tatsachen wieder.

Und was, bitte, bedeutet das nun alles für's Klarträumen?! Mit dem neugelernten Fachkauderwelsch könnten Sie jetzt formulieren, »daß das Bewußtsein über die transphänomenalen Begebenheiten während eines Klartraums immer Priorität gegenüber den phänomenalen hat«. Sie könnten aber auch anschaulich vereinfachen und formulieren: »Das Träumer-Ich vergißt niemals das Schläfer-Ich« (siehe Abbildung S. 157). So neigt das bewußte Ich weder zu einer »mentalistischen« Sichtweise (wie die auf S. 145 f. erwähnte reine Bewußtseinspsychologie), noch zu einer radikal behavioristischen Perspektive. Denn der Klarträumer weiß als Kritischer Realist, daß alles, was einem Menschen unmittelbar erscheint, grundsätzlich immer Bestandteil seines eigenen Bewußtseins (genauer: seiner eigenen phänomenalen Welt) ist. So sieht er in der Forderung der radi-

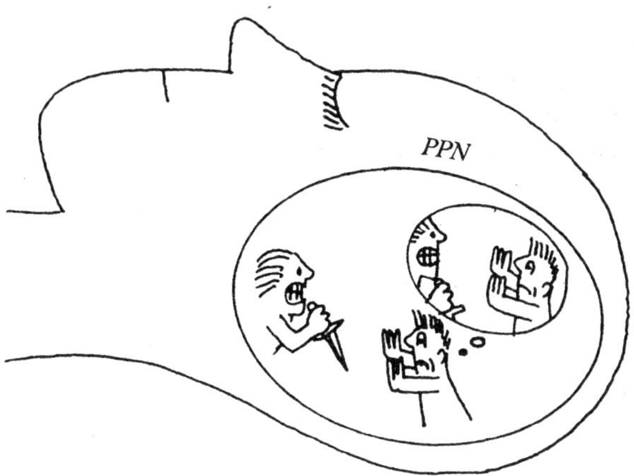

Normaler Träumer beim Erleben einer bedrohlichen Traumsituation

Klarträumer beim Erleben einer bedrohlichen Traumsituation

Versuch einer Veranschaulichung des Unterschieds zwischen normalen Träumen und Klarträumen. Das Klarträumer-Ich vergißt niemals das Schläfer-Ich.

kalen Behavioristen, das Bewußtsein als »black box« zu betrachten, nicht nur den Black out der gesamten Wissenschaft, sondern auch einen Black out sämtlicher Möglichkeiten, mit der Umwelt in Kontakt zu treten.

Was ergibt sich aus all der Theorie denn nun praktischerweise für die Psychotherapie?

Die Menschen steuern ihren Organismus ja mittels verschiedener Regelkreise, von denen uns hier nur einer interessiert: Der sogenannte »äußere Gestaltkreis« (im Gegensatz zum »inneren«, hormonell geregelten) mit seiner »Sensumotorik«. (Der Begriff der Sensumotorik bezeichnet die Steuerung unseres Bewegungsapparates unter der ständigen Berücksichtigung der laufend in diesem Zusammenhang gemeldeten Informationen aus der Umwelt, wobei die Umweltreize mit den Körperhandlungen in einer ständigen Wechselwirkung stehen, sich also gegenseitig beeinflussen.)

Die Traumrealität stellt nun einen Sonderfall dar, denn hier sind die sensumotorischen Regelkreise nahezu vollständig unterbrochen. Deren Rolle wird dann - etwas vereinfacht ausgedrückt - von »seelischen« Vorgängen übernommen. Das muß so sein, denn wir erleben uns im Traum ja immer noch handelnd und mit beweglichem Körper. Wir können uns also im Traum Dinge erlauben, die uns unsere transphänomenale Sensumotorik im Wachen verbieten würde. Das heißt aber auch, daß wir im Traum Erfahrungen machen können, die uns unsere transphänomenalen Grenzen im Wachen nicht machen lassen würden - sei es nun aus physikalischen, moralischen oder aus ideellen Gründen. Da es aber vom Erleben her (also »phänomenologisch« betrachtet) keinen prinzipiellen Unterschied zwischen Wacherlebnissen und Klartraumerlebnissen gibt, kommt es zu Wechselwirkungen zwischen Traumrealität und Wachrealität.

Sie werden sicher schon ahnen, worauf es hinausläuft: Ebenso, wie wir immer schon über unsere sensumotorischen Regelkreise von unserem PPN aus verändernd in die transphänomenale *äußere* Welt eingegriffen haben, können wir nun auch vom Klartraum aus verändernd auf unsere transphänomenale innere Welt - und dies ist nichts anderes als der unbewußte Bereich im Sinne der Tiefenpsychologie - einwirken.

Dabei gehen wir von der Annahme aus, die im übrigen schon Freud vertreten hatte, daß auch den unbewußten Vorgängen physiologische Prozesse entsprechen. Diese finden zwar außerhalb des PPN statt, stehen aber in Wechselwirkung mit den bewußten PPN-Prozessen. Wie wir uns nun im Wachzustand trotz der genannten Täuschungen ein einigermaßen getreues Bild von der äußeren Welt machen können, so können wir uns im Klartraumzustand trotz mancher symbolischer »Verkleidungen« ein genaueres Bild von unserer inneren unbewußten Welt machen. Mehr noch! Wir können, wie gesagt, unmittelbar auf sie einwirken - und zwar mit äußerst dramatischen Erfolgen. Erinnern Sie sich nur an unsere Empfehlung, sich mit bedrohlichen Traumgestalten auszusöhnen! Mit Hilfe dieser Aussöhnung können Sie einen dahinter steckenden unbewußten Konflikt, der Ihnen vielleicht schon seit Ihrer Kindheit unnötige Ängste bereitet und zu Fehlverhalten in der Wachrealität geführt hat, schlagartig auflösen. Dies gilt zumindest dann, wenn die Situation, die zum Konflikt geführt hat, jetzt überhaupt nicht mehr besteht. Aber Sie können auch aktuelle Konflikte viel leichter lösen, wenn Sie im Klartraum die unbewußte Dynamik dieses Konflikts durchschauen und entsprechend *bewußter* im Alltag handeln. Damit sind wir schon beim erklärten Ziel in diesem Kapitel angelangt: Die theoretischen Grundlagen für eine Klartraum-Therapie darzulegen.

Das ist dann endlich die *praktische Kulturleistung* unseres favorisierten Wahrnehmungsmodells, nachdem seine *ideelle* ja schon lange zwischen den ungezählten Zeilen der wissenschaftlichen Abhandlungen steht:

Kulturleistung ist es nicht, Objektivität da zu behaupten, wo keine sein kann, sondern die Subjektivität des einzelnen zu akzeptieren, um offen darüber kommunizieren zu können. Nur so lassen sich Übereinkünfte über das Transphänomenale erzielen, die »wirklich« zufriedenstellend sein können.

6. KAPITEL

Materialien für Fortgeschrittene

Steigen Sie ein!

Dieses Kapitel ist nichts weiter als eine halbwegs geordnete Zusammenstellung verschiedenster Klartraumberichte. Sie werden beim Lesen bemerken, daß es kaum einen Traum gibt, der sich »hundertprozentig« einer bestimmten Kategorie zuordnen läßt und werden hier Träume finden, die nur mit Mühe unter bestimmte Überschriften einzuordnen sind. Hedonistische (also lustbetonte) und Erkenntnisträume, mehr oder weniger erfolgreiche Forschungsträume, Träume, die vom reifen und unreifen Umgang mit der Traumrealität zeugen, sportliche Trainingsträume und Beispielträume für Ersterlebnisse, Klarheitsverlust und Aufwachen. Viele Klarträume zeichnen sich auch dadurch aus, daß der Träumer das Angebot der Möglichkeiten gar nicht voll nutzt. Auch zu diesen verschenkten Chancen finden sich einige Beispiele.

Nehmen Sie dieses Kapitel aber nicht nur als kurzweilige Lektüre, sondern üben Sie Ihr Wissen über Klarträume, indem Sie jeden dieser Träume für sich anhand der Ihnen nun bekannten Kriterien beurteilen. Wie hätten Sie in einer ähnlichen Situation gehandelt? Wurde hier etwa eine Chance vertan? Was ist das für ein Traum? Erinnert Sie einer der Träume vielleicht an eigene Trauminhalte? Welche Aspekte der Klarheit wurden verwirklicht? Welche nicht?

Je mehr Sie sich mit diesen Fragen beschäftigen, desto eher werden Sie selbst zum Klarträumer. Oder zur Klarträumerin. Es geht los. Viel Spaß beim Lesen!

6 Erkenntnisträume

Wir wollen zuerst mit einer Auswahl von Träumen beginnen, die sich unter dem Oberbegriff »Erkenntnisträume« zusammenfassen lassen, also Träume, die dem Träumenden das Bewußtsein vermitteln: Ich habe etwas gelernt.

Unser erstes Beispiel zeigt unter anderem, wie leicht es einem Klarträumer (hier ist es eine Frau) fällt, eine Erinnerung aus dem Klartraum mit ins Wachleben zu nehmen, die ihm (ihr) dann noch weitere Erkenntnisse vermitteln kann.

»Im Traum geht mir dauernd das Wort ›honesty‹ im Kopf herum. Ich überlege, was es heißen könnte, und denke, wenn ich das auf deutsch weiß, dann kann ich auch im Traum denken und kann außerdem noch Englisch. Mir fällt ein, daß ›honesty‹ doch nur voraussetzen oder Voraussetzung heißen kann. Ich beschließe, mir das Wort genau zu merken, weil ich es am nächsten Morgen nachschlagen will.

Am nächsten Morgen fällt mir mein Vorsatz und der Traum wieder ein. Zunächst bin ich enttäuscht darüber, daß honesty ›ehrlich‹ bedeutet, dann fallen mir aber noch weitere Träume dieser Nacht (keine Klarträume) ein, in denen es darum ging, daß ich mich ständig mit einer Reihe von ›Topdogs‹ herumschlagen mußte und nur dadurch meine Haut retten konnte, indem ich sie mit allen möglichen Tricks ausmanövrierte. Der Traum hieß also: selbstverständliche Voraussetzung ist honesty. Nur mit Ehrlichkeit lassen sich ›Topdogs‹ bezwingen!«

Wie ein Klartraum, der eigentlich als lustbetontes Erlebnis geplant war, sich doch noch zu einem ganz passablen Selbsterkenntnistraum mausern kann, zeigt unser nächstes Beispiel.

»... Ich wollte jetzt eine Traumfreundin aufsuchen. Im gleichen Augenblick stellte sich mir meine Mutter, die ich zuvor nicht gesehen hatte, mit drohendem Blick in den Weg. Da fragte ich sie einfach, ob sie mir helfen könne, eine Traumfreundin zu finden. Jetzt wurde sie richtig böse. Sie sagte, ich hätte nur mein Vergnügen im Kopf, und beschimpfte mich in der übelsten Weise. Als ich mich davon nicht beeindrucken ließ, verwandelte sie sich in eine Hexe, die mich mit ihren krallenartigen Händen angreifen wollte. Ich packte sie aber bei den Haaren und schleuderte sie in hohem Bogen in ein nahestehendes Gebüsch. Dort verwandelte sie sich in ein raubtierartiges Ungeheuer, das sich blitzschnell auf mich stürzte. Doch auf einen solchen Angriff gefaßt, schlug ich mit voller Kraft auf das Untier ein. Es verkleinerte sich, verlor seine Bedrohlichkeit und kroch schließlich in das Gebüsch zurück. Mich überkam ein erlösendes Gefühl des Triumphes.«

Nach diesem Klartraum änderte sich das Traumleben des betreffenden Mannes schlagartig. Er wurde nie mehr von bedrohlichen Figuren an der Erfüllung seiner sexuellen Wünsche im Klartraum gehindert und gewann gleichzeitig auch im Wachleben eine natürlichere Einstellung zur Sexualität.

Jetzt folgt ein Traum, der, zwar erst im nachhinein, aber immerhin, sogar den Erkenntniswiderstand des Träumers überwindet und ihm zu einer wichtigen Erfahrung verhilft.

»Nach einem falschen Erwachen befinde ich mich in einem Zimmer und höre im Nebenraum meine Frau zu meinem älteren Bruder sagen: ›Die Freizeit in S. ist auch nicht mehr das, was sie war.‹ Ich nehme an, daß sie sich auf mich bezieht, der ich in letzter Zeit mehrfach nach S. gefahren bin. Dies entrüstet mich, da ich doch nach S. gefahren bin, um dort besser arbeiten zu können und nicht, um dort meine Freizeit zu verbringen. Als ich aus dem Fenster meines Zimmers blicke, sehe ich ein wunderschönes Alpenpanorama, und ich weiß sofort, daß ich träumen muß. Ich überlege mir, ob ich einen Sprung aus dem Fenster wagen soll, um zu einem Flug über die herrliche Landschaft anzusetzen. Wegen der Felsen unterhalb des Fen-

sters traue ich mich aber nicht recht und sage mir, daß es interessanter sei, mit anderen Traumpersonen zu sprechen. Darauf gehe ich zum Nebenraum. Dort treffe ich nur noch meinen Bruder an. Wir gehen vor das Haus und setzen uns auf eine Terrasse, neben der sich ein steiler Abgrund befindet. Ich sage zu meinem Bruder mit leiser Stimme (das Sprechen fällt mir schwer): ›Kennst du mich?‹ Er antwortet wissend: ›Du übst wohl!‹ Mir ist sofort klar, daß er an Klartraumübungen denkt. Ich frage ihn erstaunt: ›Sag nur, du weißt auch etwas über Klarträume?‹ Er antwortet mit überlegenem Lächeln: ›Schon sehr lange!‹ Ich frage ihn: ›Wo hast du denn darüber etwas gelesen?‹ Auf die Antwort bin ich sehr gespannt, da ich in einem früheren Klartraum erfahren habe, daß ein gewisser St. Claire bereits vor mir ein Werk über Klarträume geschrieben und dadurch auch Berühmtheit erlangt haben soll. Mein Bruder antwortet: ›Kennst du denn nicht das Buch: Der Premier und der Narr?‹ Ich denke, daß dies ein blödsinniger Titel sei, das Wort ›Premier‹ verstehe ich im Sinne von Premierminister. Mein Bruder redet jetzt arrogant und überheblich auf mich ein. Ich halte seine Reden jedoch für sinnloses Gewäsch, das ich schlecht behalten kann. Aus diesem Grund nehme ich mir vor, nicht so sehr darauf zu achten, sondern mir nur den Buchtitel zu merken. Mir fällt auf, daß mein Bruder mit geschlossenen Lippen redet und man seine Zähne nicht sehen kann. Kaum habe ich diesen Gedanken gefaßt, da öffnet er den Mund und zeigt überdimensionale Zähne. Sein Gesicht ändert sich fortwährend und gleicht nicht mehr demjenigen, das er im Wachzustand besitzt. Ich bin es jetzt leid, mir weiter das arrogante, sinnlose Gewäsch anzuhören, stehe auf, packe meinen Bruder am Kragen und werfe ihn den Abgrund hinunter. Er trudelt hinunter wie ein Luftballon, aus dem das Gas ausgeströmt ist, und wird dabei immer dünner. Dann wache ich auf.

Nach dem Aufwachen frage ich mich, wie der blödsinnige Titel des Buches denn hieß. Er fällt mir sofort ein, und ich weiß unmittelbar, was er zu bedeuten hat. Mein Bruder ist der Premier, der Erstgeborene und der erste in der Leistung, der mir immer als Vorbild hingestellt wurde. (Mir fällt jetzt erst auf, daß Premier der ›Erste‹ heißt.) Ich selbst bin der Narr oder der Spinner, Träumer und Sternengukker, als der ich bezeichnet wurde.«

Der nun folgende Bericht eines Erkenntnistraums beschreibt unter anderem eine der Klarheit bewahrenden (KLB-)Techniken, mit denen man direkt in den Klartraumstatus gelangen kann.

»Während des Versuchs, in den Schlaf zu kommen, gerate ich in einen Zustand der ›astralen Starre‹. Um mit meinem ›Astralkörper‹ aus meinem schlafenden Körper herauszukommen, stelle ich mir vor, daß ich in eine senkrechte Lage geraten will. Im gleichen Augenblick werde ich von einem Wirbel bläulicher, knisternder Funken erfaßt. Alles wirbelt um mich herum, und ich selbst werde von diesem Wirbel erfaßt. Die Funkenentladungen höre ich dabei sehr laut. So plötzlich, wie der Spuk gekommen ist, so plötzlich verschwindet er. Ich stehe aufrecht im Bett und kann mich frei bewegen (mit meinem ›Astralkörper‹). Ich gehe zum Lichtschalter, um ihn anzudrehen, damit ich besser sehen kann. Es bleibt aber dunkel. Deshalb gehe ich die Treppe in der Diele hinunter, in der Hoffnung, besser sehen zu können. Da dies nicht der Fall ist, will ich in mein Schlafzimmer zurückgehen, weil ich den in meinem Bett schlafenden Körper entweder sehen oder, wenn es dunkel bleibt, anfassen will, um zu prüfen, ob er sich ähnlich anfühlt wie im Wachzustand. Als ich aber die Tür zum Schlafzimmer öffne, werde ich von einem starken Sog erfaßt, der mich in den schlafenden Körper zurückzutreiben versucht. Da ich aber weiter auf ›Astralreise‹ gehen will, halte ich mich am Türgriff fest, um der starken Anziehungskraft, die vom Bett herkommt, zu entgehen. Mit letzter Kraft gelingt es mir, dem Sog zu entgehen und die Schlafzimmertür zu schließen. Ich gehe jetzt wieder ins Treppenhaus, das mittlerweile etwas heller geworden ist, so daß man zumindest die Umrisse der Gegenstände etwas erkennen kann. Da begegnet mir eine gespenstische weibliche Gestalt, die in dem Augenblick, wo sie mich sieht, sofort den Blick von mir wendet und mit gebeugtem Körper vorüberhuscht. Obwohl ich sie nicht sofort erkenne, wird mir doch unmittelbar klar, wer sie ist und was ihr Verhalten zu bedeuten hat.

... Ich steige die Treppe weiter hinunter, bis ich das Erdgeschoß erreiche. Da sehe ich plötzlich eine vermummte Gestalt, die einen Schlapphut aufhat und ihr Gesicht mit einem Schal verdeckt. Sie trägt einen langen, schwarzen Mantel. Obwohl ein Schauer über meinen Rücken rieselt, will ich mich der Gestalt stellen. Ich trete ihr entgegen und frage mit schwerer Stimme: ›Wer bist du?‹ Die Antwort ist: ›Das müßtest du doch wissen! Ich bin dein Vater und werde dir jetzt sagen, was du zu tun hast!« Ich sage wütend: »Du bist tot und hast mir gar nichts mehr zu sagen.‹ Dann stürze ich mich auf meinen verstorbenen Vater, um ihn an der Schulter zu packen und ihn wegzudrängen. Da schrumpft die Gestalt und wird zu einer leichten Mumie. Ein sehr starkes Mitleidsgefühl erfaßt mich in diesem Augenblick. Ich wende mich von der Mumie ab und setze meinen Weg fort, um vom Erdgeschoß in den Keller zu gelangen.

Als ich die Kellertür öffne, höre ich von unten her schlurfende Schritte. Zwar rieselt mir wieder ein Schauer über den Rücken, doch setze ich meinen Weg fort, um in den verschiedenen Kellerräumen nach dem Wesen, das die schlurfenden Geräusche verursacht, zu suchen. Erst zuletzt wage ich mich in einen Raum, der im Krieg als Luftschutzraum diente und aus diesem Grund keine Fenster besitzt. Vor diesem Raum hatte ich als Kind besonders große Angst. Als ich den Raum betrete, glaube ich, einen Schatten vorbeihuschen zu sehen. Unvermittelt ertönt aus dem hinteren Ende des dunklen Raums eine schneidende Stimme: ›Wir holen dich jetzt!‹ Mir ist klar, daß das der Satan persönlich ist. Ich schreie sofort zurück: ›Dann kommt doch, wenn ihr euch traut!‹ Erst danach überfällt mich ein mulmiges Gefühl; doch ich bleibe in Erwartung der Dinge stehen. Da erhellt sich der Raum. Kein Schatten ist mehr zu sehen. Ich wache auf.«

Auch die Trauerarbeit nach dem Verlust eines nahestehenden Menschen kann durch das Klarträumen konstruktiv unterstützt werden:

»Ich lebte (in diesem Traum) zusammen mit meiner Mutter und meinem Vater in einer Wohnung. (Ich zog in Wirklichkeit 1972 von zu Hause aus.) Irgendwann kam ich in diese Wohnung und erfuhr von meiner Mutter, daß mein Vater alles stehen und liegen lassen wolle, um wegzugehen. Das Auto war vor der Tür geparkt, und wir sollten uns fertigmachen für die große Flucht. Ich war überrascht, denn es schien keinen Grund zu geben, von dieser Wohnung wegzugehen. Dann kam mein Vater von der Arbeit; er sah krank aus und hatte Fieber, er war schwach und wollte sich ins Bett legen. Ich fragte ihn, was dieses Weglaufen bedeuten solle; ich sähe keinen Grund dafür. Er sagte mir, daß er auf der Arbeit Gerüchte über eine Invasion von Außerirdischen, die eine Seuche mit auf die Erde einschleppen würden, gehört habe. Zum Beweis zeigte er mir eine wissenschaftliche Zeitung, in der von Markierungen, Landezeichen für die Außerirdischen berichtet wurde. Es wurden Fotos gezeigt von einer solch leuchtenden Plastizität und Kraft der Farben, wie ich sie vorher nie gesehen hatte. Sie zeigten eine osttürkische Landschaft, in der Felsen, Wiesen und Wälder über ein weites Gebiet hinweg in kräftigen Regenbogenfarben gefärbt waren.

Als ich die Zeitung weggelegt hatte, wurde ich mir plötzlich der Krankheit meines Vaters bewußt; und nicht nur das; während ich ihn anblickte, fiel mir auch schon wieder ein, daß er ja schon längst tot war. Ich sagte ihm, daß er ja schon längst tot sei; aber es war diesmal nichts Erschrekkendes oder Quälendes dabei. (Mein Vater starb acht Monate vor diesem Traum.) Ich bemerkte, wie er darauf reagierte, und unsere Zuneigung wuchs in diesem Moment.

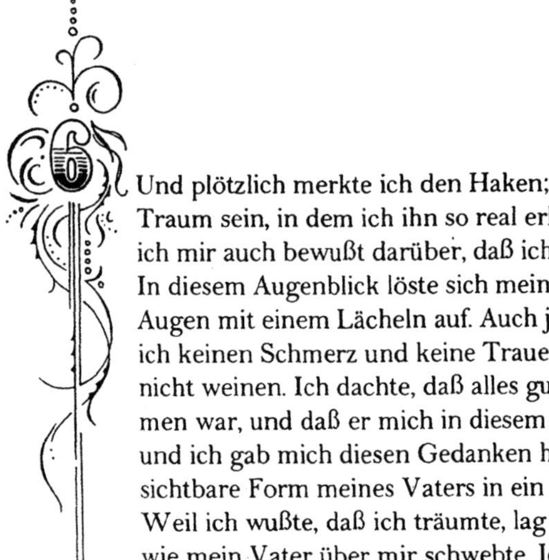

Und plötzlich merkte ich den Haken; es konnte ja nur ein Traum sein, in dem ich ihn so real erlebte, und dann wurde ich mir auch bewußt darüber, daß ich in der Tat träumte. In diesem Augenblick löste sich mein Vater vor meinen Augen mit einem Lächeln auf. Auch jetzt wieder empfand ich keinen Schmerz und keine Trauer, und ich mußte auch nicht weinen. Ich dachte, daß alles gut so ist, wie es gekommen war, und daß er mich in diesem Traum eben besuchte, und ich gab mich diesen Gedanken hin. Dann hatte sich die sichtbare Form meines Vaters in ein Gefühl umgewandelt. Weil ich wußte, daß ich träumte, lag ich im Bett und fühlte, wie mein Vater über mir schwebte. Ich versuchte, ihn zu umarmen, und es gelang mir, ihn ganz in mich hineinzuziehen. Ich fühlte mich sehr leicht und zufrieden und wachte dann sanft auf.«

Ein schönes Beispiel dafür, wie sich Topdogfiguren in wilde Tiere verwanden können, liefert der folgende Klartraum.

»Ich bin im Wohnzimmer meines Elternhauses. Da kommen meine Brüder und meine Mutter herein. Meine Mutter bringt meine Sporttasche mit, worin ich lauter Pornobücher finde. Verlegen will ich die Tasche zur Seite stellen. Da schaut mich meine Mutter verständnisvoll an und sagt: ›Ja, das ist gut, daß du die Tasche beiseite stellst, der Inhalt ist ja auch nicht erfreulich.‹ Ich antworte: ›Wer weiß, ob der Inhalt nicht manchen erfreuen würde?‹ Meine Mutter reagiert nicht auf diese Anspielung.

Wir wollen uns jetzt irgendein Programm im Fernsehen anschauen. Wir haben aber keinen Erfolg. Meine Mutter geht in den Nebenraum, ich folge ihr. Dort steht mein (verstorbener) Vater. Ich denke: ›Was, das muß doch ein Traum sein, aber alles sieht doch so echt aus. Ist dies wirklich ein Traum? Doch – es muß ein Traum sein!‹ Mein Vater sieht genauso aus, wie er in den Jahren vor seinem Tod ausgesehen hat. Er hat auch die Kleidung an, die er am häufigsten trug. Da mir mein Vater in den letzten Träumen feindlich entgegengetreten ist, will ich mich mit ihm versöhnen. Ich gehe auf ihn zu, gebe ihm die Hand und sage: ›Wollen wir uns nicht für immer versöhnen?‹ Mein Vater schaut mich ganz gerührt an und stimmt mir freudig zu. Ich sage zu ihm: ›Dann kannst du ja in Frieden in dein Reich zurückkehren.‹ Mein Vater geht daraufhin weg und winkt mir freundlich zu. Da kommt mir der Gedanke, daß man Topdogfiguren nicht unbedingt trauen solle. Im gleichen Augenblick fällt mein Vater nach vorne auf die Hände. Sein Gesicht nimmt tigerähnliche Züge an, und er springt mit einem Raubtiersatz auf mich zu. Es kommt zu einem starken Zusammenprall. Ich gehe einen Schritt zurück und hole mit der rechten Faust aus, um mich zu wehren. Da stehe ich plötzlich mir selbst gegenüber. Das heißt, mein Gegenüber hat genau die gleichen Züge wie ich, vielleicht etwas edlere. Er ist auch etwas größer als ich. Er geht zum Angriff über. Ich überlege blitzschnell. Darf ich mich selbst angreifen? Ich zerstöre dabei vielleicht den besseren Teil meiner Persönlichkeit? Ich gehe dann trotz dieser Überlegung ebenfalls zum Angriff über. Mein Doppelgänger und ich prallen zusammen. Dabei wird es augenblicklich dunkel, und ich bin wieder allein.

Ich bekomme aufgrund des eben Erlebten etwas Angst. Dann aber rufe ich laut: ›Nein – im Klartraum hat man doch keine Angst.‹ Ich wiederhole diesen Ruf einige Male und wache danach auf.«

Auch in diesem Traum kommen wieder Tiere ins Spiel, doch darüber hinaus wird auch sehr deutlich, wie eine »reifere« Haltung des Traum-Ichs die ganze Traumgeschichte zum Positiven wenden kann.

»... Ich höre jetzt aus dem Nebel einen Mann mit böser Stimme rufen, ich solle nur näherkommen, wenn ich etwas erleben wolle. Obwohl mir das nicht ganz geheuer ist, nähere ich mich dem Mann. Durch den Nebel sehe ich, daß er etwa zwei Meter groß ist. Der Mann schreit plötzlich: ›Faßt ihn!‹ Sofort stürzt ein riesiger Bär auf mich zu. Ich

bleibe kampfbereit stehen. Da schrumpft das Tier und wird zu einem harmlosen Teddybären. Als nächstes Untier kommt eine Riesenechse auf mich zu – sie verwandelt sich in eine kleine Eidechse. Schließlich rennt ein wilder Wolfshund auf mich los, der sich dann, als ich mutig stehenbleibe, in ein Schoßhündchen verwandelt. Ich frage den Mann, ob er nicht einsähe, daß er mich nicht mit solch primitiven Methoden besiegen könne. Er antwortet: ›Doch, ich gebe auf!‹ Als ich ihn bitte, mir ein Gedicht aufzusagen, antwortet er: ›Was, jetzt soll ich dir auch noch ein Gedicht aufsagen? Na also gut!‹ Das Gedicht handelt von Odysseus, mit dem ich mich in meiner Jugend identifiziert habe. Es stellt aber nicht die positiven, sondern die negativen Seiten dieses ›Helden‹ heraus. Es wird mit sofort klar, daß es sich um Schwächen meiner eigenen Person handelt, die sich in jüngerer Zeit unangenehm bemerkbar gemacht haben, und ich entschließe mich voller Schuldgefühl, etwas dagegen zu tun. Im gleichen Augenblick kommt der Mann auf mich zu und sagt mir freundlich: ›Jetzt ist es mir angenehm, in deiner Nähe zu sein.‹ Als ich ihn daraufhin frage, ob er mir noch einen Rat geben könne, gibt er mir einen wichtigen Hinweis für mein Verhalten in einer aktuellen Konfliktsituation, die mich vor dem Einschlafen beschäftigt hat...«

Ein sehr dramatisches Klartraumbeispiel, das aber nicht im Wortlaut veröffentlicht werden soll, stammt von einem Mann, der aufgrund verschiedener äußerer Umstände in einen Zustand schwerer Depression geraten war. Er schlief mit dem Gedanken ein, im Traum einen Helfer um Rat zu bitten. Im Klartraum begegnete er dem »Tod«, der in der Gestalt eines Kapuzenmannes auftrat. Der »Tod« machte ihm auf eindrucksvolle Weise klar, wie nichtig eigentlich seine Probleme waren und daß er sich lieber über sein Leben freuen solle. Für den Träumer war dies ein entscheidendes Schlüsselerlebnis, das zu einer sofortigen Behebung seiner seelischen Verstimmung führte. Bei der Einsicht, die der Träumer durch den »Tod« vermittelt bekam, handelt es sich natürlich nicht um die Botschaft eines übernatürlichen Wesens, sondern um eine der eigenen Person entstammende Erkenntnis. Der Traum, und speziell der Klartraum, liefert aus einer ganzen Reihe von Gründen sehr günstige Voraussetzungen für solche Erkenntnisse; dies gilt ganz besonders dann, wenn man die innere Bereitschaft mitbringt, sich im Traum helfen zu lassen.

Die Begegnung mit dem »Tod« weist eine überraschende Parallele zu einer – dem Träumer damals unbekannten – Stelle in CASTANEDAS »Reise nach Ixtlan« auf. Dort wird der Tod als der einzige weise Ratgeber bezeichnet, der immer dann als Helfer auftritt, wenn einem nichts mehr zu glücken scheint. Auch andere Klartraumerlebnisse, wie beispielsweise Begegnungen mit einem Doppelgänger oder außerkörperliche Erscheinungen, besitzen eine auffallende Ähnlichkeit mit den bei CASTANEDA geschilderten Erlebnissen. Diese Phänomene sind so eindrucksvoll, daß man leicht zu mystizistischen oder okkulten Erklärungen verführt wird. Ist man sich jedoch darüber im klaren, daß es sich lediglich um Traumerlebnisse handelt, so lassen sich daraus wichtige Erkenntnisse gewinnen.

Mit dem folgenden Traum entschlüsselte sich dem Träumer seine durchaus verworrene Familiengeschichte mit all ihren unausgesprochenen und auch unaussprechlichen Ängsten, Vorbehalten und Gefühlsverbindungen. Ein gutes Beispiel dafür, wie im Klartraum die Angst durch Standhaftigkeit und Mut überwunden werden kann. Und Standhaftigkeit braucht es sehr oft, denn die wirklich existenziellen Erkenntnisse über die eigene Person sind immer mit Schmerzen verbunden.

»In der Nacht zuvor hatte ich mich mit meinem jüngeren Bruder versöhnt. Für die kommende Nacht hatte ich mir vorgenommen, im Traum ein Zimmer zu besichtigen, das sich in meinem Elternhaus befindet: das Schlafzimmer meiner Mutter, das ich während des Traums der letzten Nacht nicht betreten hatte, da von ihm starke Gegenkräfte ausgegangen waren. Da ich gerade zu Besuch in meinem Elternhaus war, nahm ich mir vor, über die Körpertechnik in den

Klartraum zu gelangen, weil ich mich bei Anwendung dieser Technik im Klartraum dann gewöhnlich am gleichen Ort befinde, an dem ich einschlafe.

Beim Einschlafen verflüchtigt sich mein Körper zur Ich-Wolke. Wie gewöhnlich schwebe ich zu einer der Wände und verfestige mich dort zu einem Körper-Ich, das demjenigen des Wachzustands völlig gleicht. Dann gehe ich los. Als ich die Türe öffne, fällt ein Knochenarm von oben schräg herab und versperrt mir den Weg. Nach kurzem Schreck schlage ich einfach den Knochenarm entzwei. Jetzt fühle ich mich wie einer, der auszog, das Fürchten zu lernen, erinnere mich an das Märchen und fühle mich furchtlos. Dann wache ich auf (falsches Erwachen) und stehe auf, um mir etwas zu trinken zu holen. Bevor ich die Zimmertüre erreiche, stürzen sich vier dunkle Muskelmänner auf mich und schreien hämisch: ›Jetzt haben wir dich!‹ Zunächst ist dies für mich ein großer Schreck, bis mir klar wird, daß ich falsch erwacht sein mußte und mich immer noch im Traum befinde. Als ich meinen Weg zur Tür hin fortsetzen will, drücken die vier Gestalten meinen Brustkorb so zusammen, daß ich ein Gefühl der Beklemmung erlebe. Dann fasse ich mich und sage: ›Was habt ihr euch denn jetzt einfallen lassen? Ich werde euch Primitivlinge schon los.‹ Ich gehe jetzt in der Gegenrichtung, obwohl die Muskelmänner an mir hängen, aber sie sind nicht mehr so schwer und stark wie zuvor. Dann gehe ich auf den Balkon, der drei Meter hoch ist und von dem aus ich häufig meine Flugreisen starte! Ich sage zu den Muskelmännern: ›So – ich springe jetzt vom Balkon herunter. Wenn ihr weiter an mir in dieser Art hängen bleiben wollt, schlagt ihr hart auf dem Boden auf.‹ Dann springe ich los. Wir geraten alle in den Schwebezustand, und ich fliege schnell auf den Balkon zurück, wo mein Körper seine gewohnte Schwere wieder erhält. Dann begebe ich mich wieder auf den Weg zu dem verbotenen Zimmer. Auf dem Gang stoße ich auf starke unsichtbare Gegenkräfte. Ich bekomme etwas Angst und überlege mir für kurze Zeit, ob ich wirklich bei meinem Vorhaben bleiben soll. Doch dann sage ich mir: ›Wenn du wirklich wissen willst, was sich in diesem Zimmer befindet, mußt du mutig deinen Weg fortsetzen.‹ Ich kämpfe mich gegen die Kräfte Schritt für Schritt vor. Dann werfen sie mich um, doch ich kann mich auf dem Boden kriechend weiter vorkämpfen, wobei ich mich an den vertikalen Stangen des Geländers im Treppenhaus entlanghangele, bis ich unmittelbar vor der Schlafzimmertüre zum Sprung ansetze und die Tür machtvoll aufstoße. Mein jüngerer Bruder und meine Mutter liegen im Bett und schlafen miteinander! Was ich sehe, läßt mich vor Entsetzen, Eifersucht und Ekel erstarren. Ich höre noch ein vorwurfsvolles ›Was willst du denn hier??!‹ und wache völlig erschüttert auf.

Dieser Traum hatte eine sehr heilsame Wirkung auf mich, denn nun wußte ich, daß mein Bruder nie mein Rivale war - sondern daß er immer von unserer Mutter bevorzugt worden war.«

Ein typisches Beispiel für die weitverbreitete Vaterproblematik bietet der folgende Erkenntnistraum:

»Ich werde von einem Tiger verfolgt, wobei ich große Angst empfinde. Plötzlich kommt es mir merkwürdig vor, daß es in der hiesigen Gegend Tiger gibt. Nach einer kurzen Phase des Zweifels kommt mir der Gedanke, daß ich mich im Traum befinden müsse, worauf ich meine Flucht erleichtert fortsetze. Einige Augenblicke später fällt mir ein, daß ich überhaupt nicht fliehen muß, da mir ein Traumtiger ja gar nichts anhaben kann. Jetzt überlege ich mir, was ich tun soll. Einerseits habe ich Interesse daran, einen angenehmen Flug zu starten, andererseits interessiere ich mich für den Tiger. Ich entscheide mich dafür, den Tiger anzusprechen. Also lasse ich ihn an mich herankommen und frage ihn: ›Wer bist du?‹ Der Tiger ist zunächst völlig verdutzt und verwandelt sich dann in die Gestalt meines verstorbenen Vaters. Als ich ihn frage, was er wolle, macht er mir mit drohenden Gebärden Vorwürfe der verschiedensten Art. Ich weise zwar einige Vorwürfe als übertrieben zurück, halte andere aber für berechtigt und entschließe mich, mein Verhalten im Wachleben entsprechend zu

ändern. Im gleichen Augenblick wird mein Vater freundlich, und wir reichen uns die Hand zur Aussöhnung. Ich fühle mich wie erlöst und wache danach auf.

Dem Traumbeispiel ist nachzuschicken, daß mir mein Vater nach seinem Tod häufig als Alptraumfigur erschienen war, mit der ich mich kämpferisch auseinandersetzte. Nach dem geschilderten Traum erschien er mir nur noch als friedliche, manchmal sogar als helfende Traumfigur.«

Ein erfahrener Klarträumer kommt mitunter durch »richtiges« Fragen sehr schnell zum Kern der Sache:

»Durch KLB-Technik gelange ich in den Klartraum. Ich will zu einem Nachbarhaus fliegen, um dort, wie ich es mir wünsche, meine Freundin zu treffen. Da bemerke ich, daß mein Bruder hinter mir herfliegt. Dabei erinnere ich mich an meinen ersten Absturz im Flugtraum und fliege schnell zu einem Baum (Edeltanne). Schon stürze ich ab, kann mich aber in den Zweigen festhalten, so daß ich langsam zu Boden komme. Nach diesem Erlebnis will ich nicht mehr fliegen, sondern zur Sicherheit zu Fuß weitergehen. Ich gelange zu dem Haus und klopfe an. Wer macht mir auf? Natürlich mein Bruder, der mich triumphierend anblickt. Ich frage ihn: ›Bist du ein Teil meiner gemeinsamen Persönlichkeit?‹ Er antwortet: ›Du meinst wohl ein Teil unserer gemeinsamen Persönlichkeit?‹ Nach kurzem Überlegen muß ich ihm zustimmen. Dann antwortet er, daß wir beide Teile der gemeinsamen Persönlichkeit seien. Als ich ihn dann frage, welcher Teil er denn sei, antwortet er mit strenger Miene: ›Der Teil, der zu verhindern sucht, was du tun willst.‹«

Ein Beispiel für ganz profane, aber praktische Hilfe liefert der Traum eines der Autoren, der sich zu dieser Zeit durch die verschiedensten Anforderungen ziemlich überlastet fühlte.

»Letzte Woche saß ich im Klartraum an meinem Schreibtisch (mittlerweile arbeite ich sogar im Klartraum an Konzepten und Texten) und berechnete mit meinem

Traumcomputer die zur Verfügung stehende Zeit und setzte sie in Beziehung zur noch zu leistenden Arbeit. Das Ergebnis deprimierte mich. Ich sagte zu dem Bücherstapel Traumliteratur auf dem Computermonitor: ›Ihr Scheißbücher, euch gibt es schon da draußen, aber *meine* Bücher und Arbeiten, die gibt es erst da drinnen in meinem Kopf. Ich glaube, ich brauche jetzt ein bißchen Selbstmitleid – Weinen läutert.‹ Als ich gerade mit dem Weinen beginnen wollte, machte mein Traum sich selbständig. Eines der Bücher wurde aufgeklappt, und ein kleines Drahtmännchen (so wie Daniel Düsentriebs kleines Helferlein, der mit dem Glühbirnenkopf) stemmte sich aus dem Buch heraus, kletterte auf den Monitor, stellte sich regelrecht in Positur und sagte: ›Hör zu, du Arschloch, ich werde dir jetzt eine Rede halten. Warum verzettelst du dich so, du Idiot!? Mach aus zwei Büchern *ein* Buch. Klartraumbuch und wissenschaftliche Arbeit können eine einzige Gestalt sein.‹ – ›Ich weiß schon, was du meinst, du Klugscheißer‹, sagte ich darauf, ›aber ich muß hier eine empirisch-statistische Arbeit abliefern und kein populärwissenschaftliches Buch‹ – ›Selber Klugscheißer! Selber Klugscheißer!‹ war die Antwort, ›Es wird dir doch nicht schwerfallen, einen 40seitigen Anhang zu einer relevanten Fragestellung zu schreiben und deine Hypothesen statistisch zu untermauern. Wichtige Fragen gibt's doch genug.‹ Dabei, besonders bei dem Wort ›relevant‹, spreizte er sich wie Professor S. und bekam etwas ungeheuer Wichtigtuerisches. Und dann sagte er noch: ›Kaldepp!‹ – Das langte mir, und ich beschloß aufzuwachen – und so geschah es.«

Jetzt folgt das Beispiel einer Selbsterfahrung, die unter allen bisher berichteten Klartraumerfahrungen immer noch als die »schrecklichste« gilt. Zur Nachahmung nicht empfohlen ist der Versuch, sich von einer feindlichen Traumfigur einmal besiegen zu lassen...

»Ich fühle mich in einem dunklen Zimmer im Bett liegend. Da ich meinen Körper als ungewöhnlich leicht empfinde, kommt mir sofort der Gedanke, daß es sich um einen

Traum handelt. Wie bei ähnlichen früheren Erlebnissen stehe ich sofort auf, um mich zur Tür zu begeben, und das Schlafzimmer durch die Tür zu verlassen. Ich finde aber den Türgriff nicht. Da fällt mir ein, daß ich gar nicht in meinem eigenen Schlafzimmer liege, sondern im Gästezimmer des Psychologischen Instituts von Z. Darauf versuche ich nicht mehr, den Türgriff zu finden, sondern den Raum durch die Wand zu verlassen. Da mir mein Körper etwas leicht erscheint, glaube ich, daß er ›feinstofflich‹ ist und es mir deshalb gelingen könnte, durch die Wand zu dringen. Um nicht in der Wand steckenzubleiben, nehme ich einen Anlauf und renne gegen die Wand. Tatsächlich gelingt es mir, durch die Wand zu dringen. Ich befinde mich jetzt auf einem halberleuchteten Gang, von dem aus ich mich – diesmal auf gewöhnliche Weise durch die Tür – in mehrere andere Zimmer begebe, um andere Personen zu treffen. Ich hatte mir tagsüber vorgenommen, Traumpersonen zu fragen, ob sie mir ein Gedicht aufsagen könnten. Leider treffe ich jedoch keine anderen Personen. Da fällt mir ein, daß Herr N. mir am Abend zuvor verschiedene Tiere im Institut gezeigt hatte. Es wäre doch jetzt eine gute Gelegenheit zu prüfen, ob ich mit den Tieren sprechen kann. (Andere Klarträumer hatten mir bereits über solche Gespräche berichtet.) Nach einigen vergeblichen Versuchen, die Tiere zu finden, sage ich zu mir: ›Was ist das für ein langweiliger Klartraum; ich will jetzt unbedingt jemanden antreffen, und wenn es die schlimmste Alptraumfigur ist.‹

Und da steht sie auch schon unmittelbar vor mir. Es ist eine etwa 2,50 Meter große mit Eisen gepanzerte Figur. Der Kopf wird durch eine runde Haube aus Eisen völlig verdeckt. Die Figur wirkt nicht wie ein Roboter, sondern wie ein bewußtseinsbegabtes (männliches) Wesen. Als der Eisenmann drohend auf mich zukommt, gehe ich sofort zum körperlichen Angriff über. Gewöhnlich versuche ich in ähnlichen Fällen mit den Traumgestalten ein Gespräch anzufangen. Vermutlich habe ich es hier nicht getan, weil der Eisenmann mit schwerfälligem Schritt drohend auf mich zukommt. Da ich ihn weder ansprechen noch mit dem Blick bannen kann, weil sein Kopf völlig unter der schweren Haube verborgen ist, gehe ich also unmittelbar zum körperlichen Angriff über. Ich versuche, ihm voll mit der Faust auf die Brust zu schlagen, doch die Faust dringt ohne Wirkung in seine Brust ein. Gleichzeitig trifft mich mit voller Wucht die Faust des Eisenmanns, so daß ich mehrere Meter zurückgeschleudert werde. Ich überlege. Der Eisenmann kann mich nicht ohne meinen Willen besiegen, weil ich schneller bin als er. Ich kann ihn aber auch nicht besiegen, weil meine Fäuste ihm nichts anhaben können.

Da erinnere ich mich an die Methode, sich von feindlichen Traumgestalten besiegen zu lassen. Mir fällt ein, daß ich gestern beim Vortrag auf entsprechende Fragen gesagt habe, daß ich mir nicht vorstellen könne, daß ich diese Methode anwenden würde. Doch jetzt werde ich neugierig. Soll ich mich nicht vielleicht doch einmal besiegen lassen? Obwohl sich bei mir ein heftiges Widerstreben zeigt, setzt sich schließlich die wissenschaftliche Neugier durch, und ich entscheide mich dafür, mich besiegen zu lassen. Der Eisenmann nützt dies sofort aus, reißt mich zu Boden, drückt beide Knie auf meine Schultern und versucht, mir mit den Unterschenkeln die Brust zusammenzupressen. Ich bekomme keine Luft mehr, meine Brust scheint zu zerspringen. Nun überfällt mich starke Angst. Da kommt mir der Gedanke: ›Du hast doch gestern noch damit angegeben, daß du keine Angst mehr in deinen Träumen hast, und jetzt hast du selber große Angst.‹ Im gleichen Augenblick geht die Angst stark zurück. Der Druck auf der Brust ist nicht mehr so stark, und ich kann den Eisenmann hinunterwerfen. Ich gebe ihm einen linken Haken, dann einen rechten und schlage ihm schließlich von oben auf den Kopf (à la Bud Spencer). Er schrumpft und ist nur noch ein Häufchen Schrott. Dann wache ich auf. Ich nehme mir vor, mich nie mehr besiegen zu lassen.«

6 Präluzide Träume

Im 3. Kapitel haben Sie bereits viel über Widerstände erfahren. Auch darüber, daß diese sich dadurch äußern können, daß sie das Traum-Ich davon überzeugen wollen, daß es sich gar nicht im Traum befinde. Dieser Klarheitsverlust wird von den folgenden Beispielen sehr schön illustriert.

Im ersten Beispiel dieser Art wird das Traum-Ich von schweren Taschen behindert. Da es aber nicht alle Aspekte der Klarheit verwirklicht hat, kommt es nicht auf die doch naheliegende Idee, die Taschen einfach fortzulegen.

»Ich sehe ein Auto duch die Luft fliegen und in der Straße, durch die ich gerade gehe, landen. Dadurch werde ich ›klar‹. In diesem Moment bemerke ich, daß Herr Tholey neben mir geht. Ich sage zu ihm: ›Bei solchen Ereignissen frage ich mich immer, ob ich im Traum bin. Sie auch?‹ Er weicht einen Schritt zurück, beginnt zu stottern und antwortet schließlich: ›Nein, nein, ich komme auch so in einen Klartraum (im Sinne von auch anders).‹ Ich versuche hochzuspringen und komme ganz normal (schwer) wieder zu Boden. Ich laufe auf die andere Straßenseite und will mit einem Bein den Randstein, dann mit dem anderen eine Mülltonne erklimmen und so mich höher in die Luft befördern. Da ich aber zwei schwere Umhängetaschen mit mir trage, ist die Randsteinstufe anstrengend genug. Ich springe hoch und komme wieder normal auf die Erde zurück.

Der Rest des Traumes ist mir nicht mehr im Gedächtnis. Ich habe mich offensichtlich wieder in das normale (Traum-)Geschehen hineinziehen lassen. Bemerkenswert ist, daß ich mir trotz des Auto-Flieg-Erlebnisses durchaus nicht absolut klar war, daß ich im Traum war, wie es mir durch andere Erlebnisse schon passiert ist.«

Auch den nächsten Traum kann man als »präluzid«, also als Vorstufe zur Klarheit, bezeichnen, denn die Aspekte der Klarheit sind nicht vollständig verwirklicht.

»Ich spaziere neben R. her, die neben mir auf einem Fahrrad sitzt. Dabei habe ich meinen Arm um ihre Hüften gelegt oder fasse sie am Körper erotisch an. Sie trägt eine schwarze, durchsichtige Bluse, so daß man ihre Brüste sehr gut sehen kann. Viele, denen wir über den Weg laufen, sind betroffen oder verblüfft, was uns aber nur amüsiert. Wir sind sexuell angeregt und möchten miteinander schlafen. Deswegen halten wir Ausschau nach einem geeigneten Ort. (Dies alles spielt sich in einer Gegend ab, die den Charakter einer Parkanlage hat.) Wir kommen an einen Ort mit einer Steigung, links davon eine steile Mauer. Wir begeben uns auf diese Anhöhe und beginnen dort mit dem Geschlechtsverkehr, sind aber nicht ganz sicher, ob wir nicht bemerkt werden. Da sitzt unten ein Mann auf einer Bank und kann uns sehen. Ich frage ihn: ›Ist was?‹ Er sagt: ›Das sieht man ja, wenn zwei in einer K-Stellung aneinanderhängen!‹ Ich antworte anerkennend: ›Stimmt, du hast recht!‹

Ich stehe mit R. jetzt auf der Anhöhe und schaue hinunter auf das Gelände, über das wir hochgekommen sind, und denke mir, daß ich da ja runterspringen könnte, wenn es ein Traum wäre. Darauf sage ich zu R.: ›Was würdest du sagen, wenn ich da herunterspringe?‹ Sie fängt gleich an zu jammern, ich solle so etwas ja nicht tun! Ich beruhige sie: ›Ich tu's ja gar nicht, sei nur ruhig.‹«

In diesem Beispiel ist es der Widerstand gegen eigene sexuelle Regungen, der im Zusammenhang mit der Traumgeschichte die Klarheit verhindert:

»Meine Freundin möchte abends in unserem Zelt mit mir Geschlechtsverkehr haben. (Wir schlafen tatsächlich in diesem Zelt.) Ich bin von dieser Idee nicht sehr begeistert und äußere meine Bedenken (sinngemäß) folgendermaßen: ›Erstens bin ich schrecklich müde und zweitens könnte man uns hören.‹ Sie entgegnet: ›Aber doch nicht unsere Astralkörper!‹ Ich antworte: ›Nur leider sind das hier nicht unsere Astralkörper.‹ Denke mir dabei, daß

meine Freundin recht hätte, wenn dies ein Traum wäre – dann hätten wir so etwas wie Astralkörper. (Werde nicht klar, sondern träume normal weiter.)«

Obwohl das Traum-Ich in der folgenden Geschichte eigentlich alles richtig macht, verliert es seine Klarheit. Um den Widerstandskomplex weiter einkreisen zu können, fehlen weiterführende Informationen. – Oder?

»Ich bin in einer Gesprächsrunde. Ich versuche, durch Augenbewegungen im Traum zu bleiben. Ich öffne kurz meine physischen Augen, nachdem ich das Erlebnis hatte, durch die geschlossenen Lider meines schlafenden Körpers hindurchsehen zu können und bin kurz wach. Eine Frau in blauem Kleid, etwa 50 Jahre alt, die ich flüchtig kenne, fragt mich: ›Sind wir (oder Sie) hier in einem Klartraum?‹ Ich lache die Traumfigur aus und sage: ›Sie liegen jetzt wahrscheinlich bei sich zu Hause im Bett und träumen was ganz anderes.‹ Dabei bin ich mir bewußt, daß ich mit der Traumfigur spreche, träume dann aber trotzdem ›normal‹ weiter.«

Gewolltes und ungewolltes Erwachen

Die nun folgenden Beispiele über das Erwachen aus Klarträumen zeigen, daß es sich zwar in den meisten Fällen um die Auswirkungen von Widerständen handelt, daß das Aufwachen aber auch bewußt herbeigeführt werden kann. Wie zum Beispiel hier:

»Eine Heuschrecke sitzt auf meinem Zeigefinger und saugt das Blut heraus. Ich bekomme große Angst. Da fällt mir Tholeys Klartraumtechnik ein. Ich denke, das muß ein Traum sein, und jetzt probierst du, ob es stimmt, daß man aus dem Traum kommt, wenn man etwas ganz lange ansieht. Ich fixiere das schreckliche, grüne Tier und wache erleichtert auf.«

Die folgenden drei Beispiele zeigen, wie unachtsames Umgehen mit der Blick-Fixationstechnik zum Erwachen führen kann.

»Meine Erinnerung setzt ein, als ich durch eine Straße laufe und merke, daß es ein Traum sein muß. Um dies genau zu prüfen, versuche ich sofort, zu fliegen, was auch gelingt. Ich überlege, was ich unternehmen könnte. Es fällt mir ein, daß ich mich nach dem Datum und dem Wochentag fragen könnte. Nach kurzem Überlegen fällt mir auch das Datum und der Wochentag ein. Dann überlege ich, was ich nun anfangen kann. Da ich mich tagsüber mit dämlichen Fragebögen für Kinder beschäftigt habe, wo gefragt wurde, wer wohl auf Großwildjagd nach Afrika geht, beschließe ich, genau das zu machen. Es stellt sich dann die Frage, wie ich das anstellen soll. Ich treffe ein paar Leute, darunter einen Kenner von Großwildjagden, der mir Tips gibt. Ich finde ihn sehr nett, und wir wollen zusammen schlafen. Das ist kompliziert, da sich das ganze auf der Straße abspielt. Nach einer Weile fällt mir ein, daß das ja nicht wichtig ist, da es sich um einen Traum handelt, und ich fange an, meinen Pulli auszuziehen. Dabei habe ich das Gefühl, daß ich sowohl meine Arme spüre, die starr im Bett liegen, als auch meine Arme, die ich hochhebe, um den Pulli auszuziehen. Ich denke, daß das der Feinstoffkörper ist. In dem Augenblick, als ich den Pulli aushabe, sehe ich meinen Bauch in einem Spiegel. Ich freue mich, da ich mich immer mal im Klartraum sehen wollte, und will mich genauer ansehen. Ich versuche, mein Gesicht zu sehen, und erschrecke. Es ist kein Gesicht da, der Kopf sieht aus wie ein strahlender Ball. Ich denke mir, es ist ein Traum und ich muß doch das Gesicht formen können. Er gelingt nicht richtig, mal bilden sich die Augen klarer aus, mal der Mund, insgesamt wirkt das Ganze sehr verzerrt. Ich bekomme Angst und wache mit diesem Gefühl auf.«

In folgendem Traum wurde das Erwachen wahrscheinlich von der Gewohnheit des Träumers verursacht, beim Nachdenken den Blick auf einem besonderen Punkt ruhen zu lassen. Das ist gerade hier sehr schade, da dieser sehr genaue Traum ihm eigentlich die Möglichkeit eröffnete, auch den siebenten Aspekt der Klarheit zu verwirklichen.

»Ich träume, ich bin verheiratet und habe eine Tochter. Zunächst sehe ich das Kind, wie es umhertollt, und bin sehr stolz darauf. Später liege ich (Person A = Träumender) mit meiner Frau (Person B) im Bett. Sie erklärt mir, daß wir uns trennen müßten. Ich bin perplex. Sie geht - und mein Ichbewußtsein ist in diesem Moment in sie (Person B) übergegangen. Nach mehreren Erlebnissen komme ich (immer noch Person B) zu dem Schluß, daß ich (Person A) doch nicht so schlecht bin, und entscheide mich (als Person B), zu mir (Person A) zurückzukehren. Ich finde mich (Person A) mit einem fremden Mann (Person C) im Bett und werde unheimlich sauer und eifersüchtig. Ich (Person B) werfe mir (Person A) vor, ein homosexuelles Schwein zu sein. Daraufhin schlüpft das Ichbewußtsein aus Person B in Person C, und ich (jetzt also Person C) erkläre Person B, warum das O. K. ist, und überzeuge sie. Schließlich liegen wir alle drei im Bett und schlafen miteinander. Ich löse mich aus den drei Personen, als ich nicht mehr entscheiden kann, welche ich jetzt bin, und es kommt mir alles sehr traumhaft vor, und ich erkenne, daß ich schlafe. Ich erkläre den drei Personen daraufhin, daß ich träume und sie Teile von mir sind. Sie drehen sich zu mir um und schauen mich dumm und ungläubig an. Ich überlege noch, wie ich überhaupt sprechen konnte, da ich ja mein Ichbewußtsein nicht mit meinem Körper identifizieren kann, und wache darüber auf.«

Immer wieder zeigt sich auch, daß gerade unstrukturierte Traumgeschichten mit Aufmerksamkeitsmängeln des Traum-Ichs einhergehen. Wenn man also im Traum nicht genau weiß, was man will, läuft man immer Gefahr, versehentlich etwas zu fixieren:

»Ich fahre schwarz mit dem Zug. Durch einen kleinen Trick habe ich die Fahrkartenkontrolle umgangen, habe aber Angst vor einer zweiten. Außerdem habe ich gesehen, wie im Führerhaus des Zuges ein ›Professor‹ gefangengehalten wird. Als ich aus dem Fenster gucke, um festzustellen, wo ich bin, kommt mir die Landschaft völlig unbekannt vor, obwohl ich die Strecke sehr gut kenne. Da wird mir klar, daß ich im Traum bin. Mein erster Gedanke: fliegen. Da mein Körper aber so normal und schwer ist, glaube ich nicht, daß es geht. Zweiter Gedanke: aus dem Fenster springen! Da der Zug sehr schnell fährt, traue ich mich aber nicht. Mir fällt ein, daß ich meine Hände betrachten wollte und dann meine Umgebung, so wie es Don Juan bei CASTANEDA empfohlen hat. Das mache ich auch, als mein Blick auf meine Freundin fällt. Ich setze mich zu ihr und frage sie: ›Kannst du mir mal sagen, was das für ein Ort sein soll? Kalbach oder was?‹ (Kalbach liegt nun wirklich nicht an dieser Zugstrecke.) Sie antwortet, sie wisse es nicht, könne es nicht entscheiden. Da werde ich wach, vermutlich, weil ich sie zu lange angeschaut habe.«

Auch beim nächsten Traum ist es, entgegen der Auffassung des Träumers selbst, ebenfalls sehr wahrscheinlich, daß es durch zu langes Fixieren zum Erwachen kam.

»Mein zweiter Klartraum? In diesem Traum kamen viele Pferde vor. Eines brachte mich auf die Idee, die Traumprüfung zu machen. Ich war auch so eher geneigt, auf Traum zu tippen. Ich war gerade mit mehreren Leuten unterwegs durch die Altstadt einer unbekannten, aber sehr schönen Stadt. (Vorher waren Treppen vorgekommen, vielleicht hatten auch sie meine Zweifel ausgelöst. Treppen sind, im Gegensatz zu Pferden, ein häufiges Thema meiner Träume.)

Zu meiner Überraschung ergab keiner meiner Tests (Wie fühlt sich mein Körper an? Kann ich schweben? Dreht es sich weiter, wenn ich mich um meine Achse drehe? Kann ich auffällige Gegenstände oder Gebäude entdecken?) einen Hinweis auf einen Traum!

Meine Begleiter versuchten es daraufhin auch, und eine Frau, zu der ich eine intensive Beziehung hatte, hatte den Nachdreheffekt. Ich sagte ihr: ›Siehst du, du bist im Traum (und ich wahrscheinlich auch).‹ Ich dachte einen Moment lang nach, warum sie in meinem Traum war, wo sie doch offensichtlich selber träumte, kam aber zu keiner Lösung.

Dann erinnerte ich mich daran, daß ich im nächsten Klartraum meine Hände betrachten wollte, und dachte: ›Schau sie dir mal an, schadet ja nichts, wenn es dann kein Traum war. Wenn's aber einer war, hast du es nicht versäumt.‹

Kurze Zeit später wurde ich wach, hatte aber nicht das Gefühl, daß das vom Händeangucken kam. Jedenfalls ärgerte ich mich sehr. Überraschend war für mich an diesem Traum, daß die Traumrealität tatsächlich so komplex und detailgetreu ist wie der Wachzustand. Das stellte ich im Traum fest, besonders beim Händebetrachten.«

Im folgenden Traum hängt das Erwachen sicher damit zusammen, daß dem Träumer die Aufmerksamkeit auf die Traumgeschichte wegen anderer Empfindungen entgleitet. Wahrscheinlich ist dies ein Traum aus der letzten REM-Phase, in der der Schlaf ohnehin schon sehr flach ist.

»Ich bin in der Schule vor dem Klassenraum, als es zur Mathematikstunde klingelt. Ich habe keine Lust und fordere die anderen auf, sich zu überlegen, ob sie nicht im Traum sind. Als ich es mir auch überlege, kommt mir der Gedanke: ›Ich studiere doch schon ein paar Jahre, warum soll ich dann noch mal in die Schule gehen?‹ Schließlich gehe ich mit ihnen hinein, störe aber den Unterricht so, daß der Lehrer nur mit mir beschäftigt ist. Ich stimme Lieder an, quatsche laut durch die Klasse etc. Er nimmt es mir aber nicht übel, sondern kommentiert ganz gelassen, welche meiner Aktionen er noch lustig und welche er überflüssig findet. Irgendwann spüre ich, daß ich im Bett liege, was sich immer mehr verstärkt, während die Klasse mehr und mehr verschwindet. Ich wache auf.«

Das kommende Beispiel macht noch einmal deutlich, daß es einem Träumer immer möglich ist, zu erwachen, wenn er das wirklich will. Eine junge Mutter berichtet:

»Ich bin im Badezimmer, mein Sohn plätschert lustig in der Badewanne. Ich will mir die Haare trocknen, greife nach dem Fön und stecke den Stecker in die Steckdose. Plötzlich stehe ich unter Strom und kann den Fön nicht ausmachen. Ich will auch meinen Sohn nicht rufen, weil der ja naß ist und sonst auch noch einen elektrischen Schlag kriegt. Ich bin verzweifelt, denn ich weiß nicht, wie ich loskommen soll. Ich überlege fieberhaft. Da fällt mir ein, daß ich ja wohl träume, und wenn ich aufwache, dann bin ich ja los vom Stromnetz. Also nehme ich mir vor, aufzuwachen. Das gelingt auch, und ich bin erleichtert, daß mein Trick mit dem Aufwachen gelungen ist. Ich bin froh, in meinem Bett zu sein und nicht im Badezimmer.«

Verschenkte Gelegenheiten

Sogenannte »verschenkte Träume«, also Träume, deren Möglichkeiten der Träumer nur unvollständig ausgenutzt hat, sind äußerst zahlreich. Selbst bei versierten Klarträumern stellen sie einen großen Teil der Traumerfahrungen dar. Ob sie aber tatsächlich »verschenkt« sind, bleibt fraglich. Zumindest könnten sie als Gegenstand ganz normaler, therapeutischer Traumarbeit dienen, zumal die Erinnerung auch an verschenkte Klarträume immer noch genauer ist als die Erinnerung an normale Träume. Von einem Psychologiestudenten stammt der folgende Traum:

»Ich bin in einer Art Kneipe bei einem fröhlichen Beisammensein. Eine blonde Schwedin/Finnin nimmt mich mit in ihre Wohnung, die sie mir stolz zeigt. Ich sage ihr, daß ich aufs Klo müsse. Nachdem sie mir gesagt hat, wo sich das Klo befindet – in einer Ecke des Etagenflurs –, gehe ich dorthin. Beim Urinieren sehe ich mich um und bemerke zwei Handtücher, die genau wie ein Badehandtuch von mir aussehen, nur sind sie kleiner und haben im Gegensatz zu meinem Handtuch einen roten Rand.

Während des Urinierens kommt mir der Gedanke oder besser das Gefühl, ich könnte mich in einem Traum befinden (vielleicht bedingt durch mein Fixieren der Handtücher, die daraufhin anfingen zu verschwimmen). Gefühlsmäßig bin ich etwa auf der ›Kippe‹ zwischen Wachen und Träumen. Ich reflektiere: ›Was machst du hier? Wo bist du? Was war vorher?‹ Ich kann aber keine befriedigenden Antworten finden und bin daher sicher, mich im Traumzustand zu befinden. Also gehe ich zurück in die Wohnung. Ich habe Mühe, nicht aufzuwachen. Alles ist sehr hell. Ich sage deshalb zu dem Mädchen, sie solle die Rolläden runterlassen, was sie auch tut. Nun ist es dunkler. Das Mädchen, das jetzt mit meiner Freundin identisch ist, umarmt mich. Wir lassen uns zu Boden fallen und schmusen immer ›doller‹.

Plötzlich springe ich abrupt auf, weil ich lieber experimentieren will – nicht zuletzt, um ein interessantes Protokoll zu bekommen. Ich drehe mich auf der Stelle um die eigene Achse, indem ich den linken Fuß auf dem Boden lasse. Nach einer ganzen Umdrehung habe ich das Gefühl, mich weiterzudrehen, obwohl sich die relative Lage des Körpers zur Umgebung nicht ändert (eine Art Drehschwindel). Meine Freundin sagt: ›Was machst du denn wieder für verrücktes Zeug?‹ Ich erkläre ihr, daß man sich im Traum weiterdreht. Sie probiert es daraufhin auch einmal und dreht sich weiter (habe dies eher gewußt als gesehen).

Plötzlich stehe ich auf einer Straße. Meine Freundin ist auch irgendwie anwesend, aber nicht wahrnehmbar. Zwei Motorradfahrer, die wissen, daß sie sich in einem Traum befinden, preschen wie verrückt an uns vorbei. Ich meine, das käme daher, daß meine Freundin einen Klartraum hat. Dann sage ich mir aber, daß das eigentlich Quatsch sei, da sie ja nur in ›meinem Traum‹ einen Klartraum habe. Wieder habe ich das Gefühl aufzuwachen.

Ich bin der Meinung, aufgewacht zu sein. Unter mir sehe ich eine Burg. Da kommt mir der Gedanke, ich könnte ›falsch‹ aufgewacht sein. Sofort weiß ich, daß ich immer noch träume und mich im Flugzustand befinde. Ich erkenne jetzt deutlich die Burg von Savonlinna. Ich befinde mich in beträchtlicher Höhe (etwa 300 Meter hoch). Nun fliege ich in Richtung Burg und überlege mir dabei, was passieren würde, wenn ich immer höher flöge. Meine Freundin (nicht körperlich anwesend) warnt mich irgendwie davor. Ich denke, daß ich, wenn ich beispielsweise in die Sonne flöge und dort verbrennen würde, auch in Wirklichkeit kaputtgehen könnte.

Ich fliege weiter. Auf einer Art Campingplatz habe ich wieder Boden unter den Füßen. (Wie ich wieder auf den Boden gekommen bin, weiß ich nicht.) Ich benutze irgendeine Startbahn, um weiterzufliegen; der Versuch geht aber schief und ich falle auf die Schnauze. Ich rutsche dann eine Art Riesenluftmatratze, die schräg steht, hinunter und reiße dabei das davorstehende Zelt um. Direkt daneben steht der Besitzer, der mit irgendwas hantiert. Ich stelle mich schon auf eine Schlägerei mit ihm ein, denke aber dann, daß das

Zeitverschwendung sei, und überlege mir, was ich mir alles für den Klartraum vorgenommen habe. Dabei komme ich auf die Idee zu versuchen, dorthin zu gelangen, wo ich gerade liege und schlafe (diesen Gedanken habe ich bei CASTANEDA gefunden und aufgegriffen.)

Ich renne sofort los. Es geht einen flachen Hügel hinauf, weshalb ich zunächst denke, ich könnte keinen Flug starten. Dann kommt mir der Gedanke, es mit Armbewegungen zu versuchen. In schnellem Lauf schlage ich mit den Armen und hebe schließlich ab, befinde mich aber noch ziemlich dicht über dem Boden. So mache ich mit den Beinen eine Art Delphinschlag, was mich etwas höher bringt. Jetzt komme ich auf den Gedanken, mich »abzustoßen« wie im letzten Klartraum. Stoße mich zuerst mit dem linken, dann mit dem rechten Arm ab und gewinne schließlich wieder die gleiche Höhe wie vorhin (etwa 300 Meter). Nun komme ich wieder an der Burg vorbei. Ich habe jetzt eine Art Tragfläche zwischen den ausgestreckten Armen; sie ist gelb und sieht aus wie ein Teppichläufer / Tuch / Papier. Ich sage (zu meiner Freundin?), daß die Spannweite 8–10 Meter betrage. Ich denke dabei daran, daß dies irgendwie nicht im Einklang mit meiner Wahrnehmung steht und übertrieben ist; trotzdem ist die Spannweite sehr groß (im nachhinein betrachtet etwa 2–3 Meter).

Auf einmal bin ich in W., wo meine Mutter einen Schrebergarten hat, kurz vor dem Feldweg, der die Schrebergärten abschließt. Ich befinde mich immer noch in der Luft. Eine Art Skilift zieht Leute den Weg hinauf. Ich will aus etwa 50 Meter Höhe zur Landung ansetzen, weiß aber nicht, wie ich runterkommen soll. Ich beschließe, mich fallenzulassen. Ich halte die Arme vor mir zusammen, wobei sich die ›Tragfläche‹ verkürzt und verdichtet und zu einem weißen Schneeklumpen wird. Nun falle ich herunter und komme irgendwie ungeschickt, aber ohne daß es weh tut, unten auf.

Jetzt will ich nach Hause in die P.-Straße laufen, wo ich schlafe. (Tatsächlich schlafe ich aber gerade in T., und außerdem wohne ich seit 1974 nicht mehr in der P.-Straße.)

Ich merke, als ich auf der anderen Seite der Straße bin, von der der Feldweg abzweigt, daß der Traum langsam zu Ende geht. Ich stehe an einem Baum und pule etwas von der Rinde ab, während sich Mutti (?) mit Frau J. und Tante K. unterhält. Sie kommen irgendwie auch auf mich zu sprechen und zwar darauf, daß ich Psychologie studiere und gerade träume. Ich versuche, ihnen zu erklären, daß ich vorhabe, im Traum dahin zu gelangen, wo wir jetzt gerade sind. Tante K. hört interessiert und neugierig zu. Plötzlich wird mir wieder deutlich bewußt, daß dies ein Traum ist, und ich korrigiere mich, indem ich sage, daß ich nach Hause (P.-Straße) will.«

Auch hier wird der Träumerin erst im nachhinein bewußt, was sie im Klartraum alles hätte »greifen« können:

»Nachdem mir klar war, daß ich mich im Traum befinde, bemerke ich, daß ich in einem Zimmer bin. Ich will gleich etwas unternehmen und versuche, ein wenig zu fliegen. Meine Versuche sind aber nicht sehr doll. Ich komme immer sehr schnell wieder zur Erde zurück. Ich beschließe, das, was ich mir im Wachleben vorgenommen habe, auszuführen. Ich will eine Reise in die Zeit, genauer gesagt in meine Kindheit, unternehmen.

In dem Zimmer, in dem ich mich befinde, steht ein Sekretär mit einem Aufsatz, der viele Öffnungen und Schubladen hat. Irgendwie ist mir klar, daß ich durch eine der Öffnungen, eine Art Zeittunnel, muß. Ich versuche es, aber die Öffnung wird nicht groß genug. Ich beschließe, zur anderen Wand zu gehen und einen Anflug auf die Öffnung zu machen. Während ich zurückgehe, verbreitert sich die Öffnung ein wenig, und ich denke, es wird schon gehen. Ich fliege (nicht besonders gut) auf die Schreibtischplatte, die sich irgendwie über mir befindet, zu, aber ich schaffe es auch diesmal nicht. Ich denke mir, daß ich halt nicht weiß, wie man eine Zeitreise unternimmt.

Nun fällt mir ein, daß ich ja jemanden zu Hilfe rufen kann, der mir sagt, wie man das macht. Ich sehe, daß durch

die Tür Licht fällt. Sie geht auf, und eine ältere Frau kommt herein. Ich bin enttäuscht, daß mein Helfer so unromantisch ist. Sie ist sehr freundlich zu mir. Ich sage ihr, daß ich eine Zeitreise unternehmen will. Sie sagt: ›Aber nein, das ist doch zu gefährlich, ihr kommt doch alle nicht zurück. Warte, ich zeige dir die anderen.‹ Aber ich will die eigentlich nicht sehen und überlege schnell, was ich noch machen könnte. Ich sage, daß ich einen Liebhaber möchte. Sie sagt, daß sie keinen da hat. Wir sind mittlerweile in einer Art Speicher angekommen. Dort zeigt sie mir dann eine Art Papphampelmänner (Pappfiguren mit beweglichen Gliedern). Aber mir ist das zu langweilig, und ich will auf die Straße, was ich auch mache.

Der Traum geht dann noch weiter, und ich überlege mir, welche Versuche ich machen könnte; aber mir fällt nichts Rechtes ein. Ich ärgere mich und beschließe, endlich im Wachleben aufzuschreiben, was ich im Traum alles machen will. Ich denke, ich könnte mal was fixieren, aber das ist mir zu gefährlich, weil ich nicht aufwachen will. Dann zwicke ich mich in den Arm und stelle fest, daß der Schmerz etwas gedämpft ist.

Nachher fiel mir auf, daß ich mich im Traum im Haus meiner Großmutter aufgehalten hatte. Die Frau war eine Mischung aus meiner Mutter und meiner Großmutter. Außerdem muß ich klein gewesen sein, weil die Schreibtischplatte über meinem Kopf war und mir auch auffiel, daß die Frau größer als ich war. Ich war wohl schon in der Kindheit gelandet, ohne es zu bemerken!«

Wie auch bei anderen, auf Anhieb nicht so ergiebigen Klartraumerlebnissen zeigt sich bei dem folgenden Traum der Zusammenhang von nicht genutztem Angebot und einer vom Traum-Ich unklar strukturierten Traumgeschichte.

»... Mir geht das Wetter auf die Nerven, und ich überlege, wie ich das ändern kann. Ich komme auf die Idee, in eine andere Gegend mit besserem Wetter zu gehen, indem ich – was ich sowieso wollte – durch eine Wand gehe. Ich gehe vom Bürgersteig zu einem Haus und will durch die Wand, doch da entdecke ich ein Schaufenster. ›Das kommt wie gerufen‹, denke ich. ›Jetzt probiere ich das Ganze erst mal mit Glas.‹ Ich gehe auf das Schaufenster zu, breite meine Arme aus und will das Fenster erst einmal betasten. Als ich es berühre, verschwindet das Glas, es ist einfach weg. Es verblüfft mich sehr, doch bin ich auch sehr zufrieden mit dem Ergebnis. Ich wende mich der Wand zu und breite ebenfalls meine Arme aus und bin sehr gespannt, was geschehen wird, wenn ich langsam durch die Wand gehe.

Ich stehe vor der Wand, schiebe den Kopf etwas vor und trete langsam in die Wand ein. Es wird um mich herum grau und duster, aber nicht dunkel. Das Gefühl ist sehr angenehm. Es erinnert mich an ein Vollbad, nur viel trockener. Plötzlich wird mir die Sache unheimlich, ich bekomme Angst. Ich beschleunige meinen Gang, um schnell wieder aus der Wand zu kommen. Der Austritt erfolgt sinngemäß in umgekehrter Reihenfolge.

Ich befinde mich nun in einem großen Raum, der sehr karg, aber geschmackvoll eingerichtet ist. In einer Ecke des Raums steht ein reich verzierter Tresor, der mehr einem Tabernakel als einem Tresor ähnelt. Das Ding zieht meine Aufmerksamkeit auf sich. Ich will das Durch-die-Wand-Gehen auch an diesem Tresor probieren. Ich stecke meinen Kopf in die Tresorwand, allerdings nicht durch, und bin sehr zufrieden, daß das ganz gut funktioniert. Allerdings muß ich mir eingestehen, daß ich auch bei diesem Vorhaben etwas Angst bzw. ein mulmiges Gefühl habe. Ich ziehe den Kopf wieder heraus und befinde mich weiter in besagtem Raum und höre einen schweren Lastwagen vorbeifahren. Ich freue mich sehr darüber und überlege, ob das von außen kommt, was mir in dem Moment enorm wichtig erscheint. Ich achte weiter auf Geräusche von draußen. Beim nächsten Lastwagen – meine Eltern wohnen an einer Hauptverkehrsstraße – öffne ich die Augen und stelle fest, daß es sich tatsächlich um einen Lastwagen handelt.

Ich schließe sofort die Augen wieder und komme in die Szene zurück.

Ich gehe in einen Nebenraum. Eine riesige Sauna befindet sich da, die allerdings knietief unter Wasser steht und in der einige Leute saunen. Ich geselle mich dazu, und es dauert nicht lange, und ich schmuse mit den Frauen und auch den Männern rum. Plötzlich höre ich eine Melodie: ›Ufda da die da ufda.‹ Sofort stellt sich der Gedanke ein: ›Aha, Papa übt Orgel.‹ Ich gehe aus der Sauna und überlege, was ich eigentlich will.

Ich gehe aus dem Haus und finde mich auf einer schönen Wiese, einer Art Vorgarten, wieder. Das Wetter ist jetzt sehr schön. Die Sonne erscheint mir viel größer und seltsamerweise negativ mit dicken, breiten, negativen Strahlen. Ich will jemanden ansprechen und sehe mich um. Hinter mir steht ein Paar: Vater und Tochter. Ich denke: ›Jetzt gilt es!‹ Ich gehe zu ihnen und will die vermeintliche Tochter ansprechen mit dem Gedanken im Hinterkopf: ›Das ist die Frau, auf die es ankommt.‹ Doch als ich anfangen will zu sprechen, komme nur ein Gestammel heraus. Frust macht sich bei mir breit. Und das Paar unterhält sich weiter sehr gelangweilt, und mir scheint es, als würden sie einerseits von mir etwas erwarten und andererseits denken: ›Mein Gott, das wird ja nie was mit dem!‹ Nach diesem Erlebnis wache ich auf.«

Die Klartraumanfängerin in dem folgenden Beispiel hat ihre Gewohnheit, Meinungen und Haltungen nicht offen zu äußern, mit in ihr Klartraumleben genommen. Das begünstigte natürlich eine gewisse Unstrukturiertheit und verhinderte mögliche Erkenntnisgewinne. Mit der Zeit lernt ein Klarträumer aber, auf solche hinderlichen Gewohnheiten zu achten. Zunächst die Vorgeschichte:

»Nachdem ich das erste Mal beim Seminar über Klarträumen zugehört hatte, kam ich hinterher mit K. auf mein nächtliches Phantasieren zu sprechen, das sich im Alter von etwa sieben Jahren gezeigt hat. Beim Einschlafen spürte ich es immer, wenn wieder diese schrecklichen Träume im Anzug waren. Ich erkannte es, weil Gegenstände, die ich ansah (wahrscheinlich mit geschlossenen Augen), sich entfernten und entsprechend verkleinerten, so als zöge die Realität von mir weg. Die Träume hatten verschiedene Bilder zum Inhalt, doch stets lösten sie Angst aus. Angst vor etwas Verhärtetem, Verbogenem oder Geschrumpftem. Ich lief dann in meinem Zimmer herum, weinte laut, wollte auch zur Türe oder zum Fenster hinaus. Meine Eltern brauchten jedesmal sehr lange, bis sie mich aus einem solchen Traum herausgeholt hatten.

Während ich mit K. darüber sprach, traten diese alten Traumbilder vor mich hin, und sobald ich jene Übungen ausführte, die zum Klartraum verhelfen sollen (überprüfen, ob man im Wach- oder Traumzustand ist), fühlte ich eine Unsicherheit, für einen Moment sogar Furcht, die sich legte, sobald ich bewiesen fand, im Wachzustand zu sein: so, als könne mir da nichts passieren, wäre ich vor allem sicher, könne die Situation einschätzen. Die Furcht aber, die sich einstellte, war die gleiche, wie ich sie früher beim Einschlafen empfunden hatte, als sich die Gewißheit über den herannahenden Traum einstellte: hilflos und ausgeliefert zu sein. In der darauffolgenden Nacht hatte ich einen sehr deutlichen und realen Traum, der sich in meiner Wohnung abspielte.

... Am Ende des Träumens kümmerte sich eine junge Ärztin um mich, die ich aber nicht für voll nahm. Ich akzeptierte ihre Anweisungen, fand sie aber ansonsten blöd. Ich fühlte mich als etwas Besseres. Sie brachte mich ins Bett und meinte, ich müsse etwas liegenbleiben. In meinem Bett lag auch D., meine kleine Tochter. Sie lag auch in Wirklichkeit diese Nacht bei mir, weil sie heftige Hustenanfälle hatte.

Dann ging die Ärztin aus dem Schlafzimmer hinaus in das gegenüberliegende Zimmer. Dabei sprach sie mir oberflächlich Trost zu, ohne innerlich beteiligt zu sein. Ich war sehr erleichtert über diese eindeutige Zweideutigkeit, sie machte keinen Hehl aus ihrer mangelnden Anteilnahme, und ich konnte eindeutig reagieren, ohne mich verstellen zu müssen. Es war sehr gelöst und erleichternd.

Nun verwandelte sich die Situation völlig: Die Ärztin verschwand, und damit war der Traum beendet. Ab da befand ich mich in meiner realen Situation, wußte, daß ich nahe an der Bettkante lag, daß ich träumte und etwas Unheimliches aus jenem Zimmer kommen müsse, in das die Ärztin gegangen war. Im Gegensatz zum vorherigen Traum war nun alles grau, nicht bunt. Ich fürchtete mich. Dann hörte ich ganz leise etwas herankommen, wie wenn jemand auf Teppichboden heranschleicht. Es war eine Menschengestalt, ein Mann, aber nur in Grau. Keine Einzelheiten waren zu erkennen. Er kam näher, setzte sich schließlich auf das Stückchen Bettkante, das noch frei war. Ich traute mich kaum zu atmen, wollte erst im Traum bleiben, um zu wissen, wer gekommen war. Da befahl ich mir, die Augen doch aufzumachen, denn ich wollte nachprüfen, ob es der J. war, der mir seit der Scheidung droht, das Kind zu entführen. Ich öffnete die Augen, und der Traum war vorbei. Ich lag tatsächlich in der geträumten Position.«

Ein letztes Beispiel von verschenkter Erfahrung liefert ein Traumbericht, in dem der Träumer von einer verblüffenden Demonstration seiner Macht berichtet. Wie auch bei dem Traum vom Besiegenlassen wird die Kraft des Blickes deutlich, eine »magische« Erfahrung, die schon viele Klarträumer gemacht haben.

»Ich liege im Bett und entspanne mich. Mir gehen noch Erinnerungen ans Zubettgehen durch den Kopf. Ich sehe mich im Bad, im Wohnzimmer und denke ans Einschlafen. Das ganze läuft so wie das Erinnern bei Tage ab. Mit der Zeit werden die Erinnerungen immer realer. Für einen Moment sehe ich deutlich Teile meines Bistrotisches und der Kommode vor meinem geistigen Auge, aber als mir das bewußt wird, ist die Vision auch prompt verschwunden. Das geht dann eine ganze Weile so mit allen möglichen Gedanken. Zum Beispiel sehe ich ein schwarzes Ding vor mir, das zwei gelbe Strahlen zu mir sendet. Als ich darüber nachdenke, verschwindet es wieder, und ich fühle mich nur noch entspannt. Allerdings erscheinen mir die Sequenzen des ›Träumens‹ immer länger, während das Nachdenken darüber mir immer kürzer vorkommt.

Das Ganze führt dazu, daß ich mich irgendwann beim richtigen Träumen ertappe, ohne daß mir was Besonderes dabei auffällt. Ich bin in einer großen Grube; fast schon einem kleinen Tal: Ich begebe mich auf einem serpentinenartigen Weg nach oben und werde von Leuten angesprochen. Ich achte dabei nicht auf das, was sie sagen, sondern fühle nur, daß diese Leute vom Tal mir nicht gut gesonnen sind - es ist aber nur ein Gefühl. Das Gefühl wird immer stärker. Ich treffe noch ein paar Leute, die erst sehr freundlich - fast schon schleimig - sind, aber, je höher ich komme, immer zudringlicher werden. Ich möchte dabei bemerken, daß das Gefühl, das ich dabei hatte, das eigentlich Beängstigende war. Ich treffe noch eine Frau beim Weg nach oben und habe dabei das Gefühl, daß sie sich ebenfalls bedroht fühlt. Wir gehen zusammen den Weg nach oben.

Oben angelangt, schart sich eine lockere Gruppe der eben beschriebenen, überfreundlichen Leute um uns. Einer sitzt auf einem alten amerikanischen Auto. Die ganze Geschichte könnte irgendwo in den Rocky Mountains spielen. Die Spannung wird größer, die Leute kommen näher. Ich fühle, daß ich jetzt handeln muß. Da ich mir bewußt bin, daß ich träume, ist mir klar, daß alles in meiner Hand liegt. Ich beginne, mich auf den Typen auf dem Auto zu konzentrieren. Ich weiß nicht mehr, wie ich dies tat, nur ist mir klar, daß ich in diesem Moment an nichts dachte, nur davon, meine ganze Kraft auf ihn zu richten, um ihn auszuschalten. Er sitzt auf dem Auto, wird unsicher, sein Blick fängt an, konfus zu werden, ein Zittern geht durch seinen Körper, und er fällt tot vom Auto.

Ich bin auf einmal sehr bestürzt, und mir wird klar, daß ich ihn getötet habe. Aber mir wird auch bewußt - das ist wiederum nur so ein Gefühl -, daß ich den Typ ins Leben

zurückholen kann, wenn ich ihn nur wieder in die Grube zurückbringe. Ich hebe ihn auf und schubse ihn in die Grube zurück. ›Dort liegt er‹, denke ich. Tatsächlich beginnt er, sich zu regen, und steht auf. Ich bin darüber sehr erleichtert, und mein Selbstwertgefühl kommt wieder auf den alten Stand (fast).

Als nächstes befinde ich mich auf einer Art Volksfest – ohne Volk allerdings – vor einer riesigen Würstchenbude. Der Wurstverkäufer ist gerade beim Saubermachen. Eigentlich will ich was trinken, aber der ist zu sehr mit dem Putzen beschäftigt. Einen wahren Berg von Wurstschnipseln aus der Currywurstmaschine fegt er zusammen. Ich denke, daß das ein mieser Job ist, und schon befinde ich mich in der Würstchenbude und helfe fleißig beim Putzen. Ich frage ihn, ob er auch was zu trinken hat, und er verweist mich auf einen Schrank, in dem ich allerdings nur Sirup finde – nicht ganz mein Geschmack. Ich überlege mir, wieso ich eigentlich im Klartraum eine Würstchenbude saubermache. Das wundert mich sehr! Ich sage auf Wiedersehen, als sei es das Selbstverständlichste von der Welt, und verlasse die Würstchenbude.

Ich laufe eine Straße entlang, die mich sehr an Finnland erinnert. Es ist Morgendämmerung; der abnehmende Mond steht am Morgenhimmel, es riecht alles sehr frisch, und mir fällt ein, daß ich mir gestern abend vorgenommen hatte, sehr früh aufzustehen, um alles aufzuzeichnen. Aber der Gedanke an das Aufstehen erscheint mir nicht sehr verlockend, worauf ich die Straße weitergehe und weiterträume...«

Forschungsträume

Die sogenannten »Forschungsträume« erfreuen sich besonders bei Psychologen einer großen Beliebtheit. Es gibt ja eine populäre Theorie, daß Psychologen unter besonders starken Schuldgefühlen leiden, und gerade deshalb sich so intensiv mit der (eigenen) Psyche befassen müssen. Das Klarträumen bietet da sicher eine willkommene Variante. So ist es denn auch gar nicht überraschend, daß sich viele Forschungsträume immer wieder zu Selbsterkenntnisträumen verändern.

An dem folgenden besonders langen und ausführlichen Traum ist unter anderem interessant, wie klug und umsichtig das Traum-Ich ein Experiment inszeniert, das die Möglichkeit von außerkörperlichen »Astralreisen«, wie sie von den Esoterikern berichtet werden, beinah wissenschaftlich exakt unter die Lupe nimmt.

»Am Abend vor dem Traum habe ich Lischka gelesen, der an parapsychologische Phänomene glaubt und Klarträume von sogenannten Astralprojektionen und Seelenreisen abgrenzt. Aus unbekannten Gründen komme ich nach dem Einschlafen unmittelbar in einen Klartraum.

Ich laufe einen geteerten/asphaltierten, etwa drei Meter breiten Waldweg entlang. Dabei achte ich auf meine Wahrnehmung der Umgebung. Die Helligkeit ist normal. Auf dem Weg liegt teilweise Laub. Ab und zu fällt ein Schatten von rechts auf den Weg. Ich überprüfe, ob der wahrgenommene Raum irgendwie begrenzt ist. Das ist er nicht, er ist ›unendlich‹ wie im Wachen. Der hohe Realitätsgrad des Klartraums beeindruckt mich. Jedesmal, wenn ich über Laubblätter laufe oder herumliegende kleine Äste streife, höre ich entsprechende Geräusche, die denen im Wachzustand genau gleichen. Ich sage mir: ›Bin voll da‹, und muß dabei an Lischka denken, der diesen Ausdruck gebraucht.

Ich komme an den Rhein; der Weg macht einen großen halbkreisförmigen Bogen nach links. Ich überlege mir, was ich tun könnte. Dann begegne ich zuerst zwei älteren Frauen, dann einer etwas jüngeren Frau (etwa 30 bis

40 Jahre). In einem zu einer Gaststätte gehörenden Garten sitzen zwei Familien: jüngere, unattraktive Mädchen mit ihren Müttern.

Plötzlich kommt mir die Idee zu überprüfen, ob ich mich im Zustand der Astralprojektion befinde bzw. ob es so etwas überhaupt gibt. Ich sehe mir alles genau an und versuche, mir bestimmte Wahrnehmungen einzuprägen, um später zu prüfen, ob sie ›außersinnlich‹ waren. An einer Art Gaststätte (eine andere als die eben erwähnte) erkenne ich an einer Mauer die Leuchtschriftbuchstaben »HU« – wie das Autokennzeichen von Hanau. Ich denke, daß diese Beobachtung wenig geeignet ist, um zu überprüfen, ob ich mich im Zustand der Astralprojektion befinde, denn ich bin überzeugt, diese Buchstaben schon einmal gesehen zu haben.

Nun komme ich an ein mir vertrautes, verfallenes Gebäude. Links davon sind verschiedene ›Einritzungen‹ im Steinboden. Ich gehe zu einem Felsen/Stein, auf dem eine mir bekannte, altertümliche ›Einmeißelung‹ zu sehen ist, die das Wiesbadener Kurhaus mit Umgebung darstellt. Ich sehe das Kunstwerk zu meiner Überraschung so, wie es zum Zeitpunkt der Fertigstellung ausgesehen haben muß: plastisch hervortretend, mit weißen Einlegearbeiten, die offenbar aus Elfenbein sind. Ich habe das Gefühl, zeitlich zurückversetzt zu sein. Nun bin ich immer mehr überzeugt, daß es so etwas wie Astralprojektion gibt, und suche weiter nach ›Beweisen‹.

Ich begebe mich schnell in ein Museum, in dem ich schon einmal war. Im Aufgang begegne ich Q., dem Bruder meiner Freundin; ich kümmere mich nicht weiter um ihn. Vor dem Eingang zum Museumsraum hängen verschiedene Gegenstände – Kupferkessel und ähnliches – in der Luft. An der Wand hängen verschiedene Bilder. Ich versuche, mir das letzte Bild vor dem Eingang einzuprägen: ein altes Frauenporträt, nicht sehr naturgetreu. Dann gehe ich in den Museumsraum. Dort sind zwei Wärter, die mich kennen. An langen Kabeln hängende Lampen schwingen auf mich zu. Der erste Wärter sagt zu dem zweiten (sinngemäß), daß ich magnetische Kräfte hätte. Ich weiß aber, daß nur die Lampe in meiner Hand - eine Art Strahler aus Blech/Kupfer - magnetisch ist. Wie von selbst bzw. als müßte ich mich so verhalten/als erwarte man dies von mir, gehe ich geradeaus einen Gang entlang und ziehe abwechselnd die rechte bzw. die linke Hängelampe ›beiläufig‹ mit meiner Lampe an. Ich denke: ›Hoffentlich merken die das nicht.‹ Der erste Wärter sagt: ›Wo Sie die Lampe halten, wirkt sich Ihr Magnetismus am stärksten aus.‹ Ich bin der Meinung, er hätte die Lampe beim letzten Mal gar nicht bemerkt (wahrscheinlich im letzten Traum tatsächlich nicht).

Ich gehe ziemlich schnell durch den Gang und mache keine ›Runde‹ mehr, sondern gehe schnurstracks auf einen anderen Raum zu und sage: ›Ich mache heute einen Schnelldurchgang.‹ Dabei denke ich: ›Das sind ja doch bloß Traumfiguren.‹ Ich suche weiter nach außergewöhnlichen Beobachtungen, um sie ›mitzunehmen‹. Ich habe irgendwie erwartet, ein tolles Gebäude sehen zu können - Fehlanzeige.

In dem Raum, in den ich jetzt komme, läuft ein Fernsehprogramm: ein Leichtathletikwettkampf. Ich will mir dies merken, obwohl ich es für wenig beweiskräftig halte und überzeugt bin, daß gerade tatsächlich ein Leichtathletikwettkampf übertragen wird (ich bin irgendwie der Meinung, es sei morgens). Plötzlich werde ich ungeduldig, weil hier nichts mehr zu ›holen‹ ist.

Ich lege meinen Bohrer hin (vorher war es die Lampe; ist mir nicht aufgefallen) und will schnell in mein Schlafzimmer gelangen, um durch die Wand ins Wohnzimmer zu gehen. Ich habe meine Mutter am Vorabend - mehr aus Spaß als aus wissenschaftlicher Neugier - gebeten, irgendeinen Gegenstand auf den Wohnzimmerteppich zu legen, den ich mir dann im ›außerkörperlichen‹ Zustand ansehen wollte. Q. begegnet mir vor der Küche im Elternhaus meiner Freundin! Ich möchte schleunigst verschwinden und sage deshalb nur kurz: ›Hallo!‹ und gehe schnell weiter. Unterwegs verliere ich einen Strumpf/Mokassin. Ich gehe

zurück, um ihn zu holen – da kommt auch schon Q. Ich will mich auf keinen Fall ablenken lassen – schnell weiter. Ich habe das Gefühl, ›Spuren‹ zu hinterlassen; assoziiere Gedächtnisspuren. Auf der Treppe zum Zimmer meiner Freundin – ich denke (fälschlicherweise), ich schliefe dort – holt mich Q. ein. Es ist dunkel. Er spricht mich irgendwie an. Ich merke, wie ich die Kontrolle verliere und wieder in meinen schlafenden Körper gerate; dabei verspüre ich keinen Sog oder ähnliches und bewege mich auch nicht durch den Raum. Der Versuch, ›draußen‹ zu bleiben, schlägt fehl.

(Aufgewacht um etwa 2.15 Uhr. Stehe wenig später auf, um den Klartraum aufzuschreiben. Alles, was ich mir als ›Beweis‹ merken wollte, hat keinerlei Bezug zur Wachwirklichkeit. Mit Ausnahme des Schlusses hat die gesamte Traumszenerie keine direkte Entsprechung in dieser).«

Abgesehen von einem eher chauvinistischen Frauenbild, das sich beim folgenden Traum in Anflügen zeigt (und mit dem wir in der Rubrik »Genuß und Spaß« auch noch konfrontiert sein werden), wird bei dem nun folgenden Forschungstraum auch deutlich, daß der Widerstand gegen und die Angst vor sexueller Betätigung ein ganz bestimmender Faktor der Traumsteuerung sein können. Ein Zusammenhang, der sich ja auch im Wachleben zeigt.

»Ich gehe in ein Haus, eine Art Kneipe. Gleich vorne rechts in einem Seitenraum sitzen verschiedene junge Mädchen, die ich nacheinander anschaue. Ich denke (ungefähr): ›Wie gut, daß hier nur *junge* Frauen sind‹. Kaum habe ich dies gedacht, sehe ich plötzlich nur noch ältere Frauen, die zudem immer häßlicher werden. Ich will diese unerfreuliche Entwicklung aufhalten, indem ich eine der Frauen fixiere, um sie verschwimmen zu lassen und dann zu verjüngen. Es will aber nicht recht klappen. Für einen Moment denke ich, es würde funktionieren, denn das Gesicht beginnt leicht zu verschwimmen; doch dann sehe ich wieder das gelbe, relativ alte, unattraktive Gesicht. Ich sehe mich daraufhin weiter in der ›Kneipe‹ um: überall alte

Frauen. (Weder die jungen Mädchen am Anfang noch die alten Frauen sagten irgend etwas oder zeigten sonst irgendeine Aktivität.) Ich gehe wieder aus dem Haus.

Da sehe ich C. (so dachte ich, würde er heißen; tatsächlich heißt er aber F.) neben der Eingangstür stehen und die Karte lesen. Ich bin angenehm überrascht, einen Bekannten zu treffen, und frage ihn sofort: ›Bewegst du die Lippen beim Sprechen?‹ Dabei höre ich meine Stimme laut und dröhnend, so ähnlich, wie man Stimmen im Kino hört. Er antwortet: ›Ja.‹ (Ob er dabei die Lippen bewegt hat, weiß ich nicht mehr.) Dann frage ich: ›Wer bin ich?‹, worauf F. seine Lippen zu einer Schnute nach vorne wölbt - die Lippen sind leicht bläulich - und ein langes ›Mmmh‹ von sich gibt. In diesem Moment taucht G., ein guter Bekannter, von links auf. Ich frage auch ihn, wer ich sei. Seine Antwort lautet (ungefähr): ›Also, ich schlaf lieber allein, nein danke.‹ Ich verstehe nicht ganz, was er meint. Hat er meine Frage so aufgefaßt, als hätte ich ihm ein homosexuelles Angebot gemacht? Wir gehen dann zu dritt weiter.

Wir befinden uns in einer Art Rummelplatzszenerie. Als ein Zug vorbeirast, werfe ich eine Glasflasche gegen eine seiner Fensterscheiben. F. und G. versuchen erfolglos, mich daran zu hindern, indem sie versuchen, meinen Arm festzuhalten. Die Flasche zerspringt an der Fensterscheibe. (Ich wache langsam auf.)«

Nahezu philosophische Gedankengänge verfolgt der Berichterstatter des folgenden Forschungstraumes.

»... Es ist Nacht und ich stehe auf einem kleinen Weg, der mich sehr an einen Gartenweg erinnert. Da stellt sich mir ein Mann in den Weg. Da reicht es mir. Ich denke: ›Das ist auch einer von denen, jetzt setzt's aber was!‹ Ich schaue den Kerl genau an und will ihn ›mit dem Blick bannen‹, doch dieser Kerl ist sehr gerissen. Er geht mir aus dem Blickfeld und schaut mir unter keinen Umständen in die Augen. Mich macht das Ganze rasend, da ich diese Person auch in einem Zusammenhang mit dem bisher Erlebten sehe und sie somit eine Inkarnation des Bösen darstellt. Da reicht es mir und ich schlage zu, aber der Kerl ist wie ein Schwamm, er steckt alles ein. Ich breche aus dem kleinen Zaun neben mir eine Latte und versuche damit mein Glück. Doch der Typ zeigt sich auch hiervon wenig beeindruckt. Mir ist das Ganze unerklärlich, da schon mein erster Schlag so gezielt und so kräftig war, daß das eigentlich hätte reichen müssen. Da fallen mir die Worte meines Lehrers THOLEY ein, der mir in einem Gespräch berichtet hatte, daß der Umgang mit den Traumfiguren nach der ›Bud-Spencer-Methode‹ sehr primitiv sei und man auch, insbesondere bei Alptraumfiguren, durch Verständnis oder Fragen zu besseren und tieferen Lösungen kommen könne. Ich nehme mich zusammen und formuliere in meiner Wut eine vernünftige Frage, so gut es eben geht. Mir fällt nichts Besseres ein, und ich frage den Kerl, warum er denn nicht k. o. gehe und warum er keine Schmerzen empfinde. Darauf antwortet er mir, daß dies damit zusammenhänge, daß sie kein PPN (Psycho-Physisches Niveau) hätte. Ich frage zurück, was das damit zu tun habe. Die Traumperson antwortet mir, daß, wenn sie kein PPN habe, sie auch keine Schmerzen empfinden müsse. Sie könne auch nicht bewußtlos werden, da sie eben kein PPN und damit auch kein Bewußtsein habe. Sie (die Traumpersonen) könnten lediglich so erscheinen, als ob sie Schmerzen empfänden oder bewußtlos würden, dies hinge aber ganz vom Traum ab.

Im Traum erschien mir das sehr logisch und einleuchtend, denn ich erinnerte mich im Traum daran, daß die Frage, ob Traumpersonen ein Bewußtsein haben oder nicht, prinzipiell vom erkenntnistheoretischen Standpunkt aus nicht geklärt werden kann; es kann lediglich durch das phänomenologische Traumexperiment geklärt werden, ob die Traumpersonen eine Strukturgleichheit in ihrem Verhalten hinsichtlich dem besitzen, was wir unter Bewußtsein verstehen (zum Beispiel kann überprüft werden, ob die Traumpersonen sich so verhalten, als hätten sie eine eigene Perspektive).

Traumtraining

Sportler scheinen zumeist recht pragmatisch veranlagte Menschen zu sein, die weder geneigt sind, ihre Zeit mit Dingen zu vertun, denen sie keine Erfolgschancen einräumen, noch dazu bereit sind, ausführliche Berichte zu verfassen. Es stehen uns daher nur wenige schriftliche Berichte von Trainingsträumen zur Verfügung, häufiger sind mündliche Erfahrungsberichte. Hier finden Sie einige typische Beispiele von Trainingsträumen.

Das erste Beispiel stammt von einem Kampfsportler, der nach vielen Jahren des Trainings von sogenannten »harten« Systemen (Karate, Taekwondo, Ju-Jutsu) sich zum Erlernen eines »weichen« Systems (Aikido) entschlossen hatte. Nach zweijährigem Training glaubte er an die Grenzen seiner Fähigkeiten gelangt zu sein. Seine Muskulatur entsprach immer noch nicht den fließenden Bewegungen des neuen Systems, und die alten, »harten«, tief eingeschliffenen Automatismen seiner Körper- und Kampfmotorik überlagerten immer wieder die eigentlich zu erlernenden neuen Bewegungsformen. Er war drauf und dran, alles aufzugeben, als er das Klarträumen erlernte. Den folgenden Traumbericht wertet er selbst als Schlüsselerlebnis, das ihn auf den »richtigen« Weg brachte.

»An diesem Abend, nachdem ich im freien Training immer noch nicht in der Lage war, den Stockangreifer ohne Kontakt leerlaufen und ›zu Fall bringen‹, zu lassen wie mein Trainer immer zu sagen pflegte, ging ich sehr mutlos zu Bett. Während des Einschlafens hatte ich immer wieder die Situation vor Augen, wie während der Abwehr die eigentlich richtige Ausweichbewegung mit meinem inneren Impuls zu einem harten Abwehrblock kollidierte, so daß ich letztlich immer wieder völig ungeschützt und wie ein Fragezeichen dastand. Eine lächerliche und unwürdige Situation für einen Schwarzgurtträger.

Während eines Traumes in dieser Nacht fiel ich einmal zu Boden und schlug hart auf, statt mich abzurollen. In dieser Situation, so hatte ich mir vorgenommen, wollte ich mir immer die kritische Frage stellen; das hatte ich während

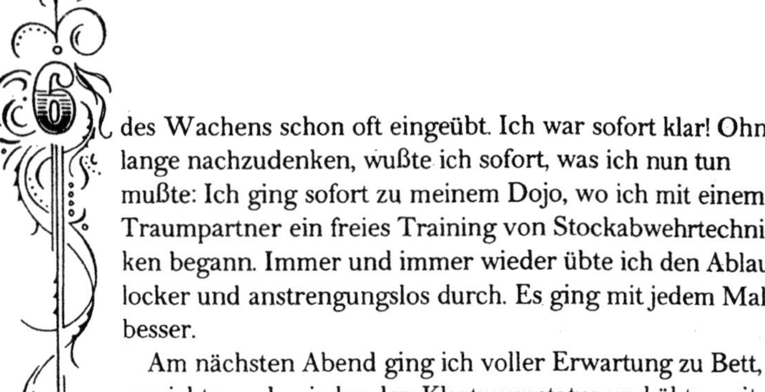

des Wachens schon oft eingeübt. Ich war sofort klar! Ohne lange nachzudenken, wußte ich sofort, was ich nun tun mußte: Ich ging sofort zu meinem Dojo, wo ich mit einem Traumpartner ein freies Training von Stockabwehrtechniken begann. Immer und immer wieder übte ich den Ablauf locker und anstrengungslos durch. Es ging mit jedem Mal besser.

Am nächsten Abend ging ich voller Erwartung zu Bett, erreichte auch wieder den Klartraumstatus und übte weiter. So ging es die ganze Woche, bis ich wieder zum Mittwochstraining kam. Obwohl ich ganz gespannt und aufgeregt war, verblüffte ich meinen Trainer mit einer fast perfekten Stockabwehr, und obwohl wir die Angriffsgeschwindigkeit immer weiter steigerten, bis zur realistischen Schnelligkeit und Impulsabgabe, machte ich keinen gravierenden Fehler mehr. Von da an lernte ich sehr schnell, und nach einem weiteren Jahr hatte ich selbst die Trainerlizenz erworben.«

Mehr spielerisch ging ein Fußballer mit der Klartraumfähigkeit um:

»... Ich bin bereits ›klar‹ und stehe in einer Turnhalle und habe einen Fußball. Ein älterer Mann steht im Tor. Ich probiere aus, wie ich schießen kann. Ich trete mit dem rechten Fuß (bin auch tatsächlich ›Rechtsfüßer‹) jedesmal an den Innenpfosten oder an die Unterkante der Latte und treffe immer genau da, wo ich will. Ich habe ein ungeheures Ballgefühl. Der Torwart hat keine Chance. Zum Teil nehme ich die Bälle sogar direkt aus der Luft. Dann versuch ich's mit dem linken Fuß, habe darin jedoch kaum mehr Gefühl als im Wachzustand und treffe entsprechend schlecht ...«

Es fällt auf, auch bei den mündlich berichteten Trainingsträumen, daß es hauptsächlich »Bewegungssportler« sind, die sich mit sehr schnellen und komplexen Bewegungen auseinandersetzen müssen, die von klaren Trainingsträumen profitieren. Zum Abschluß der Sportlerbeispiele soll noch eine Skifahrerin zu Wort kommen.

»Der Jetschwung mit seiner starken Schwerpunktverlagerung des ganzen Körpers nach hinten hat mir immer irgendwie Angst gemacht. Mehr als zwei Schwünge dieser Art konnte ich nacheinander nie ausführen, ohne zu stürzen. Immer, wenn mich der Ehrgeiz packte, kam ich abends voller blauer Flecken in die Hütte. Als ich dann im Sommer 84 das Klarträumen erlernt hatte, begann ich auch irgendwann damit, im Traum Buckelpisten zu fahren. Oft benutzte ich den Buckelschwung, um ein Flugerlebnis einzuleiten, aber irgendwann begann ich auch, kurz vor dem Scheitelpunkt des Buckels mich etwas nach hinten zu legen, die Schaufeln dabei zu entlasten, um dann über die Fersen die Richtung zu ändern. Das machte viel Spaß. Nach einigen Wochen wurde mir bewußt (während des Klarträumens), daß das, was ich da trieb, ja dem schulmäßigen Jetschwung ziemlich ähnlich war. Das vergrößerte meine Freude noch, und ich fuhr dann im Klartraum mindestens ebenso oft Buckelpiste, wie ich Flugerlebnisse herbeiführte.

Als ich dann im Winter wieder in Skiurlaub fuhr und einen Kursus belegte, da hatte ich den Jetschwung nach einer guten Woche endlich drauf. Ich bin ganz sicher, daß das mit meinen sommernächtlichen Übungen zusammenhing.«

Genuss ohne Reue

Unter der Rubrik »Genuß ohne Reue« fassen wir all jene Träume zusammen, in denen das Traum-Ich lediglich die Absicht verfolgt, sich möglichst lustvoll in seiner Traumrealität zu betätigen oder abzureagieren. In den meisten Fällen sind solche Träume verhältnismäßig unstrukturiert.

Lustbetonte Träume brauchen hier im Grunde nicht kommentiert zu werden. Sie sprechen für sich selbst.

»Ich stehe in einer öffentlichen Toilette und schiffe, wobei wohl ein bißchen was vorbeigeht. Ein bulliger Mann kommt herein und bringt massive Anschuldigungen deswegen vor. Ich merke sofort, daß ich träume, und weiß sofort, daß der Mann ein Teil von mir ist, der deswegen aktiv wird, weil ich am Tag mit einem Mädchen geschlafen habe, was dieser nicht so in Ordnung fand. Ich fand das aber ganz und gar in Ordnung und sage ihm das sofort, worauf dieser zu Boden geht und die ungefähre Position Uli Stielikes einnimmt, nachdem er den Elfmeter gegen Frankreich verschossen hatte. Ich fühle mich fast euphorisch, weil ich mein schlechtes Gewissen, Schuldgefühl (oder so), Topdog so gut erkannt habe...«

»Ich bin in einer Landschaft, die stark einer überdimensionalen Modelleisenbahn ähnelt. So gehen mir zum Beispiel die Telegrafenmasten gerade bis zur Brust. Viele Schienen liegen dicht beieinander. Ich gehe vorsichtig über die Schienen, denn es könnte ja ein Zug kommen. Da kommt auch schon einer. Ich stelle Überlegungen über die Größe der Leute im Zug an: ›Mann! Müssen die aber klein sein!‹ Weit gefehlt! Die Leute im Zug haben die gleichen Proportionen wie ich, nur sitzen sie wie die Ölsardinen. Meine nächste Überlegung ist: ›Was machen die in den Stoßzeiten? In diesen Zug geht doch so gut wie nichts rein?‹ Aber da kommt schon der nächste Zug und belehrt mich eines Besseren. Bei diesem Zug gibt es außen voll besetzte Notsitze, die wie Blumenkästen da hängen. Ich bin sehr verblüfft und meine: ›Irgendwie gut!‹ Da kommt schon wieder ein Zug; nein, diesmal eine Straßenbahn auf den gleichen Schienen. Ich springe noch vor der Straßenbahn über die Schienen, wobei ich bemerke, daß ich dies im Wachzustand nicht getan hätte, vor allem nicht so cool und gelassen. Es war nämlich sehr knapp!

Ich gehe dann zu einem kleinen Bahnhof, und als die Straßenbahn durch den Bahnhof fährt, wirbelt sie auf einmal Schnee auf, und eine Lawine löst sich vom Dach, obwohl ich weit und breit vorher keinen Schnee gesehen habe. Ich schaue auf die Erde, da liegt der Schnee, und ich habe nur Turnschuhe an. Dann fällt mir ein, daß ich meine Jacke mit allen Papieren irgendwo habe liegenlassen. Da taucht auf einmal die Jacke wie hergezaubert neben mir auf. Es macht sich Skepsis bei mir breit und ich denke: ›Irgendwie ist mir das vertraut; mit der Straßenbahn das war auch irgendwie komisch.‹

Ich laufe dann weiter und will nach Hause, da treffe ich einen Freund. Ich sage zu ihm, daß ich jetzt nach Hause müsse, es gehe bald kein Zug mehr, und hoffe insgeheim, er werde mich nach Hause bringen (mit seinem Auto). Aber der Freund verhält sich so, wie ich ihn kenne – er muß aus irgendeinem Grund ganz schnell woanders hin.

P. S. Ich kann mich an diese Szene auch nicht mehr so genau erinnern. Dann bin ich auf einmal zu Hause. Meine Eltern und meine Großmutter sitzen am Tisch. Meine Großmutter holt auf einmal ein etwa zigarettenschachtelgroßes Stück (englisch ›piece‹) hervor, das aussieht wie Marzipan mit Trüffeln, aber ich weiß, daß das ›Shit‹ ist und beginnt, es unter wuchtigen Faustschlägen breitzuschlagen. Ich sehe zu und tue so, als wüßte ich nicht, um was es geht. Mein Vater beugt sich über den Tisch und blickt sehr wissend drein. Er greift in seine Brusttasche und wirft meiner Großmutter einen kleinen Lederbeutel zu. Meine Großmutter öffnet den Beutel und entnimmt ihm ein kleines Stück besten Schimmelafghanen. Ich denke: ›Typisch Vater, wenn er was macht, dann richtig, tut aber sonst immer sehr brav und sittsam.‹ Meine Mutter schaut, ahnend, was gespielt wird, schockiert die Runde.

Meine Großmutter hat in der Zwischenzeit einen schönen, kleinen Teig ausgerollt. Ich denke insgeheim: ›Wie will denn die daraus einen Joint bauen, das Ding brennt doch gar nicht? Ja, wenn sie etwas von meinem Gras dazu täte, dann könnte das was werden!‹ Kaum gedacht, da mischt meine Großmutter schon mein Gras dazu und rollt einen riesigen Joint, der mehr einem großen, ungebackenen Hörnchen als einem Joint ähnelt. Sie nimmt das wabbelige Gebilde, zündet es an und reicht es mir. Ich denke oder sage (so genau weiß ich es nicht mehr): ›Das ist doch viel zu weich.‹ Sie sagt zu mir: ›Du mußt fest daran ziehen, dann wird's hart.‹ Ich ziehe am Joint bzw. an diesem labberigen Ding wie ein Staubsauger. Ich merke, daß meine Lungen ein unbegrenztes Fassungsvermögen haben, ich kann permanent einatmen. Da fällt es mir auch schon wie Schuppen von den Augen: ›Das ist ein Klartraum!‹ Ich höre auf, am Joint zu ziehen und stelle fest, daß er jetzt wie eine Zigarre aussieht und zudem auch hart geworden ist. Da ertönt aus der Richtung meiner Großmutter eine junge, vertraute Stimme und meint: ›Ja, ich mag das so.‹ In dem Moment läuft in mir über die zwei gesagten Sätze ein ganzer Film ab. Ich atme aus, da beginnt um mich herum das Bild sich zu verändern, als hätte man einen Superjoint geraucht oder eins mit dem Holzhammer überbekommen – aber trotzdem alles sehr angenehm. Vor mir steht nicht mehr meine Großmutter, sondern eine bildhübsche Freundin von mir, die ich im nächsten Augenblick in meinen Armen wiederfinde. Noch einmal ein unlustbetonter Gedanke an meine Eltern, dann sind wir nackt auf dem Sofa. Wieder Euphorie und die Worte: ›Ja, ich mag das so‹ ...«

»... Innerhalb eines Flugtraums befand ich mich über dem Main und sah auf Frankfurt und Offenbach hinab. Da mußte ich an die Möwe Jonathan denken, der das Fliegen mehr bedeutete als das Essen, und ich wünschte mir, so wie eine Möwe fliegen zu können. Ich wußte aber, daß das Meer noch ziemlich weit entfernt war. Da kam es plötzlich zu einem Erlebnis wie bei einem Filmabriß, und ich befand mich unter Möwen am Meer, mit denen ich dann herumflog...«

Der folgende Klartraum stammt von einem Studenten, der Erfahrung im Marihuanarauchen besaß. Im Klartraum flog er nach Jamaica, um Marihuana zu rauchen.

»... Als ich in ein ziemlich großes Marihuanafeld gelange, pflücke ich von den umstehenden Pflanzen einige Blätter und drehe mir einen schönen Joint. Ich beginne zu merken, wie ich allmählich in den Rauschzustand hinübergleite. Die Jamaikaner scheinen sich in meinen Augen immer weiter zu entfernen und verschwimmen langsam. Die umherstehenden Pflanzen fangen an, mich zu interessieren. Ich betrachte sie ganz genau und aus der Nähe, denn ihre Farben mit den unterschiedlichen Grüntönen sowie ihre große Schönheit faszinieren mich ungeheuer. Ich streife ein wenig durch das Marihuanafeld und entdekke immer neue, meine Aufmerksamkeit erregende Kleinigkeiten, die ich ausgiebig und intensiv anschaue und untersuche. Außerdem gehen mir einige vielsagende Gedanken über die Weite des Marihuanafeldes durch den Kopf, an die ich mich aber im Detail nicht erinnern kann. Insgesamt ist das Erlebnis zwar ähnlich wie nach tatsächlichem Marihuanagenuß im Wachleben, aber zugleich ist es doch ganz wesentlich intensiver, berauschender und sozusagen ›traumhafter‹.«

Im folgenden Klartraumbeispiel nimmt ein Student die Hilfe eines (Traum-)Hypnotiseurs in Anspruch, um in einen rauschartigen Trancezustand zu gelangen.

»Wir sind irgendeine Gruppe, die von einer Art Hypnotiseur geleitet wird, der uns beibringen will, wie man in Trance fällt. Ich habe keine Drogen- oder Tranceerfahrungen. Ich hatte allerdings schon einmal einen ›High-Traum‹, in dem ich träumte, Haschisch zu rauchen. Der Hypnotiseur schaukelt mich in einem langsamen Rhythmus. Plötzlich tut sich etwas. Ich verliere die Kontrolle über meinen Körper und fange an abzuheben. Ich überlasse mich diesem Gefühl. Um mich herum wird alles unruhig – sie haben es bemerkt. Die Leute sind für mich nur noch am Rande (nicht wahrnehmbar) vorhanden. ›Alles ist irgendwie prikkelnd, facettenartig, schön und erhebend. Der Hypnotiseur ruft halb fragend, in getragenem Tonfall: ›Klarheit?‹ Ich kann ihn deutlich hören. Ich versuche mitzuteilen, daß ich jetzt fliege (mein Zustand hat sich mittlerweile – in ein paar Sekunden – zum Fliegen gesteigert), indem ich so laut wie möglich rufe – heraus kommt aber nur ein gepreßtes, stimmloses: ›Ich fliege, ich fliege.‹ «

Ausgesprochen häufig zeigt sich in den Genußträumen das Bedürfnis des Traum-Ichs, Dinge zu zerstören.

»... (normaler Traum). Bin mit meiner Freundin bei einer Großtante von mir (Tante E.; war im Wachen noch nicht mit meiner Freundin bei ihr). Wir sind in irgendeinem Gästeschlafzimmer und können nicht schlafen, weil wir Angst vor irgendwelchen Riesenspinnen haben. Ich trete ein paar kleinere Spinnen tot. Meine Freundin will ein bißchen spazierengehen. Wir gehen kurz raus. Ich habe Angst. Als wir wieder im Haus sind – wir gehen durch den Flur ins Wohnzimmer –, dämmert es schon/ist es schon hell. Als ich aus einem der Fenster in Richtung eines Nachbarhauses blicke, sehe ich draußen etwas Großes, Braunes. Ich befürchte, daß es eine Riesenspinne ist. Meine Freundin sagt, das sei doch bloß ein Mann. Ich bemühe mich krampfhaft, schärfer zu sehen – es gelingt nicht.

Da denke ich: ›Mensch, so schlecht siehst du nun auch wieder nicht‹, und bin sofort klar. Ich mache eine Art Purzelbaum. Als ich auf dem Kopf stehe, habe ich eine realistische Lageempfindung. Wälze mich genüßlich und ohne Rücksicht auf Verluste durch das ganze Wohn- und (das nicht abgeteilte) Eßzimmer; gehe (im wahrsten Sinne des Wortes) über Tisch und Bänke. Ich empfinde dabei keinerlei Schmerzen, nur gewisse Berührungen. Vom gedeckten Eßzimmertisch nehme ich dann hauptsächlich Tassen aus verziertem, weißem Meißner Porzellan (Tante E. hat solche), in vollem Bewußtsein, daß es sich um teures ›Zeug‹ handelt, und werfe sie nacheinander über dem Eßzimmerschrank gegen die Wand. Dann werfe ich auch noch grüne Tassen hinterher (wie wir sie zu Hause haben; daran habe ich im Traum nicht gedacht). Ich habe einen großen Spaß daran; das Geschirr zerspringt schön.«

»Ich will in diesem Klartraum mit X., einer früheren Bekannten, schlafen. (Sie kam im vorhergehenden, normalen Traum vor.) Ich versuche, sie mir irgendwohin zu ›denken‹. (Ich bin in meinem früheren Elternhaus.) Ich laufe durch die ganze Wohnung. Im Wohnzimmer bemerke ich jemanden im Halbdunkel. Es ist leider nicht X., sondern Y., ein Freund. Ich mache mit ihm die Gedächtnisprüfung - Fehlanzeige. Ich halte es für möglich, daß ich schon einmal von ihm klargeträumt habe, ohne mich im Moment daran zu erinnern. (Tatsächlich habe ich vorher noch nie von ihm klargeträumt.)

Ich gehe ins Elternschlafzimmer und denke mir X. ins Bett. Ich greife bewußt langsam unter die Bettdecke: Ich spüre ihre Wärme, taste ihre Fesseln, gleite dann höher - eine vollständige, lebendige Frau ›entsteht‹. Es ist meine Freundin. Ich habe einen herrlich realistischen Geschlechtsverkehr mit ihr, der aber nicht zum Orgasmus führt.«

Im folgenden Genußtraum ist besonders interessant, wie der Klarträumer das Anwenden einer Klarheit bewahrenden Technik (KLB-Technik) beschreibt.

»Seit zwei Tagen beschäftige ich mich mit außerkörperlichem Reisen. Ich liege im Park und lese ›Dream Power‹. Nach einer Weile habe ich keine Lust mehr und will was Praktisches machen.

Ich lege das Buch zur Seite und mache es mir gemütlich. Ich schließe die Augen und entspanne mich. Nach kurzer Zeit steigen Bilder in den verschiedensten Farben auf. Es sind keine konkreten Darstellungen, sondern einfach Gebilde, die nur aus Farbkompositionen bestehen. Ich beobachte das Ganze sehr genau. Aber diese Bilder sind sehr empfindlich für solche Spielereien, denn jedesmal, wenn ich meinen Verstand benutzen will, um sie zu erfassen, sind sie weg. Zu dumm!!

Nach einer Weile kriege ich langsam den Bogen raus, meine tiefe Entspannung nicht zu verlieren, wenn ich mich einerseits auf das Farbenspiel vor mir konzentriere und mir andererseits die Tatsache vergegenwärtige, daß ich im Park auf einer Decke liege. Mit der Zeit werden die Gedanken manifester. Ich träume von Bildern, die Elemente des Parks beinhalten. Ab und zu fühle ich, wie ich mich auf der Decke hin- und herwälze. (Auf der Decke waren neben einer Freundin von mir auch eine Menge Ameisen, und ich fühlte mich zeitweise nach ihnen kratzen.)

Mit der Zeit fühle ich, daß ich immer fester schlafe. Ich merke, wie die Wahrnehmung meines Körpers auf der Decke und die Druckempfindung immer mehr schwindet. Auch die Bilder verändern sich. Sie werden immer deutlicher, und ihr zeitweiliges Verschwinden wird immer seltener. Nach einer Weile passiert etwas Merkwürdiges.

Ich träume, daß ich auf der Decke liege (ich sehe mich wie ein Standbild aus der Vogelperspektive auf der Decke liegen), und sofort im Anschluß daran träume ich, daß ich jetzt richtig träumen will, und stehe von der Decke auf. Die Decke wird zu einer Liege, und ich freue mich darüber, daß ich gerade beobachtet habe, wie man beginnt klarzuträumen. Aus Übermut und Freude mache ich von der Liege aus erst einmal eine ganz langsame ›Luftrolle‹ vorwärts.

Ich überlege mir, was ich nun tun könnte, und mein erster Gedanke ist: ›Außerkörperliche Reisen.‹ Ich stoße nach oben und habe das Gefühl, als ob ich etwas mit den Armen nach unten abstreife. Das Ganze stellt sich so dar, als würde ich aus einem Overall aussteigen, und sofort befinde ich mich in einem dunklen, viereckigen Tunnel.

Am Ende des Tunnels ist ein rosa beleuchtetes Zimmer, fast wie im Puff. Ich schwebe, aber mehr mit dem Gefühl, in einem D-Zug zu rasen als zu schweben, dem Zimmer entgegen. Dann bin ich im Zimmer und bin geblendet von einem wunderbaren Gefühl. Ich bin überzeugt, daß es sich um den schönsten Raum handelt, den ich je gesehen habe, und bin der Meinung, das muß das ›Nirvana‹ sein. Ich sage: ›Welch ein göttliches Geschenk‹, meine aber mit dem Ausspruch die Fähigkeit klarzuträumen. Dann beginne ich, den Raum zu inspizieren. Ich fühle eine Frau hinter einem Schreibtisch sitzen und male mir das Bild als eine vollbusige Dame hinter einem Rokokoschreibtisch aus. Ich werde in meinen Erwartungen auf der ganzen Linie enttäuscht. Auch stelle ich fest, daß das Zimmer gar nicht so schön ist, die Schränke sind 50er Jahre, der Zuschnitt ist auch nicht überwältigend usw. Ich gehe zu der Frau und denke halt, was man so denkt, wenn man was mit Frauen zu tun hat.

Die Frau steht auf und macht Anstalten, sich aufs Klavier zu legen. Ich aber denke: ›Nein, wir sind doch hier für neue Erkenntnisse.‹ Sie will mich in einen Nebenraum führen und mir anscheinend etwas zeigen. Ich folge ihr.

Beim Gehen hinter der Frau überlege ich, ob ich ihr ein Kunststück zeigen und einmal kurz durch die Wand gehen soll. Ich komme aber sehr schnell zu dem Entschluß, daß das Blödsinn sei, da sie das sowieso kennen wird. Wir sind dann im Nebenraum angelangt. Sie öffnet eine Tür und steigt eine Treppe hinab. Ich überlege, ob das noch was bringt, da beginnt sich die Illusion aufzulösen. Ich sehe wieder nur Farben vor mir, deren Konstellation mich an Seeanemonen erinnert; ich bleibe eine ganze Weile noch in diesem Zustand – mit Absicht – da ich hoffe, nochmal eine Klartraumsequenz zu haben. Leider gelingt mir das nicht mehr, und ich beschließe deshalb aufzuwachen.«

6 Das erste Mal

Die zahllosen Ersterlebnisse, die uns als Bericht vorliegen, sprechen im Grunde für sich und bedürfen ebenfalls kaum eines Kommentars. Meist sind es Erlebnisse von naiver Freude und Lust – kaum ein Ersterlebnis wird zum Selbsterkenntnistraum. Und doch: kein Klarträumer hat je seinen ersten Klartraum vergessen.

»Ich schwebe durch die Luft. Es ist bereits etwas dämmrig. Ich komme durch eine Gasse (ohne daß ich erkenne, was links und rechts ist). Ich denke: ›Das gibt es nicht, daß ich fliegen kann. Vielleicht träume ich.‹ Ich will prüfen: ›Was war vorher?‹ Ich weiß es nicht so recht. Ich denke, daß ich auf einem Konzert oder einer Veranstaltung war. Mir ist aber nicht so recht klar, was eigentlich passiert ist. Ich will einmal versuchen, etwas zu lesen. Ich sehe ein gelbes Ortsschild mit schwarzer Schrift – ein normales deutsches Ortsschild – und versuche, es zu lesen. Die Schrift ist jedoch arabisch oder so etwas. Ich merke, daß ich träume. Ich drehe mich um und bin wach. – Ärger!«

»Ich fuhr in der Gegend von H. Straßenbahn. Plötzlich bemerke ich, daß ich träume. Das Dach der Straßenbahn löst sich auf, und ich fliege in einen intensiv blauen Himmel hinein. Dabei bemerke ich, wie meine Augen schnell hin und her zucken. Intuitiv erfasse ich einen Zusammenhang zwischen meiner Flugfähigkeit und den Augenzuckungen. Sie sind für mich sozusagen das Triebwerk, das mich zum Fliegen befähigt. Nach einiger Zeit des Rumfliegens wird es mir zu langweilig, und ich beschließe, ›eine Welle haben zu wollen‹. Ich fliege deshalb zu einem Strand. Der Strand ist sehr ausgetrocknet. Von Wasser und Wellen keine Spur. Plötzlich kommt dann doch eine Art Welle. Sie ist perlmuttfarben-violett und wirbelt sich durch die Luft. Da mir das nicht gefällt, beschließe ich, mit irgendeinem Mädchen zu schlafen. Dieser Beschluß muß meine Omnipotenz derart überfordert haben, daß der Klartraum zu einem ganz normalen Traum wird, und ich erinnere mich nur noch, irgendwie am Strand entlang gelaufen zu sein.«

»Eine Freundin liegt im Schlafzimmer meiner Studentenwohnung weinend auf dem Boden. Es gelingt mir nicht, sie zu trösten, und ich gehe in die Innenstadt. Ich befinde mich auf der Hauptstraße, und plötzlich wird mir bewußt, daß ich wahrscheinlich träume. Sofort konzentriere ich mich auf meine Wahrnehmung und bemerke, daß sie irgendwie nebulös, verschwommen (nicht visuell zu verstehen) und ganz klar anders als im Wachzustand ist. (Diese Frage hatte mich immer brennend interessiert, ob man in einem luziden Traum einen Unterschied zum Wachbewußtsein ausmachen kann.) Ich sage zu mir: ›Aha, die Wahrnehmung unterscheidet sich grundlegend vom Wachbewußtsein, man kann die Zustände nicht verwechseln.‹ Dann probiere ich aus, ob ich wirklich träume (Beweis). Ich richte meine Willenskraft auf einen vorbeieilenden Passanten. Sofort kommt er direkt auf mich zu, schaut mich freundlich an und lächelt mir zu. Kurz bevor er direkt vor mir ist, ziehe ich meine Willenskraft zurück, der Mann bleibt überrascht stehen (wie bei einer Verwechslung), das Lächeln erstirbt, der Mann wendet sich von mir ab und verschwindet im Passantenstrom. Ich kontrolliere kurz eine zweite Person; als ich bemerke, daß sie reagiert, ›lasse ich sie wieder los‹.

Nun versuche ich die riesige Kugel, die sich auf einer Turmspitze befindet, herunterfallen zu lassen. Es gelingt nicht. Mehrmalige Versuche ohne Erfolg. Ich wende mich ab. Ich kehre auf der Straße um und gehe den Weg zurück, den ich gekommen bin. Da kommt mir mit rasender Geschwindigkeit ein Pferdegespann (ohne Wagen) entgegen. Seine Farbe ist schwarz (wichtig), ich empfinde einen winzigen Augenblick lang Unsicherheit/Angst, lasse dann diese Erscheinung geradezu lässig gegen eine Häuserfront rasen, wo sie lautlos zerplatzt und nur einige schwarze Farbspritzer auf der Wand von ihr übrigbleiben. Nun versuche ich, den Traum aktiv sexuell zu nützen. Eine von rückwärts kommende Passantin (Alter 20 bis 22, Größe etwa 160 cm, blonde, lange Haare, rundes, blasses Gesicht, rundlich) wird von mir angehalten. (Absichtlich habe ich

im Traum nicht meine Idealfrau gewählt, weil mir diese zu schade für Experimente wäre, so schien es mir.) Ich berühre ohne zu zögern ihre Brüste, sie protestiert anfänglich, wie ich es erwartet habe, läßt dann aber willig alles über sich ergehen. Ich berühre ihre Genitalien. Mein Interesse schwindet, und gleichzeitig wird sie langsam zur Mischung zwischen Mensch und Schaufensterpuppe. Mit meinem Experiment zufrieden wende ich mich von ihr ab... und gleite wieder in die nichtluzide Phase des Traumes, der noch einige Zeit andauert, bis ich aufwache.«

»Ich sitze in einem Raum und habe Angst. Ich weine. Meine Eltern und mehrere andere, die ich nicht erkennen kann, wollen mir die Mandeln rausnehmen lassen. Aber ich will nicht. F. kommt, um mich zu trösten. Dann erscheint ein Arzt und nimmt mich in einem roten Auto mit. Wir steigen aus und stehen vor einer mittelalterlichen Burg. Der Arzt behauptet, das sei ein Krankenhaus, aber ein kirchliches, weshalb alles ein wenig altmodisch aussähe. Wir gehen in das Schloß.

Dann bin ich im Operationssaal, ein riesiger, hoher Raum, düster und mit vielen Säulen. Die Operationstische sind aus Stein, eher so wie Opfertische. Einer der Tische ist belegt, dort wird ein Mann operiert. Ich soll mich auf den anderen Tisch legen. Irgendwie merke ich dann, daß ich meinen eigenen Körper auf dem OP-Tisch liegen sehen kann, daß ich selbst quasi darüberschwebe. Plötzlich kommt mir der Gedanke: ›Ich träume ja!‹ Alles wird auf einmal irgendwie klarer und bewußter. Ich überlege, was ich jetzt am liebsten machen würde, und beschließe, zunächst erst einmal vom Tisch aufzustehen und das Schloß zu verlassen. Das geht ganz einfach. Keine der anwesenden Gestalten, auch der Arzt nicht, versuchen, mich daran zu hindern.

Ich will unbedingt fliegen. Als ich aus dem Schloß herauskomme, stehe ich auf einem Hügel. Es ist ganz toll warm, die Sonne scheint. Ich hebe ab und fliege über eine Straße. Ich freue mich und bin ganz aufgeregt. Auf der

Straße laufen zwei Männer. Sie rennen in die entgegengesetzte Richtung, so richtige Jogger mit kurzen Sportshorts und Stirnband.

Ich überlege, was ich als nächstes tun will, und dabei ist mir bewußt, daß ich jetzt alles machen kann, was ich will. Dann fällt mir nur noch ein: ›Raffael, Raffael!‹ (Der Name des Geliebten der Träumerin, der sich aber weit weg in Italien befindet.) Das ist wie ein Zwang, ich kann nichts anderes mehr denken, und dann werde ich wach.«

»Ich mache gerade einen Mittagsschlaf (sehr schönes Wetter draußen). Ich liege auf einem Sofa, gehe im Traum eine Allee entlang. Straßengeräusche von einer vorbeifahrenden Straßenbahn vermischen sich mit dem Traum, und mir wird bewußt, ich träume.

Ich liege nun auf dem Sofa und verschiebe meinen Unterkiefer auf dem Kissen, weil das Kissen so seltsam liegt. Dieses Verschieben erzeugt im Kopf ein Rauschen – ähnlich dem Zähnezusammenbeißen –, dieses Rauschen erzeugt auch ein Gefühl von Leichtigkeit im Kopf, und ich interpretiere dieses Rauschen und die Leichtigkeit im Traum als eine Art Triebwerk.

Mit diesem Triebwerk beginne ich nun, Flugversuche zu unternehmen, aber ich schaffe es noch nicht, damit zu fliegen. Da ich aber für einen kleinen Moment wach werde, wird mir bei diesem Versuch die Funktionsweise meines ›Triebwerkes‹ klar, und ich versuche nochmal, durch starkes Verschieben meines Unterkiefers viel ›Schub‹ zu erzeugen. Es gelingt mir, einige Meter in der Luft zu fliegen und den Schub zu regulieren. Ich gewinne an Selbstsicherheit und fliege senkrecht in die Luft. Zuerst verkleinert sich unter mir das Dorf, dann werden Felder, Wiesen und Flüsse sichtbar, die sich ebenfalls verkleinern, die Erde beginnt sich zu krümmen, und ich merke, daß ich aus der Atmosphäre herausfliege, da sich der Himmel immer blauer verfärbt und zum Schluß dunkelblau wird.

Ich fliege wieder zurück. Das Ganze läuft so ab, als würde man einen Film rückwärts laufen lassen. Als ich wieder unten angelangt bin, beschließe ich, zu meiner Schwester zu fliegen, um sie mit dem Kunststück zu erfreuen. Sie bekam (das ist jetzt real) zu dieser Zeit ein Kind und war demzufolge in einer nicht gerade einfachen Situation. Ich fliege zu ihr und biete ihr an, mitzufliegen. Dabei setzen sie und das Kind sich auf mich, und wir fliegen los. Aber das Losfliegen ist schwer, ich kann schlecht und nur mit Mühe starten, aber es geht.«

»Meinen ersten Klartraum hatte ich während der Nacht. Schon am Abend hatte ich das Gefühl, daß ich einen Klartraum haben würde.

Zur Klarheit kam ich, als um mich herum ein ziemlich hektisches Durcheinander herrschte und jeder etwas von mir wollte: ich sagte mir, das müsse ein Traum sein. Ich war dann ziemlich aufgeregt, weil ich das toll fand, einen Klartraum zu haben. Überprüft habe ich es eigentlich nicht, weil ich mir ganz sicher war.

In diesem Traum hatte ich eine intensive Wahrnehmung meiner Umgebung. Ich hatte das Gefühl, jeden Grashalm einzeln zu sehen, die Farben waren viel kräftiger und leuchtender. Ich überlegte mir, daß ich ja nun wohl fliegen könnte, was ich auch sofort in die Tat umsetzen wollte. Aus dem Stand heraus klappte es nicht. Da fiel mir ein, daß es besser geht, wenn man von einem Stuhl startet. Das klappte dann auch sehr gut.

Ich befand mich nun in einer Art Kaufhaus, das an einer Stelle offen war und sehr steil abfiel. Es erschien mir zu riskant, diesen Abhang hinunterzufliegen, weil ich doch eben erst mit dem Fliegen begonnen hatte, also beschloß ich, erst einmal nicht so steile Abhänge hinabzufliegen, sondern flog auf der Kaufhausseite im Treppenhaus herum. Die Flugbewegungen waren in etwa mit Schwimmbewegungen zu vergleichen. Es war ein sehr schönes Gefühl zu fliegen. Ich hatte das Bedürfnis, den umstehenden Leuten klarzumachen, daß ich jetzt im Klartraum bin. Als Beweis führte ich an, daß ich fliegen kann. Die Leute waren allerdings wenig beeindruckt. Der Traum wurde mit dem falschen

Erwachen beendet. Für mein Gefühl dauerte er sehr lange, etwa eine halbe Stunde.«

»Ich sitze in einem Kino in einer Sitzreihe, bin nackt und nur in eine dicke, steife Decke gehüllt, so daß man meine Nacktheit gut an der freien Brustpartie erkennen kann. Ich schwitze ziemlich stark, als die Frau R. meinen Platz passiert, ohne mich besonders zu bemerken. Herr R. nimmt den Platz neben mir ein und scheint auch die Begegnung zwiespältig aufzunehmen. Ich bin ebenfalls peinlich berührt. In meiner Verlegenheit fällt mir ein, daß ich in solchen peinlichen Situationen mir die kritische Frage stellen wollte, um zu entscheiden, ob ich einen Klartraum hätte. (Ich gehe also immer noch davon aus, daß dies eine reale Situation ist.) Um dies zu erreichen, beiße ich mir auf den Daumen und stelle fest, daß ich nur eine sehr taube Empfindung erlebe und keinen scharfen oder hellen Schmerz. Obwohl ich mir nicht sicher bin, ob dies eindeutig für einen Klartraum spricht, fühle ich mich erleichtert und klatsche Herrn R. mehrmals freundschaftlich auf die eine Wange, wobei er mich lächelnd anschaut…«

7. KAPITEL

FRÖHLICHE WISSENSCHAFT

Pioniere gesucht!

Trotz oder wegen fortschreitender Intensivierung der nun fast schon »hoffähigen« Klartraumforschung bleibt immer noch viel Neuland zu erobern. Jeder Interessierte darf sich dazu eingeladen fühlen, hier seinen Inspirationen freien Lauf zu lassen und sich mit uns Autoren darüber in Verbindung zu setzen. In diesem Kapitel, das den augenblicklichen Stand der Forschung beschreibt, werden Sie sicher noch viele Anregungen dazu finden.

Es gibt zum Beispiel noch viel zu wenig exakte Klartraumberichte von sportlichen Trainingsträumen. - Gibt es noch andere brauchbare Traumkriterien, die einem Träumer die Realitätsüberprüfung bei der Lerntechnik erleichtern könnten? - Und wie könnten Menschen, die in den sogenannten kreativen oder künstlerischen Berufen arbeiten, vom Klarträumen profitieren? Was ist zum Beispiel mit den Schauspielern? Gerade in diesem Beruf, wo es ja darauf ankommt, sich an seine Gefühle zu erinnern, um sie auf der Bühne wiederherzustellen und in Handlungszusammenhängen immer wieder neu leben zu lassen, könnte es ja von Vorteil sein, bereits im Klartraum alle möglichen Varianten einer Szene mit allen dazugehörigen Gefühlen schon einmal durchzuspielen, sozusagen »vorzuproben«. Und könnte man im Klartraum vielleicht seine Fähigkeit, fremde Sprachen zu sprechen, weiter üben? Und, und, und... Schreiben Sie uns, wir freuen uns!

Du? Oder Ich?

Haben Traumgestalten ein Bewußtsein? Diese Frage drängt sich irgendwann jedem Klarträumer auf – macht er doch die eigenartigsten Erfahrungen mit seinen Traumgestalten, die nur allzu oft als selbstbewußte, starke und wissende Persönlichkeiten in Erscheinung treten. Auch ein Noch-nicht-Klarträumer, der das Kapitel 6 mit den vielen Beispielen gelesen hat, wird diese Frage zumindest für möglich halten.

Alle Klarträumer berichten übereinstimmend, daß ihre Traumgestalten den Eindruck erwecken, sie seien mit Bewußtsein begabt. Sie reden sinnvoll (jedenfalls meistens), zeigen Gefühle, scheinen ihre eigenen Absichten zu verfolgen und sind zu erstaunlichen Leistungen fähig. Aber haben sie wirklich ein Bewußtsein? Niemand, der nicht einem magischen oder einem der extremeren esoterischen Weltbilder anhängt, wird geneigt sein, diese Frage zu bejahen. Wir tendieren wohl alle eher dazu, eine solche Behauptung ohne Umschweife zu verneinen oder als sinnlos zurückzuweisen.

Wir wollen diese Frage aber trotzdem stellen. Wie wir noch sehen werden, ist sie nämlich nicht ganz ohne theoretische und praktische Bedeutung. Zuerst aber: Was soll es überhaupt bedeuten, wenn man sagt, daß eine Traumgestalt Bewußtsein habe?

Beginnen wir mit dem, was es nicht bedeuten soll. Nach dem Kapitel 5 über Erkenntnistheorie ist klar, daß damit nicht gemeint sein kann, daß diese Gestalten unabhängig von unserem Organismus existieren, wahrnehmen, denken und fühlen können. Denn das Bewußtsein von uns selbst (und von der Welt) ist an bestimmte, physiologische Vorgänge im Gehirn gebunden. Aber könnte ein Mensch nicht zwei »Bewußtseine« haben? Er besitzt schließlich auch zwei Gehirnhälften!

Betrachten wir dazu die Experimente des Hirnforschers Sperry. Um seine Patienten von bestimmten krankhaften Symptomen zu befreien, hatte er ihnen den Balken durchtrennt, der die beiden Gehirnhälften miteinander verbindet. (Wir wollen hier nicht darauf eingehen, was wir von solchen Eingriffen halten, sondern nur seine Ergebnisse darstellen.) Unter Zuhilfenahme ausgeklügelter Testverfahren konnte SPERRY zeigen, daß die getrennten Gehirnhälften anscheinend zu unterschiedlichen Wahrnehmungs-, Lern- und Denkleistungen fähig sind. Unter anderem wegen dieses Befundes diskutierten (und diskutieren) namhafte Wissenschaftler die Frage, ob den beiden Gehirnhälften der Menschen ein jeweils eigenes Bewußtsein zukommt.

Warum also sollten wir nicht fragen, ob auch eine Traumgestalt ein eigenes Bewußtsein hat? Ob sie also ein eigenes Ich erlebt, einen eigenen Zugang zu »unserem« Gedächtnis besitzt, ob sie eine eigene und kontinuierliche Entwicklung ihrer Persönlichkeit erlebt, ob sie eigenständig denken, fühlen und handeln kann? Vielleicht gibt es ja zwei PPNs, die sich lediglich im Wachen überlagern, im Traum aber nicht? Doch dann wären wir im Traum ja immer nur mit *einer* Traumgestalt konfrontiert - oder?

In gewisser Weise ist die Beantwortung dieser Frage auch von ethischer Bedeutung: Denn, hätten die Traumfiguren tatsächlich ein Bewußtsein, dürften wir ihnen dann Schmerz zufügen?

Wie bei vielen anderen erkenntnistheoretischen Fragestellungen auch, ist eine endgültige Beantwortung nicht denkbar. Man kann aber von der erfahrungswissenschaftlichen Seite her an das Problem herangehen. So sind zum Beispiel neurophysiologische Untersuchungen denkbar, durch die wir eines Tages herausbekommen könnten, welches die hirnphysiologischen Grundlagen für das Ich-Erleben sind (das ist gar nicht so abwegig!). Dann könnten wir auch prüfen, ob von der Hirnstruktur her die Möglichkeiten für mehrere »Ichs« gegeben sind. Wäre das nicht der Fall, so spräche das gegen die Bewußtseinsbegabung von Traumgestalten. Aber so weit ist die medizinische Forschung noch nicht.

Man kann die Frage, ob Traumgestalten ein Bewußtsein haben, auch auf andere Weise erfahrungswissenschaftlich angehen, indem man nämlich prüft, ob diese Gestalten zu

denselben Leistungen fähig sind wie bewußtseinsbegabte Wesen. Dazu wurden schon verschiedene Experimente durchgeführt, in denen untersucht wurde, welche Wahrnehmungs-, Denk- und Gedächtnisleistungen Traumfiguren vollbringen können. Dabei wurden klarträumende Versuchspersonen angewiesen, ihren Traumgestalten bestimmte Aufgaben zu stellen, mit denen man diese Leistungen überprüfen kann.

Vorausschickend ist zu bemerken, daß bislang nur ein Teil der Traumfiguren bereit und fähig war, die gestellten Aufgaben in Angriff zu nehmen. Wie im Wachleben findet man im Traum Willige und Unwillige, Gescheite und weniger Gescheite. Wir beschränken uns in diesem Kapitel auf die Willigen und Begabten. (Eines der eher unwilligen Forschungsobjekte haben Sie bereits im 3. Kapitel kennengelernt: den kleinen Jungen, der nicht reimen und rechnen wollte.) Mitunter gab es in diesen »Forschungsträumen« auch Nebeneffekte, da die aktuellen Probleme des Klarträumers sich in den Vordergrund schoben, wie gleich im ersten Beispiel nachzulesen ist.

Zur Prüfung der Wahrnehmungsleistung von Traumfiguren wurde ihnen unter anderem die Aufgabe gestellt, etwas aufzuschreiben oder zu zeichnen. Falls die Traumgestalt eine eigene Perspektive hat, müßte das so zu Papier gebrachte vom Standpunkt des gegenüberstehenden Traum-Ichs aus auf dem Kopf stehen, vom Standpunkt der Traumfigur aus aber richtig herum erscheinen.

»... Jetzt soll meine Freundin etwas schreiben. Sie schreibt sehr langsam und etwas unbeholfen: ›3ZWG‹ in Schreibschrift. Besonders bei dem ›G‹ sehe ich deutlich ihre Schreibbewegungen; sie steht direkt neben mir. Nachdem sie fertig ist, geht sie weiter. Ich bringe sie dazu, nochmal etwas zu schreiben; sie steht mir jetzt gegenüber und schreibt auf einer horizontalen Unterlage, einer Art Schreibplatte. Mit großer Geschwindigkeit (sie entspricht etwa meiner maximalen Schreibgeschwindigkeit) schreibt sie – von mir aus gesehen auf dem Kopf stehend: ›Schillerstraße‹. (Das ist die Straße, in der ich wohne.) Ich bin tief beeindruckt. Das Schriftbild ist einheitlich und schön; es hat ein etwas ›eckiges‹ Aussehen, ähnlich einer Sütterlinschrift. (Eine nachträgliche Überprüfung ergab, daß das Schriftbild aber keine große Ähnlichkeit mit meiner oder der Schrift meiner Freundin hatte.)«

Dieses und ähnliche Beispiele belegen, daß manche Traumfiguren so schreiben können, als ob sie die Traumumgebung aus einer eigenen Perspektive betrachten. Der geschilderte Klartraum hatte aber noch ein interessantes Nachspiel. Etwa zwei Monate nach diesem Traum referierte der Student über seine Untersuchungen, wobei er auch die Abkürzung ›3ZWG‹ an die Tafel malte. Er wurde sofort darüber aufgeklärt, daß dies wohl die Abkürzung von Dreizimmerwohnung sei, was ihn in Verlegenheit brachte. Denn damit wurde eines seiner aktuellen Probleme berührt. Seine Freundin wollte nämlich, daß er aus seiner Wohnung in der Schillerstraße ausziehen und mit ihr eine Dreizimmerwohnung teilen solle. Dieses Nachspiel ist insofern interessant, da es zeigt, daß die Traumgestalten etwas Bedeutungsvolles zum Ausdruck bringen können, ohne daß dies vom Träumer selbst bemerkt wird.

Um die Gedächtnisleistungen zu überprüfen, wurde den Traumfiguren die Aufgabe gestellt, dem Traum-Ich ein Wort zu nennen, dessen Bedeutung diesem nicht bekannt sein sollte. Das folgende Beispiel ist recht beachtenswert:

»... In dem Zimmer begegne ich einer mir nahestehenden Frau. Ich frage sie, wie ich es mir vorgenommen habe, ob sie mir ein Fremdwort sagen könne, das ich nicht kenne. Sie sagt sofort: ›ORLOG! Unsere Beziehung bedeutet ORLOG!‹ Ich kann damit nichts anfangen, weil ich die Bedeutung des Worts ORLOG nicht kenne ... Als ich nach einiger Zeit die Frau frage, was denn ORLOG überhaupt bedeute, streitet sie ab, dieses Wort gebraucht zu haben, sie hätte vielmehr das Wort ›Charme‹ genannt, wobei sie mich charmant anblickt...

Nach dem Erwachen schaue ich sofort im Fremdwörterlexikon nach der Bedeutung des Wortes ORLOG. Es kommt aus dem Niederländischen und bedeutet soviel wie Krieg oder Fehde. Ich kann mich nicht daran erinnern, dieses Wort jemals gehört zu haben. Da ich aber (noch) kritischer Realist bin, nehme ich an, daß mir das Wort schon einmal begegnet sein muß. Daß der Klartraum mir eine wichtige Erkenntnis über meine Beziehung zu der betreffenden Frau brachte, sei nur nebenbei bemerkt.«

Das nächste Beispiel zur Prüfung der Frage, ob Traumfiguren einen eigenen Zugang zum Gedächtnis haben, ist nicht weniger eindrucksvoll. Der Träumer hatte am Abend zuvor mit anderen Klarträumern darüber diskutiert, wo die Unterschiede und Gemeinsamkeiten von Klartraumerlebnissen und religiösen Visionen liegen. Dabei wurde auch auf das Bekehrungserlebnis des PAULUS Bezug genommen. Derart vorbereitet träumte er:

»... Ich halte eine Rede und werde mir plötzlich des Träumens bewußt. Ich wende mich an einen älteren Zuhörer und frage ihn, ob er mir ein Fremdwort oder ein Wort aus einer anderen Sprache nennen könne, das mir nicht bekannt sei. Der Mann sagte mit warnender Stimme: ›IKONIUM, merke Dir dieses Wort gut!‹ Trotz intensiven Nachdenkens komme ich nicht darauf, was das Wort bedeuten soll...

Nach dem Erwachen finde ich in einem Nachschlagewerk, daß IKONIUM eine kleinasiatische Stadt war, in der Paulus wegen seiner Lehre gesteinigt worden ist. Der Sinn des Traums wird mir schlagartig klar.«

Ein Student berichtet in demselben Zusammenhang den folgenden Traum:

»... Dann traf ich mit Tholey zusammen. Als ich ihn fragte, ob er mir ein Fremdwort sagen könne, antwortete er: ›Ich bin NIMROD.‹ Ich wußte nicht, wer NIMROD ist...«

Aus dem Lexikon erfuhr der Träumer, daß NIMROD eine babylonische, wohl mit Gilgamesch identische Sagengestalt war. Dieser reiste in die Unterwelt und bezog als erster überlieferter Mensch Wissen aus Klarträumen.

Keiner der zitierten Träumer konnte sich – auch bei bestem Willen nicht – daran erinnern, jemals von ORLOG, IKONIUM und NIMROD gehört zu haben – obwohl es natürlich möglich ist, daß diese Informationen aus vielleicht schon lange vergessener Schulzeit in irgendeinem Winkel des Gedächtnisses schliefen, bis sie von einer Traumfigur wieder zum Leben erweckt wurden. Auch der folgende Traumbericht macht hier keine Ausnahme:

»... Da ich mir vorgenommen hatte, im Traum mit Drogen zu experimentieren, komme ich auf den Gedanken, nach Jamaika zu fliegen, weil es dort besonders gutes Marihuana geben soll. In der nächsten Traumsequenz bin ich auch schon auf dem Weg dorthin. Als ich mich gemütlich in meinem Sitz zurücklehne, bemerke ich eine wunderschöne Stewardeß. Sie hat lange, blonde Haare, ist außergewöhnlich hübsch und lächelt mir zu... Ich frage sie: ›Wie heißt du?‹ Sie antwortet: ›CYRA.‹ Ich frage weiter: ›Wer bist du?‹ Sie sagt: ›Ich bin deine Traumbegleiterin. Ich komme mit dir.‹ ... Als hätte CYRA geahnt, was ich von ihr wollte, schreibt sie ihren Namen auf ein Blatt Papier. Danach frage ich sie, wieviel 11 x 11 ergibt; sie zögert kurz und antwortet dann: ›141‹. Ich muß selbst kurz nachdenken, um das Ergebnis als falsch zu erkennen... Jetzt fällt mir wieder mein eigentliches Traumvorhaben ein, und ich beschließe, die Reise mit CYRA fortzusetzen...«

Nach dem Erwachen schlug der Träumer in einem Namenslexikon nach und fand, für ihn völlig überraschend, daß »Cyra« (als weibliche Nebenform von »Cyrillus«) soviel bedeutet wie »Die zum Herrn Gehörende« oder »Die dem Herrn Geweihte«.

Gereimtes und Ungereimtes

Zur Überprüfung ihrer sprachlichen Fähigkeiten wurden den Traumfiguren auch Aufgaben gestellt, die ihre Begabung zum Reimen zeigen sollten. Es gibt auch zahllose Klartraumberichte über Versuche, die Traumfiguren rechnen zu lassen. Bisher hat es sich aber gezeigt, daß die Traumgestalten lediglich solche Rechenaufgaben befriedigend lösen konnten, deren Ergebnis unter 20 liegt. Außerdem zeigt sich in den Forschungsträumen immer wieder, daß die Traumgeschichten dem bewußten Traum-Ich entgleiten, wie auch im folgenden Beispiel, in dem es dem Träumer aber doch immer wieder gelingt, seinen Traumfiguren neue Aufgaben zu stellen.

»... Zunächst ist niemand da. Dann komme ich an farbigen Rockertypen vorbei, die mir als Versuchspersonen aber nicht zusagen. Schließlich treffe ich mehrere Kinder, die ich frage, ob sie schreiben könnten. Antwort: ›Nein, aber rechnen.‹ Frage ein etwas älteres Mädchen: ›Wieviel ist 14 x 16?‹ Sie: ›Weiß nicht.‹ Ich: ›3 x 6?‹ Sie: ›28.‹ Ich will weitergehen, aber das Mädchen läßt mich nicht so ohne weiteres weg. Sie will, daß ich mich ein bißchen mit ihr beschäftige. Ich küsse sie, sie erwidert den Kuß. Alles ist dunkel um mich herum. Ich mache Augenbewegungen und bemühe mich, meine Aufmerksamkeit nicht auf etwas Bestimmtes zu konzentrieren, denn ich befürchte aufzuwachen.

Es wird wieder heller. Jetzt bin ich in einer Art Bus. Viele Leute steigen ein; sie stehen dicht gedrängt vor mir. Das Mädchen drängt sich von hinten an mich, um mit mir geschlechtlich zu verkehren (in anatomisch unmöglicher Weise). Ich lasse mich davon nicht weiter beirren, sondern unterhalte mich mit einem vor mir stehenden Mann, der das Mädchen nicht zu sehen scheint. (Über was wir uns unterhielten, weiß ich nicht mehr.) Ich überlege mir, daß diejenigen Leute, die mir zugewandt sind, eigentlich mich und das Mädchen sehen müßten, wenn sie eine eigene Perspektive besitzen. Da bemerkt uns auch schon eine junge Frau, die ihre Illustrierte sinken läßt, und sagt: ›Gut macht ihr das.‹ Dann macht sie auch ihren Mann/Freund auf uns aufmerksam. Der Bus hält, und die Leute steigen aus. Sie gehen in zwei verschiedene Lokale: das eine ist für Weiße, das andere für Schwarze. Ich überlege mir, wo ich hingehen soll, und entscheide mich für das ›weiße‹ Lokal, weil ich in dem anderen sicher zu sehr auffallen würde. Ein jüngerer Mann, etwa in meinem Alter, sucht die Toilette des Lokals. Ich frage ihn im Scherz, ob er denn dafür genug Geld bei sich hätte. Dabei merke ich, daß ich auch aufs Klo muß, um ein größeres Geschäft zu erledigen. Ich befürchte, daß ich tatsächlich austreten muß, und beschließe deshalb, mich bald aufzuwecken. Nun gehe ich durch einen großen Speisesaal des Lokals und frage den (dunkelhäutigen?) Ober noch schnell: ›Wieviel ist 13 x 17?‹ Er antwortet: ›One hundred.‹ Aus dem Hintergrund sagt ein Gast: ›Nein.‹ Ich gehe zu ihm, um sein Ergebnis zu hören (selbst habe ich nicht gerechnet). Er sagt: ›47, 48!‹ Ich klettere zum Fenster hinaus, getraue mich aber nicht abzuspringen – es geht etwa drei bis vier Meter in die Tiefe. Irgendwie lasse ich mich an der Wand hinuntergleiten und komme in einen angenehmen Schwebezustand. Ich bedaure es, keine Zeit zum Fliegen zu haben, da die Traumszenerie herrlich realistisch ist.

Mir fällt ein, daß ich Pullover und Jacke im Lokal liegengelassen habe, und ich gehe deshalb wieder hinein (normales Körpergefühl), obwohl ich mir sage, daß dies eigentlich Unsinn ist, denn ich bin ja in einem Traum. Drinnen sehe ich meine Freundin mit zwei Mädchen/Frauen schmusen; ich kümmere mich nicht darum. Als ich meinen Pullover angezogen habe, spüre ich das bekannte diffuse Aufwachgefühl. Die Traumszenerie samt meinem Traumkörper verschwindet. Noch bevor ich meinen Wachkörper differenziert spüren kann, höre ich den Wecker ticken, und es bildet sich das räumliche Bezugssystem meines Zimmers aus. (Aufgewacht: etwa 4.40 Uhr; Traum rekapituliert und Stichpunkte notiert. Mußte dringend urinieren).«

Es kommt auch vor, daß eine Traumfigur, ohne daß man sie dazu auffordert, eine Leistung vollbringt, die auf das Vorhandensein einer eigenen Perspektive hinweist. Was damit gemeint ist, erläutert der nächste Traum:

»... Die ganze Szenerie ist sehr ›blaß‹. Ich befinde mich in irgendeinem öffentlichen Raum. Um nicht Gefahr zu laufen, den Traum zu verlieren, mache ich nichts anderes, als einem Mann beim Spielen mit einem Flipperautomaten zuzusehen. Ich beobachte die Kugel, die von den Buttons völlig realistisch hin- und hergestoßen wird; der ganze Automat ist sehr echt. Langsam wird der Traum plastischer. Neben dem Automaten sitzt ein anderer Mann; er hat eine Illustrierte mit einem Bleistift/Kugelschreiber vor sich liegen. Ich nehme mir beides, ohne zu fragen, und überlege, was ich damit anfangen könnte. Da nimmt mir der Mann den Bleistift aus der Hand und malt schnell und flüssig ein Gesichtsprofil, das von mir aus gesehen auf dem Kopf steht, auf die Illustrierte. Ich bin verblüfft und drehe die Illustrierte um 180°, um mir das Gesicht genauer anzusehen.

Die Zeichnung verändert sich nicht, aber erst nach einer gewissen Zeit sehe ich die Zeichnung ›richtig‹ (Umstrukturierung). Sie stellt das Gesicht des Flipperspielers dar. Der Kopf ist etwas gesenkt, so daß man schräg von oben gerade noch den Schnurrbart und die Nase als seitliche Begrenzung sieht. (Mein zeichnerisches Talent reicht nicht aus, um die bereits ziemlich verblaßte Erinnerung festzuhalten; zum Zeitpunkt des Traumes war die auf dem Kopf stehende und besonders die aufrecht betrachtete Zeichnung so gut, daß ich überzeugt war, der Mann habe ein eigenes Bewußtsein.) Ich betrachte mir den Flipperspieler – er ist genau getroffen. Dann sehe ich mir den Zeichner an (der mir nicht unähnlich ist) und sage begeistert zu ihm: ›Wir müssen uns in Zukunft öfter treffen.‹ Dann wache ich auf.«

Es ist auch schon vorgekommen, daß einem ein vielversprechender Traum wegen allzu großer Begeisterung entgleitet. So zumindest erging es dem Träumer des folgenden Erlebnisses:

»... Ich sehe jetzt eine Gruppe von Kindern im Alter von sechs bis sieben Jahren. Als ich einen der Jungen frage, ob er rechnen könne, schiebt sich ein älterer Mann in den Vordergrund (offensichtlich der Lehrer der Jungen) und sagt: ›Etwas rechnen können die Kleinen schon.‹ Ich frage den Jungen: ›Wieviel ist 2 x 2?‹ Er antwortet sofort: ›4.‹ Dann frage ich: ›Wieviel ist 3 x 3?‹ Der Junge sagt sofort: ›9.‹ Ich will jetzt zu schwierigeren Aufgaben übergehen: ›Wieviel ist 3 x 7?‹ Der Junge stutzt kurz und antwortet: ›18.‹ Als ich daraufhin den Jungen enttäuscht anblicke, drängt sich der Lehrer wieder nach vorne und sagt: ›Ich habe Ihnen doch gesagt, daß die Kleinen nur etwas rechnen können, über 10 können sie noch nicht.‹

Ich gehe jetzt wieder auf die Straße zurück, um verschiedenen Erwachsenen Rechenaufgaben zu stellen. Als ersten spreche ich einen gutgekleideten Herrn im mittleren Alter an: ›Würden Sie mir bitte eine Rechenaufgabe lösen?‹ Er winkt angewidert ab, als ob ich ein lästiger Vertreter wäre. Obwohl ich durch sein ablehnendes Verhalten etwas eingeschüchtert bin, will ich nicht aufgeben. Da sehe ich zwei ältere Herren, beide mit Brille, etwas schlampig angezogen und leicht vertrottelt, offensichtlich Professoren. Ich denke: ›Das sind die Richtigen für mich.‹ Als ich den einen frage, ob er mir eine Rechenaufgabe lösen könne, antwortet er freundlich: ›Aber bitte sehr. Stellen Sie mir eine Aufgabe!‹ Er wirkt sehr interessiert. Ich frage: ›Wieviel ist 4 x 4?‹ Er sagt sofort: ›16.‹ Fügt dann aber etwas böse hinzu: ›Sagen Sie mal, Sie wollen mich wohl zum Narren halten, mir so eine einfache Aufgabe zu stellen! Sie glauben wohl, ich bin ein kleines Kind?‹ Ich bin jetzt sehr erregt, weil ich annehme, endlich jemand gefunden zu haben, der eine Rechenaufgabe lösen kann, deren Ergebnis mir selbst nicht bekannt ist. Zuerst will ich ihm eine Aufgabe aus dem großen Einmaleins stellen, denke aber, daß dies zu leicht sei. Also nehme ich mir vor, ihn eine Multiplikationsaufgabe mit Zahlen über zwanzig rechnen zu lassen. Mir fällt die Aufgabe 21 x 22 ein. Aber auch diese Aufgabe scheint mir für den Professor zu leicht. Dieser ist aber inzwischen ungeduldig geworden; er winkt ab und verschwindet zusammen mit dem anderen Herrn. Völlig enttäuscht wache ich auf.«

Auch ein fortgeschrittener und »forschender« Klarträumer ist nicht davor gefeit, durch versehentliche Blickfixation gegen seinen Willen aufzuwachen. Der nächste Traum beginnt als ganz normaler Traum und wird erst nach einer Weile zu einem Klartraum:

»... Ich komme mit dem Bus in W. an. Zwei Bekannte (aus meiner Volksschulzeit), M. und ein Mädchen (N.?) steigen aus. Ich denke, der Bus fahre noch zum Hauptbahnhof, wo ich besser umsteigen kann. Er fährt jedoch in Richtung Z. Als er auch noch an einem Kreisel vorbeifährt, an dem er eventuell noch hätte zurückfahren können, bin ich ärgerlich und wünsche mir, das Ganze solle nicht wahr sein.

Sofort wird mir klar, daß dies ein Traum ist. Da ich weiß, daß es schon spät ist (etwa 9 Uhr), will ich überprüfen, ob ich mich in einem echten Klartraum befinde oder ob ich nur hypnagoge Bilder sehe. Zu diesem Zweck beachte ich meine Körperstellung. Ich *sitze* im Bus: also bin ich in einem Klartraum. Nun spreche ich eine dickere Frau, die vor mir sitzt, an. Sie ist albern und wirkt etwas ordinär. Ich sage ihr, sie solle mir etwas auf ein Blatt Papier schreiben, und zwar so, daß ich es lesen kann. Ihr ist diese ungenaue Anweisung offensichtlich verständlich. Sie steht schon neben meiner Sitzbank, geht dann aber wieder zurück – als hätte sie mein Vorhaben, sie sollte sich mir gegenüber postieren, verstanden. Sie sagt dabei: ›Dann merkst du ja gleich ...‹ Weiter sagt sie nichts. Ich spekuliere, was ich gleich merken würde: Daß sie ein eigenes oder daß sie kein eigenes Bewußtsein hat? Sie fragt, ob ich etwas zum Schreiben habe. Ich denke (!) mir dann ein Blatt Papier und ziehe es mit der rechten Hand sozusagen aus meiner linken Tasche oder aus dem Nichts; worauf die Frau bemerkt, ich sei ja ein richtiger Zauberer. Das Blatt ist aber nicht richtig greifbar und verflüchtigt sich wieder. Daraufhin nimmt die Frau ein Handtuch und breitet es über der Rücklehne ihrer Sitzbank aus; offenbar, um darauf zu schreiben. Ich starre gebannt auf das Handtuch (was ich dabei wohl zu sehr fixiert habe) und wache auf.«

Weiter wurde immer wieder versucht, den Traumfiguren Reimwörter und regelrechte Gedichte abzuverlangen, um im Zusammenhang mit der Frage nach dem Bewußtsein ihre Kreativität zu testen. Die folgenden Beispiele zeugen davon, daß beide Aufgaben bewältigt werden können.

»... Ich fuhr jetzt mit dem Auto in eine Seitenstraße, wo ich dann einen älteren, mir unbekannten Mann sah. Ich hielt an, überlegte kurz, welches Wort zum Reimen ich ihm geben sollte, und sprach ihn dann an: ›Entschuldigen Sie bitte, könnten Sie mir vielleicht Wörter sagen, die sich auf das Wort Tanne reimen?‹ Während der Mann mich etwas verwirrt anschaute, fielen mir selbst die Reimwörter ›Wanne‹ und ›Kanne‹ ein. Dann sagte aber bereits der Mann: ›Panne!‹ Ich erinnerte mich sofort an eine Autopanne, die ich einige Tage zuvor (im Wachleben) gehabt hatte. Unmittelbar danach wachte ich auf.«

»... Auf dem Flur sah ich mehrere Psychologen. Ich dachte mir, daß ich jetzt zwei Fliegen mit einer Klappe schlagen könnte: einerseits konnte ich sie um einen Vers bitten, andererseits wollte ich etwas über mich erfahren. Also fragte ich: ›Könnt ihr mir etwas in Reimen über mich sagen?‹ Da sagte der Psychologe, der mir am nächsten stand:

›In dem Dunkel der Nacht,
da hat er sich umgebracht.‹

Der Vers erinnert mich sofort an ein Klartraumgedicht, das mir vor Jahren eingegeben wurde. Es begann:

›Ich ging in den Abend
und suchte die Nacht,
die Gedanken ins Dunkel
zu senken‹...«

Hier der Bericht eines Träumers, der seinen Traumfiguren spontane Lyrik abverlangte:

»... Ich gehe gleich zu dem Mann am Ende des Raumes, der ersten Traumfigur. Ich nehme mir Zeit, versuche, auf ihn einzugehen. Es ist ein etwa fünfzigjähriger Mann, von Beruf könnte er Elektroingenieur sein, graue Hose und braunes Jackett. Er ist in einer depressiven Phase, so unter dem Schlagwort: ›Mit Fünfzig das erste Mal darüber nachgedacht, was das Leben überhaupt soll.‹ Irgendwie gleicht er meinem Vater, den ich so ähnlich einschätze. Als ich ihn um einen Text bitte, sagt er:

›Sterben
möcht' ich und
die Rose berühren
der Nacht.‹

Ich bedanke mich und gehe weiter zu dem zweiten Mann, der im Traum mit einem Mädchen schlafen wollte. Er blickt mich an und sagt auf meine Bitte hin spontan:

›Ki-ke-ri-ki,
ich bin hie.‹

Etwas irritiert gehe ich zum dritten Tisch mit der finsteren Gestalt. Sie ist unter einer dunklen Decke versteckt. Ich erkenne nur den Kopf und die Schultern. Er läßt mich nicht zu sich. Sein ›Verhalten‹ entspricht seiner Aussage:

›Nichts
hörst du von mir,
finster
wie die Nacht
bin ich.‹

Ich gehe weiter und komme zu Person vier, ein ›guter Dreißiger‹, der sich im normalen Traum so ›verändert‹ hat. Als er mich wiedersieht, läuft er abermals davon. Ich gehe ihm bis zur Tür nach und überrede ihn, wieder in den Raum zu kommen. Wir beginnen einen Disput über die ›Notwendigkeit des Textes‹, was ich nicht ganz verstehe, schließlich sagt er, meine Diplomarbeit gehe ihn nichts an. Nach einigem Zögern bekomme ich von ihm doch noch einen ›lyrischen Text‹, er lautet:

›Loslassen
loslassen
loslassen.‹

Dann geht er weg.

Ich gehe dann zu der Frau, mit der ich im normalen Traum als letzte sprach. Wir sind uns sehr sympathisch, wir umarmen uns, aber sexuell ›läuft nichts‹, es ist sehr ›harmonisch‹. Auf mein Bitten hin denkt sie sehr lange nach, sieht mich an und lächelt:

›Traumsprecher du
du
ins Wasser gelassene Feuerblase.
Mit dem
Grün der Nacht
werde ich dir
den Tag vergolden,
wenn
die Sonne vergeht
und wir uns
lieben.‹

Wie im normalen Traum ›lasse‹ ich dann die ganze Gruppe nach Hause gehen.«

Bezüglich der Gedächtnisleistungen im Traum wollen wir noch nachtragen, daß die dazu getesteten Rechenleistungen des Traum-Ichs beeindruckender waren als die der Traumfiguren. - Um die Gedächtnisfähigkeiten des Traum-Ichs zu überprüfen, wurden in einer kleinen Versuchsreihe verschiedene Klarträumer gebeten, im Traum zwei zweistellige Zahlen miteinander zu multiplizieren. Solche Aufgaben erfordern einerseits Leistungen des sogenannten Kurzzeitgedächtnisses, da man ja Zwischener-

gebnisse »im Kopf« behalten muß – aber auch Leistungen des Langzeitgedächtnisses, da man ja das kleine Einmaleins parat haben muß. Es zeigte sich, daß das Lösen solcher Aufgaben allen Versuchspersonen mehr Anstrengung und Konzentration abverlangte als im Wachleben. Während das kleine Einmaleins keine Probleme bereitete, erforderte es viel Konzentration, sich die Zwischenergebnisse zu merken. Brachte man sich unmittelbar nach einem dieser Rechenvorgänge zum Aufwachen, so konnte man sich an den gesamten Vorgang gut erinnern. Die Ergebnisse wurden von allen Versuchspersonen als richtig bezeichnet.

Es bleibt somit festzuhalten, daß bei der Überprüfung der Frage, ob Traumgestalten ein eigenes Bewußtsein haben, wirklich schwache Ergebnisse hauptsächlich bei ihren Rechenleistungen zu finden sind. Nicht wenige Traumfiguren jedoch äußern und verhalten sich tatsächlich so, als ob sie die Traumszene aus einer eigenen Perspektive betrachteten, einen eigenen Zugang zum Gedächtnis hätten und eigenständig denken könnten. Erwähnenswert ist auch der Sachverhalt, daß man mit Traumgestalten sogar Verabredungen für eine Zusammenkunft in einem der nächsten Träume treffen kann. Diese Verabredungen werden sehr oft tatsächlich eingehalten.

»Nachdem sich herausgestellt hatte, daß manche Traumgestalten den Klarträumer in der höheren Kunst des Träumens unterrichten können, wollte ich überprüfen, ob eine Traumgestalt das Traum-Ich während eines gewöhnlichen Traums in den Klartraumzustand versetzen kann.

... Ich befinde mich auf einem Flur und rufe nach einer bestimmten weiblichen Traumgestalt, die mir in früheren Träumen häufig begegnet war. Darauf geht eine Zimmertür auf, und die gerufene Frau erscheint. Ich sage zu ihr: ›Kannst du mich rufen, wenn ich meinen nächsten Traum habe?‹ Die Frau nickt mir freundlich zu ...

In derselben Nacht hatte ich dann noch einen gewöhnlichen Traum, an dessen Inhalt ich mich aber nicht mehr erinnern kann. Ich weiß nur, daß ich durch einen lauten

Ruf: ›Paul!‹ geweckt wurde. Ich erschrak und rannte aus dem Schlafzimmer, um zu sehen, wer mich gerufen hätte. Es war natürlich niemand da.

Nachdem ich wieder eingeschlafen war, gelangte ich in einen Klartraum, in dem ich wieder der Frauengestalt vom ersten Traum begegnete. Ich sagte ihr, daß ich das ›Rufen‹ nicht im wörtlichen Sinn gemeint hätte, sondern, daß ich ihr damit sagen wollte, sie solle mir im nächsten Traum zur Klarheit verhelfen. In der darauffolgenden Nacht erschien mit dann die Frauengestalt während einer gewöhnlichen Traumphase und klärte mich darüber auf, daß ich mich im Traum befand.«

An diesem Beispiel ist nicht nur der Sachverhalt von Bedeutung, daß man mit einer Traumfigur offensichtlich eine Verabredung treffen kann, die sie einhält, sondern auch die Tatsache, daß es zu Mißverständnissen zwischen dem Traum-Ich und einer Traumgestalt kommen kann, was dafür spricht, daß beide voneinander unabhängig denken können.

Die bisherigen Ergebnisse der Experimentierträume liefern viele Beweise für die Annahme, daß Traumfiguren ein eigenes Bewußtsein in unserem eingangs dargestellten Sinne haben. Auf der anderen Seite sind Traumberichte natürlich in dem Sinne kein wissenschafticher Beweis.

Fragt man die Traumgestalten selbst, ob sie ein Bewußtsein haben, kann es sein, daß sie ärgerlich reagieren. Einem Träumer wurde geantwortet: »Daß *ich* ein Bewußtsein habe, weiß ich. Aber ob *du* ein Bewußtsein hast, bezweifle ich, wenn du eine so dumme Frage stellst!« – Was soll man dazu sagen...?

Kernspaltung

7

Wir wollen nun die Frage nach dem Bewußtsein der Traumgestalten mit einigen Hinweisen auf C. G. Jung beenden. Jung ist in zweierlei Beziehung interessant für uns Klarträumer. Erstens steht er uns theoretisch sehr nah, und zweitens hat er selbst auch schon die Frage nach der »Bewußtseinsfähigkeit von Teilsystemen der Persönlichkeit« aufgeworfen.

Wir haben anhand verschiedener Beispiele dargestellt, daß sich solche Teilsysteme in Traumfiguren (oder sogar Traumsituationen) »personifizieren« können. Bei Jung heißen diese Teilsysteme *Komplexe* – ein Begriff, den Sie bestimmt schon öfter gehört oder gelesen haben. Was meint Jung mit diesem Begriff? Es handelt sich dabei seiner Darstellung nach um abgespaltene oder abgesprengte Persönlichkeitsteile, wobei der Grund für die Abspaltung letztlich darin liegt, daß der Betreffende große Probleme damit hat, sich als Ganzes zu akzeptieren; das heißt, es gibt Teile seines Wesens, die er einfach nicht bejahen kann. Jung beruft sich auf die allgemein bekannten Sachverhalte, daß solche Komplexe sich so auswirken können, als hätten sie eine eigene Persönlichkeit, und daß sie im Traum sogar personifiziert auftreten. Also weist er darauf hin, daß die Komplexe auch ein eigenes Bewußtsein haben könnten.

Die Gefährlichkeit dieser Komplexe besteht ja darin, daß sie durch das Aufsaugen von Energie (wenn man einen Teil seiner Persönlichkeit wegdrückt, verbraucht man Energie – so wie man für jede Art von Druck Energie braucht) eine krankhafte (»neurotische«) Spaltung der Persönlichkeit herbeiführen können. Das kann sogar so weit gehen, daß der Komplex zum beherrschenden Teil der Persönlichkeit wird, der nicht nur das Sprach- und Ausdrucksverhalten übernehmen kann, sondern auch die ganze Motorik. Eine so tiefgreifende Persönlichkeitsänderung wurde früher mit dem Begriff »Besessenheit« bezeichnet, Jung nennt das *Komplexidentität*. Wer »Dr. Jekyll und Mr. Hyde« gelesen hat, weiß ja, daß sich auf solche Weise auch Spaltungen in mehrere Teilpersönlichkeiten ergeben können, wobei Steuerung und Verhalten des betroffenen Menschen mal von der einen, mal von der anderen Teilpersönlichkeit übernommen werden.

Was uns in diesem Zusammenhang besonders interessiert, ist JUNGS Therapiemethode: Selbst bei sehr schwerwiegenden Störungen führt ein rationaler und offener Dialog mit den besitzergreifenden Teilen der Persönlichkeit zu dramatischen und andauernden Heilerfolgen. Der Unterschied zu der sich entwickelnden Klartraumtherapie liegt darin, daß bei uns dieser Dialog nicht von einem Therapeuten geführt wird, sondern vom Traum-Ich!

Auf diese Weise gehen die Träumer ihren ganz eigenen »Königsweg« zum Unbewußten. Die wenigen Therapeuten, die bereits mit dem Klarträumen arbeiten, berichten, daß die gefundenen Traumeinsichten ihrer Klienten von besonderer Qualität seien: Es sind unumstößliche emotionale Erkenntnisse, die die Klienten betroffen machen und weitreichende Auswirkungen haben.

Prüfstein für Theorien

Eine vollständige Klärung unserer Frage nach dem Bewußtsein von Traumfiguren ist also ganz offensichtlich nicht möglich. Es konnten aber durch das Klarträumen andere Annahmen bestätigt oder widerlegt werden, die innerhalb der bisherigen Traumforschung diskutiert oder behauptet wurden.

Es gab zum Beispiel innerhalb der klinischen Physiologie die Theorie, daß die im Wachzustand hauptsächlich arbeitende Gehirnhälfte eines Menschen (das ist bei Rechtshändern die linke und bei Linkshändern die rechte Hälfte, was über bestimmte Gehirnstromaufnahmen nachgewiesen werden konnte) tagsüber ermüde und darum der Erholung bedürfe; so würde eben nachts die andere Gehirnhälfte die Führung übernehmen. Durch die genaue Erinnerung der Klarträumer an ihre nächtlichen Erlebnisse war es aber

leicht nachzuweisen, daß rechtshändige Klarträumer auch in ihren Träumen rechtshändig bleiben, und linkshändige bleiben linkshändig. Hätte die jeweils andere, ausgeruhte Gehirnhälfte die Führung übernommen, hätte sich die Händigkeit der Klarträumer aber genau umkehren müssen, denn die rechte Hand wird von der linken Gehirnhälfte gesteuert und die linke von der rechten. Also beweisen die Erinnerungen der Klarträumer, daß auch nachts die tagsüber hauptsächlich arbeitende Gehirnhälfte aktiv bleibt und offenbar keiner Erholung bedarf.

Ende der siebziger Jahre dachte man auch, eine neurophysiologische Erklärung für die Entstehung von Fall- und Flugträumen gefunden zu haben. Man konnte nämlich nachweisen, daß während der Traumphasen bei Tieren die Muskelnerven im Rückenmark sekundenweise ein- und ausgeschaltet werden. Es wurde daher die Hypothese aufgestellt, daß es beim Ausschalten zu einem Fallerlebnis und beim Einschalten zu einem Flugerlebnis kommen müsse. Wieder ist es die genaue Erinnerung der Klarträumer, die diese Annahme unwahrscheinlich erscheinen läßt, denn keiner berichtete bisher von einem sekundenweisen Wechsel von Flug- und Fallerlebnissen. (Daß wir in bezug auf die Dauer solcher Erlebnisse nun auch nicht mehr auf subjektive Fehleinschätzungen »hereinfallen« können, zeigen die Versuche von LaBerge, die auf Seite 246 vorgestellt werden.)

Natürlich gab es in der bisherigen Traumforschung verschiedene Versuche, die REM (*R*apid-*E*ye-*M*ovements, siehe Seite 31) zu erklären. Wir wollen hier nicht alle aufzählen, aber zwei von ihnen beispielhaft vorstellen.

Ein Erklärungsansatz geht davon aus, daß es – ähnlich wie im Wachzustand – einen direkten Zusammenhang zwischen den Blickbewegungen im Traum und der erlebten Szenerie gebe, wodurch dann die REMs ausgelöst werden. Diese Theorie ist von den Klartraumerlebnissen nicht zu widerlegen; sie hat sogar eine eindrucksvolle Bestätigung erfahren, wie sich durch die Experimente LaBerges zeigt (siehe Seite 246).

Eine weitere Theorie versuchte, diesen Sachverhalt anders zu erklären. Hier nahm man zwar auch an, daß es beim Betrachten bewegter Objekte im Traum zu analogen Augenbewegungen des tatsächlichen (transphänomenalen) Körpers kommt, suchte die Erklärung aber in einer recht verzwickten Zusatzannahme. Diese Theorie ging davon aus, daß der Organismus des Träumers mit den zu seinen Traumobjekten gleichsinnigen Augenbewegungen eine Gleichgewichtsstörung vermeide, die ansonsten zum Erwachen führen müsse. Den (phänomenalen) Blickbewegungen im Traum fehle ja die (transphänomenale) Reizgrundlage in der Wachwelt. Wenn dann die geträumten Blickbewegungen nicht durch tatsächliche Augenbewegungen ausgeglichen würden, müsse ein Ungleichgewicht innerhalb des Organismus entstehen, und damit Schwindelgefühle.

Um diese Theorie zu überprüfen, hatten die Klarträumer einer kleinen Versuchsreihe die Anweisung erhalten, vor einer bewegten Traumszenerie zusätzlich ihre Hände und Finger gegensinnig vor ihrem (phänomenalen) Gesichtsfeld zu bewegen. So wurde überprüft, ob man im Traum zur gleichen Zeit verschieden gerichtete Bewegungen erleben kann. Alle Versuchspersonen berichteten, daß sie dieser Anweisung Folge leisten konnten. Da man also im Traum, zumindest im Klartraum, auch Bewegungen verschiedener und sogar entgegengesetzter Richtungen beobachten kann, ist diese Theorie von der Vermeidung eines Aufwachschwindels nicht aufrechterhalten worden.

Die neue Fähigkeit des Klarträumens bringt allerdings nicht nur neue Erkenntnisse, sondern wirft auch viele Fragen auf:

Immer wieder berichten Klarträumer von sportlichen Trainingsträumen, bei denen die ausgeführten Bewegungen als in sich stimmig, locker und von angenehmen Gefühlen begleitet erlebt werden. Dieses Traumtraining hat auch einen Effekt auf den Wachzustand, wo sich deutliche Übungserfolge zeigen. (Bis jetzt liegen Berichte über Turnen, Reiten, Trampolinspringen, Skiakrobatik, Skateboardfahren und Selbstverteidigungstraining vor.)

Gleichzeitig gibt es aber Berichte darüber, daß einem Arme und Beine im Traum nicht recht gehorchen wollen, so daß Bewegungen nicht selten als unwillkürlich gehemmt empfunden werden. Sie erinnern sich an unsere Bemerkung in Kapitel 5, daß während des Träumens die Informationsübermittlung vom Gehirn zum schlafenden Körper fast vollständig unterbrochen ist. Damit ist das Vorkommen von Bewegungsungenauigkeiten gut erklärt, fehlt doch im Traum - auch im Klartraum - die Möglichkeit einer direkten Regelung und ständigen Nachregelung der Bewegungen, die durch die Existenz der Nervenbahnen eines tatsächlichen (transphänomenalen) Körpers erst möglich werden. Bewegungen des Traumkörpers können nicht auf diese Weise und auch nicht besonders exakt geregelt werden; sie werden durch den »Willen« gesteuert und sind wegen der fehlenden Kontrollmöglichkeiten anfällig für Ungenauigkeiten. Warum also sind diese Trainingseffekte doch möglich? Und warum ist es möglich, auch die verschiedensten alltäglichen Bewegungshandlungen im Traum ohne Schwierigkeiten auszuführen?

Es mag daran liegen, daß die Steuerung dieser Bewegungen nicht vom Ichbewußtsein ausgehen muß, sondern zum großen Teil automatisiert ist und fast von alleine ablaufen kann. Das könnte schon deshalb so sein, weil man im Traum keine »neuen« sportlichen Tätigkeiten einüben kann, sondern nur solche, die man in der Wachrealität schon einmal (zumindestens mehr schlecht als recht) ausgeführt und so ihren Ablauf vollständig begriffen hat.

Schöpferische Träume

Was für ein langer Weg war es doch von den Beobachtungen des Aristoteles, daß sich im Schlaf hinter den geschlossenen Lidern die Augäpfel schnell bewegen, bis hin zu den heutigen Erkenntnissen. Was hätte Aristoteles – der im übrigen bereits damals ganz richtig vermutete, daß die »REM« etwas mit den Träumen zu tun haben –, wohl darum gegeben, in seine Träume eingreifen zu können?

Doch bis zu den ersten schriftlich überlieferten Träumen, bei denen es sich aller Wahrscheinlichkeit nach um Klarträume und präluzide Träume handelte, mußte erst das Zeitalter der Romantik anbrechen. Das wundert uns nicht sehr, hat doch die Beschäftigung mit der tiefgründigen und archetypischen Symbolik der Träume etwas durchaus Romantisches an sich. Ein zeitgenössisches Klartraumgedicht, das uns ein junger Mann gab, der, während er dieses Gedicht im Traum schrieb, an einer depressiven Verstimmung litt, macht diese in Träumen häufige romantische Färbung sehr deutlich. Der junge Mann schrieb, nicht ganz ohne literarische Qualität, wie wir meinen:

Schreiben
zwischen zwei Fenstern
dem Licht der Geburt
und
der Schwärze des Todes
Zusehen
wie die Kerzen verbrennen
Tag für Tag

Jean Paul (1763–1825) berichtet von zahlreichen, selbst herbeigeführten Flugträumen und davon, daß er, während er seine Flinte lud, um auf einen seiner Traummenschen loszuschießen, nicht die geringsten Gewissensbisse hatte, »weil's ja nur ein Roman ist«, wie er sich ausdrückte. Albert Béguin, der in seinem Buch »Traumwelt und Romantik« auch über Jean Paul schrieb, berichtet: »... er sammelte systematisch Erfahrungen über das Traumleben und gewann es über sich, während des Traumlebens ein gewisses Bewußtsein zu bewahren und seinen eigenen Willen geltend zu machen. Jeden Augenblick fragte er sich, ob er denn wirklich träume, und um sich davon zu überzeugen, versuchte er, bestimmte Bewegungen zu machen. Lange Zeit übte er sich darin, vor dem Einschlafen erquikkende Träume zu erzeugen. Er sagt selbst, es sei ihm jeweils gelungen, nach Lust und Laune zu fliegen, sich dahin und dorthin zu bewegen, Träume abzubrechen oder zu verlängern, unangenehme Erscheinungen aus seinem Horizont zu verbannen, ohne aufzuwachen...« - Voilà: JEAN PAUL war ein Klarträumer!

FRIEDRICH VON HARDENBERG (1772-1801), der uns unter dem Namen NOVALIS als romantischer Dichter bekannt ist (der, der mit seinem »Traum von der blauen Blume« ebendiese als Sinnbild für Romantik populär machte), war mit an Sicherheit grenzender Wahrscheinlichkeit ebenfalls ein Klarträumer, der sich, kurz vor seinem Tod, die Erleuchtung der Menschheit auf diesem Wege ersehnte: »Einst wird der Mensch beständig zugleich schlafen und wachen!«

Auch den Traum des DESCARTES (1596-1650) wollen wir hier wenigstens kurz streifen, obwohl DESCARTES natürlich alles andere als ein Romantiker war. Dieser berühmte Traum war wahrscheinlich ein präluzider Traum, also ein Fast-Klartraum.

Die Schilderung jenes Traumes beginnt mit den Worten: »Am 10. November 1619, als ich voll Enthusiasmus war und die Fundamente der wunderbaren Wissenschaft fand...« (Der Inhalt dieses langen und leider als Original verlorengegangenen Textes ist in Adrien Baillets »Vie de Monsieur Descartes« [Leben des Herrn Descartes] nacherzählt.) Dieser Traum lieferte DESCARTES den Grundstein zu seiner »mathématique universelle«, zur analytischen Geometrie und zu der Idee, die Algebra durch die Buchstaben des Alphabets auszudrücken.

Niemand von uns Zeitgenossen will sich mit einem dieser großen Geister auch nur annähernd messen. Diese wenigen Beispiele sollen Ihnen aber noch einmal die kreative Kraft des Klarträumens verdeutlichen, eine Kraft, die tatsächlich in jedem Menschen schlummert.

Diese außergewöhnliche Kreativität, die sich selbst in den allerbanalsten der rein lustbetonten Klarträume schon zeigt, könnte mit der unterschiedlichen Funktion der beiden Gehirnhälften zusammenhängen. Wissenschaftliche (hirnphysiologische) Forschungen und Befunde haben zweifelsfrei gezeigt, daß (beim Rechtshänder) die rechte Hemisphäre bevorzugt für Phantasie und symbolisches Denken zuständig ist, während die linke für kritisches und logisches Denken verantwortlich zeichnet. Verschiedene andere Untersuchungen haben gezeigt, daß für schöpferische Leistungen allerdings beides erforderlich ist: Phantasie und Kritikfähigkeit, symbolisches und logisches Denken. Und diese Voraussetzung ist nun gerade im Klartraum erfüllt. Das gibt zu der berechtigten Vermutung Anlaß, daß im Klartraumzustand die beiden Hirnhälften in optimaler Weise zusammenarbeiten – ähnlich wie in einer tiefen Meditation, für die diese Tatsache bereits nachgewiesen wurde.

Science-fiction live

Nun wollen wir noch ein letztes Mal dem Titel dieses Kapitels »Fröhliche Wissenschaft« gerecht werden. In einer der ersten überregionalen Veröffentlichungen zum Klartraum: »Der Klartraum – seine Funktion in der experimentellen Traumforschung« (Tholey, Paul: Bericht über den 30. Kongreß der Deutschen Gesellschaft für Psychologie in Regensburg 1976) war zum ersten Mal die Rede davon, daß man aufgrund der bisherigen Erkenntnisse und Befunde dazu in der Lage sein müßte, eine Kommunikation zwischen Klarträumendem und außenstehendem Beobachter herbeizuführen:

»... Bezogen auf die geschilderten Untersuchungen bietet es sich an, die Blickbewegungen im Klartraum mit ... (den) ... aufgezeichneten Augenbewegungen zu vergleichen. Besteht zwischen ihnen tatsächlich ein Zusammenhang, dann ist es möglich, während eines Klartraums zu einem außenstehenden Beobachter, der diese Augenbewegungen registriert, über einen vorher festzulegenden Augenbewegungs-Code in Verbindung zu treten. Die Möglichkeit, im Traum Informationen »nach außen« weitergeben zu können, eröffnet völlig neue Perspektiven in der Forschung. Untersuchungen in dieser Richtung sind vom Verfasser geplant.«

Dieses »Erkenntnis-Bonbon« mutet an wie Science-fiction – und doch ist es mittlerweile schon soweit. Dieser Gedanke einer möglichen Kommunikation wurde von verschiedenen Wissenschaftlern aufgegriffen und in aufwendigen Traumlabor-Untersuchungen als Tatsache bestätigt.

Stephen P. LaBerge veröffentlichte 1981 eine von ihm durchgeführte Untersuchung, bei der die klarträumenden Versuchspersonen den Auftrag hatten, den Klartraumstatus mittels bestimmter, festgelegter Augenbewegungen nach »draußen« zu signalisieren. Sie hatten die Anweisung erhalten, in regelmäßigen Abständen acht sehr extreme Augenbewegungen kurz hintereinander vorzunehmen – und auf den Meßstreifen der angeschlossenen Apparaturen erschienen tatsächlich in allen Fällen acht deutlich sichtbare Vollausschläge der entsprechenden Zeiger, ein Ergebnis also, bei dem es ganz ausgeschlossen ist, daß es durch Zufall zustande kam. Damit sind die Klarträume also doch noch meßbar und im herkömmlichen Sinne beweisbar geworden.

LaBerge ging sogar noch einen Schritt weiter: Er wies eine seiner Versuchspersonen, die das Morsealphabet beherrschte, an, Morsezeichen aus dem Klartraum zu senden. Das ging so vonstatten, daß der Klarträumer im Rhythmus der zu sendenden Signale abwechselnd die linke oder rechte Faust mit aller Kraft im Traum ballen sollte. Der Träumer ballte also seine erlebten (phänomenalen) Fäuste. Da aber niemand ernstlich damit rechnete, daß sich daraufhin auch die tatsächlichen (transphänomenalen) Fäuste ballen würden, wurde an dem schlafenden Morser ein Apparat befestigt, der die elektrischen Reizungen der Muskulatur seines Körpers messen konnte, die im Wachleben für das tatsächliche Ballen der Fäuste verantwortlich sind. Diese Apparatur war besonders empfindlich eingestellt, da man nur mit sehr schwachen bioelektrischen Strömen rechnete. Man erwartete daher auch starke Störsignale, die die Sendung möglicherweise überlagern könnten. So waren alle sehr überrascht, als die Apparatur schon beim erstenmal sehr deutlich den Morsecode für die Buchstaben »S« und »L« empfing: das waren die Anfangsbuchstaben des Namens der Versuchsperson...

Inzwischen wird in anderen Labors schon daran gearbeitet, die Kommunikation endlich zweiseitig zu machen. Ein »Abfallprodukt« aus der Klartraumforschung wird dazu eingesetzt: Es hatte Versuche gegeben, einen Träumer mittels sehr feiner Vibrationsreize am Handgelenk daran zu erinnern, sich im Traum die kritische Frage zu stellen. Diese Reize wurden immer dann verabreicht, wenn eine REM-Phase begann. Aber die Versuche, einem Träumer so sein erstes Klartraumerlebnis zu verschaffen, waren nicht sehr erfolgreich. Die Apparatur bewährte sich aber, als man versuchte, damit einem bereits klarträumenden Schläfer Informationen nach »innen« zu vermitteln, wenn diese nicht allzu kompliziert ausfielen.

Man darf gespannt sein, wie das alles weitergehen wird. Die Erforschung der Klarträume steht noch ganz am Anfang - einer der seltenen Fälle heutzutage, wo auf einer grob umrissenen Landkarte noch eine Unzahl weißer Flecken zu füllen ist. Kartographieren Sie mit! Haben Sie sich heute schon die kritische Frage gestellt? Wachen Sie, oder träumen Sie?

Was wäre, wenn ...?

Und was hat nun die große Zahl derer, die mit Wissenschaft und Forschung überhaupt nichts »am Hut« haben, von der Fähigkeit des Klarträumens? Sie merken natürlich bereits an der Formulierung, daß wir diese Frage so ernst gar nicht meinen. Für uns liegen die Antworten auf der Hand. Schließlich haben wir uns ja auch entschlossen, ein populärwissenschaftliches Buch zu schreiben und keines für Wissenschaftler. Was bleibt also für den »Hausgebrauch«?

Nun, zum einen haben wir hier zweifelsfrei gezeigt, daß ein »reifes« Handeln im Klartraum ganz wesentlich zur Lösung innerseelischer Konflikte beiträgt. Und falls manchem einige der hier vorgetragenen theoretischen Grundannahmen immer noch fragwürdig erscheinen, so kann er doch die Tatsache akzeptieren, daß die Konfrontation mit feindlichen Traumgestalten im Klartraum zur endgültigen Beseitigung von Alpträumen führt. Ein gar nicht zu unterschätzender Effekt, wie jeder alpträumende Wissenschaftler und auch Nichtwissenschaftler freudig bestätigen wird.

Auch die Tatsache, daß dabei gleichzeitig Ängste, Hemmungen und andere unangenehme Symptome in der Wachrealität deutlich vermindert werden, kann nach inzwischen zahlreichen Versuchen als bewiesen angesehen werden. Oft verschwinden solche »Symptome« sogar vollständig und dauerhaft.

Trotzdem wird leider immer wieder die Frage gestellt, ob das Handeln im Klartraum nicht gefährlich sei, da man ja ohne den schützenden Beistand eines Therapeuten auskommen müsse. Ann Faraday meint dazu, daß »... das Träumen jeder Art nicht mehr oder weniger gefährlich ist als das Leben selbst ...«, wohingegen wir eher der Meinung sind, daß es deutlich ungefährlicher ist als das Leben in der Wachrealität. *Es haben sich bisher noch keine negativen Auswirkungen der befürchteten Art gezeigt, sondern* ausnahmslos im Traum- wie im Wachleben *nur positive Effekte.* Möglicherweise wäre allenfalls bei solchen Personen eine gewisse Vorsicht angebracht, die es sich unter gar keinen Umständen zutrauen wollen, ihre Probleme alleine zu meistern. Hier mag die Anleitung eines Therapeuten, der selbst ein erfahrener Klarträumer ist, von einigem Nutzen sein. Er könnte dazu anleiten, erst einmal auf lustvolle Weise Held oder Heldin des eigenen Traumlebens zu werden, um ihnen so Schritt für Schritt die Kraft und das Selbstvertrauen zum therapeutischen Klarträumen zu vermitteln. Am sinnvollsten wäre es vermutlich, wenn unter der Leitung eines solchen Therapeuten regelmäßige Traumseminare stattfinden könnten, in denen nicht nur mit gewöhnlichen, sondern auch mit Klarträumen gearbeitet wird.

Dabei liegt unseres Erachtens die Zukunft des Klarträumens weniger in der Behandlung schwerer psychischer Störungen - die ja ohnehin nicht so häufig sind -, sondern dient eher dem persönlichen Wachstum und einer allnächtlichen Psychohygiene, die derartige Störungen gar nicht erst aufkommen läßt. Das ist weder Wunschdenken noch Spekulation, wie die Entdeckung der Senoi gezeigt hat, die ja seit ungefähr 300 Jahren keine gravierenden psychischen Störungen und kriegerischen Auseinandersetzungen kennen.

Und darüber hinaus?

Was wäre, wenn sich die kritische Grundhaltung unserem Bewußtseinszustand gegenüber aus reiner Gewohnheit auch auf andere Inhalte ausweiten würde? Wach' ich oder träum' ich? Laß' ich mir was vormachen, oder weiß ich das besser? Fühl' ich oder denk' ich? Meint der das wirklich so, oder glaub' ich bloß, daß der das so meint? Lüg' ich mir was vor, oder bin ich ehrlich?...

Und was wäre, wenn sich der neugelernte Umgang mit unseren Traumgestalten klammheimlich auch in der Wachrealität durchsetzen würde? Wenn wir lernten, fast aus Versehen, uns auch im Wachleben mehr und mehr den angenommenen und tatsächlichen Bedrohungen unseres Selbst offen zu stellen? Wenn wir mehr und mehr das offene Eingestehen eigener Fehler praktizieren würden, der primitiven Aggression mutig entgegenträten und immer öfter kreative Lösungen für »unlösbare« Probleme fänden? Wenn wir unsere beiden Gehirnhälften endlich zusammenbrächten?

Was dann?

WEITERFÜHRENDE KLARTRAUM-ÜBUNGEN FÜR KÖRPER UND GEIST

Äusserer und innerer Weg

Zur Zeit der Erstauflage Anfang 1987 hatten wir das Buch mit dem Abschnitt »Was wäre, wenn...?« beendet. Dabei wiesen wir auf einige offene Fragen hin, die wir nur vorläufig, jedoch nicht endgültig beantworten zu können glaubten. Seit dem Erscheinen jener Erstauflage sind dann eine Unmenge von Forschungsergebnissen angefallen. Das hatten wir vorausgesagt, und es wird sich auch in den kommenden Jahren kaum ändern; denn obwohl grundlegende Pionierarbeiten geleistet sind, stehen wir immer noch ganz am Anfang einer letztlich nicht absehbaren Entwicklung. – In diesem ergänzenden Kapitel ist nun vom Verlag freundlicherweise der Platz geschaffen worden, auf einige der damals aufgeworfenen Fragen Antworten zu geben.

Was wäre, wenn man das Klarträumen auch systematisch auf sportliches Lernen und Trainieren anwenden würde? – Das war eine der interessantesten Fragen, auf die wir damals schon kurz eingingen.

Sicher erinnern Sie sich noch der ja eher zufällig erscheinenden Beispiele auf den Seiten 203 ff. Damals war auch wenig mehr dazu zu sagen. Jedenfalls nichts Abgesichertes – abgesehen einmal von zahlreichen persönlichen Erfahrungen eines der Autoren (Paul Tholey), der es schon zu jener Zeit in den verschiedensten Gleichgewichts- und sogenannten Risikosportarten (Skirennlauf und -akrobatik, Skateboard- und Einradfahren...) zur Meisterschaft gebracht hatte; und das gerade wegen seiner Fähigkeit zu willentlich herbeigeführtem Klartraum-Training!

»Gerade deswegen?« – Dafür spricht jedenfalls die unüblich hohe Entwicklungsgeschwindigkeit in den jeweiligen Sportarten, die er trotz relativ späten Einstiegs jeweils vorlegte. Zum Beispiel: mit 38 Jahren Beginn des Skateboardtrainings, mit 39 Spitzenplatz bei den offenen Europameisterschaften; im gleichen Jahr Beginn mit der Skiakrobatik, ein halbes Jahr später Salti und Helikoptersprünge von der Schanze und auf der Buckelpiste...

Auch andere haben mittlerweile ähnliche Erfahrungen machen können.

Das alles ist kein Wunder.

Es erklärt sich aus der konsequenten Anwendung der Klartraumtechnik und der Gesetze der Gestalttheorie, und von beidem haben Sie in diesem Buch ja schon lesen können. Wir wollen diese eher theoretischen Ausführungen im folgenden in praktische Empfehlungen umsetzen und haben deshalb das Sport-Thema an den Anfang dieses Kapitels gestellt; weil die Anwendungsfruchtbarkeit des Klarträumens hier besonders deutlich wird. Zudem sehen wir hier eine Möglichkeit, über das Medium Sport noch mehr Menschen für das Klarträumen zu begeistern. Hinzu kommt, daß wir sowieso beide gerne Sport treiben, daß inzwischen reichhaltige Erfahrungsberichte auf gerade diesem Gebiet vorliegen, und daß uns unsere amerikanischen Freunde dringend gebeten haben, das Thema auch einmal von dieser Seite für ihre begeisterten Wissenschaftskollegen jenseits des Ozeans aufzubereiten. Den wichtigsten Grund aber sehen wir darin, daß Sport, wenn er in »rechter« Weise und nicht in seinen abstrusen Auswüchsen betrieben wird, nicht nur zur körperlichen Ertüchtigung, sondern auch zur geistig-seelischen Entwicklung beiträgt. Dies wußten schon die Zen-Buddhisten, die körperliche Übungen wie das Bogenschießen und verschiedene Kampfsportarten als einen »äußeren Weg« zur geistigen Selbstentfaltung betrachteten, und ihn tatsächlich der Meditation (als einem »inneren« Weg, der zum selben Ziel führt) gleichstellten.

Wenn wir uns im folgenden beim Sport auch auf die Zen-Schule berufen, dann einfach deshalb, weil diese den westlichen Schulrichtungen im Hinblick auf die Praxis körperlicher Übungen um Jahrhunderte voraus ist - und nicht etwa, weil wir ihr gesamtes buddhistisches Gedankengut übernehmen wollen. Das könnten wir als Anhänger des kritischen Realismus auch gar nicht. Außerdem ziehen wir das Klarträumen als alternativen inneren Weg der zenbuddhistischen Meditation vor, weil dieses uns keinerlei Zeit unserer Wachrealität wegnimmt, zugleich den äußeren Weg über den Sport erleichtert.

Wir hoffen, diesen verwickelten Gedankengang im folgenden Schritt für Schritt entwirren zu können. Dabei beschränken wir uns zwar, wie angekündigt, zunächst auf die Einflußmöglichkeiten des Klarträumens im Bereich des Sports, behalten aber im Auge, daß wir die Entwicklung unserer körperlichen Fähigkeiten in engem Zusammenhang mit der Entfaltung unseres seelisch-geistigen Potentials verbinden...

Der Klartraum als Simulator

... so in etwa jedenfalls können Sie sich die Wirkung des Klartraumtrainings vorstellen. - Um noch einmal kurz die Grundlagen dieser Wirkung zu wiederholen, die ja schon im Erkenntnistheorie-Kapitel anklangen: Nach unserer Auffassung arbeitet der menschliche Organismus (genauer: sein sensumotorisches System) ähnlich wie einer dieser Servomechanismen, die man zur kraftsparenden und störungsausgleichenden Lenkung großer Fahrzeuge benutzt, ohne dabei eine direkte Sicht nach »draußen« zu haben. Man denke dabei an die Steuerung eines U-Boots bei der Unterwasserfahrt, oder an die Flugzeugsteuerung bei dichtem Nebel.

Wie sich nun der Pilot in der Kanzel durch die Meßinstrumentenanzeige, den Radarschirm oder den Funkkontakt über alle für die Flugzeugsteuerung wichtigen Daten informieren kann, so können Sie sich in ähnlicher Weise durch optische, akustische oder taktile Sinnesprozesse über alle für die Steuerung Ihres physischen Organismus relevanten Daten informieren. - Und wenn Sie das Kapitel 5 noch einmal kurz Revue passieren lassen, müssen wir hier auch gar nicht erneut darüber nachdenken, daß all die Informationen über den Organismus und seine physische Umgebung im Gehirn, genauer im »PPN« münden, wo die physische Welt mehr oder weniger genau durch die phänomenale Welt (phänomenales Körper-Ich und phänomenale Umgebung) repräsentiert wird. Von dort gehen dann auch die Steuerbefehle aus. Hier befindet sich das oberste Regulationszentrum für all Ihre Handlungen. - Hier also können Sie sich das Cockpit Ihres ganz persönlichen Jumbo-Jets vorstellen, in dem alle wichtigen Informationen einlaufen, und von wo aus Ihr ganzer Organismus gesteuert wird.

Im Traum aber ist dieses äußerst komplexe Regelkreissystem weitgehend unterbrochen, so daß der schlafende physische Körper nicht mehr bewußt bewegt werden kann - jedenfalls nicht im gleichen Ausmaß. Trotzdem erleben Sie im Traum, daß Sie handeln, spazierengehen, schwimmen, lieben, kurz: daß Sie sich eben doch bewegen, so wie im Wachzustand. Die Bewegungserlebnisse entstehen aber jetzt auf andere Weise: Sie entspringen nun nicht mehr den Informationen und Rückmeldungen aus den einzelnen Sinnesorganen wie im Wachzustand, sondern in der Hauptsache den Meldungen aus irgendwelchen Hirnregionen.

Ein erfahrener Klarträumer hat nun die Möglichkeit, sein phänomenales Umfeld im Klartraum nahezu frei zu wählen, - ebenso die Gestalt, die Verfassung und die Fähigkeiten seines phänomenalen Körper-Ichs.

Und damit haben wir schon den Simulator.

Ähnlich wie nun ein Flugsimulator zum Erlernen des Fliegens mit einem Flugzeug genutzt wird, läßt sich auch der Klartraum als Simulator zum Erlernen von Bewegungen mit dem physischen Organismus nutzen, dies alles
- ohne Verletzungsgefahren, und
- ohne daß wir Angst vor Blamagen haben müßten, wenn wir Anfängerfehler machen.

Und noch dazu mit einem wunderbaren Gefühl von Kontrolle, Freude und Macht über den eigenen Körper.

Der tatsächlich überzeugendste Grund ist die spürbare Verkürzung der Trainingszeit in der Wachrealität. Und selbst, wenn Sie gar keine sportlichen Übungen trainieren würden, sondern im Klartraum lediglich Ihrem Flugvergnügen frönen würden: Ihr Körper- und Bewegungsgefühl wird sich deutlich verbessern, so daß Sie sich nicht nur im allgemeinen in der Wachrealität sicherer fühlen werden, sondern daß Sie auch - zum Beispiel im Ski-Urlaub, schneller wieder »reinkommen«, und das trotz mehrjähriger Pause seit dem letzten Ski-Kurs.

Die wichtigsten Empfehlungen zum Thema Klartraum und Sport lassen sich durch zehn Regeln darstellen, die dann im einzelnen erläutert werden. Die zehnte (und wichtigste) Regel geht allerdings über das Thema Sport weit hinaus und greift die bereits angesprochene Frage des Zusammenhangs zwischen körperlichen und geistigen Entwicklungsmöglichkeiten auf.

Regeln für Sportler und Sportliche

Erste Regel:
Optimieren Sie im Klartraum sportliche Handlungen, die Sie bereits in grober Form beherrschen.

Insbesondere zyklische, d. h. sich wiederholende, Bewegungen, wie sie etwa bei Ski- oder Skateboardschwüngen vorkommen, lieferten hier wichtige Untersuchungsergebnisse. - Im allgemeinen ist es so, daß die fortschrittliche Sportwissenschaft davon ausgeht, daß die durch Übung erreichten Verbesserungen auf sogenannte Gestalttendenzen zurückzuführen sind. Diese sind unter den Bezeichnungen »Tendenz zur guten Gestalt« oder zur »Prägnanz« in Fachkreisen bekannt. Sie zeigen sich in allen Systemen, die ein freies Kräftespiel erlauben.

Nun ist es im Traum ja so, daß im »PPN« ein freieres Kräftespiel zwischen den Bereichen der phänomenalen Welt besteht als im Wachzustand, wo die Wahrnehmung hauptsächlich an die Sinnesreizung »gebunden« ist. *Und genau darum kann sich die Tendenz zur guten Gestalt im Traum stärker auswirken,* so daß in diesem Zustand optimale Bewegungen entsprechend eher erlernt werden können - unbehindert von körperlichem Unvermögen.

Für die Übungsübertragung auf den Wachzustand ist es nun wichtig, daß optimale Bewegungen besser behalten werden als holprige oder unvollendete, so daß sich der Sportler dann in der Wachrealität sehr leicht nach dem im Traum erworbenen optimalen Bewegungsvorbild richten kann, welches ja den zu erreichenden »Sollwert« für ihn darstellt. Durch wiederholte Ausführungen der sportlichen Bewegungen und entsprechende Rückmeldungen über die Sinnesorgane, spielen sich dann außerordentlich schnell seine Bewegungen von selbst auf die vollkommenste - und dies ist zugleich die ökonomistische - Bewegung ein, ohne daß er einen Lehrer braucht, dessen Anweisungen ihn verunsichern können. Die Gestalttendenzen führen dann zu einem besonderen Erlebnis ästhetischer Vollendetheit und spielerischer Leichtigkeit - sowohl beim Ausführenden selbst als auch beim Zuschauer.

Zweite Regel:
Erfinden Sie im Klartraum neue Bewegungsübungen.

Zur Veranschaulichung dieses Satzes müssen Sie nur einige Seiten zurückblättern, auf die Seiten 203 und 205. Dort beschreibt ein angehender Aikido-Kämpfer, wie er während mehrerer Klartraumnächte endlich ein flexibles Bewegungsverhalten lernte, woran er aufgrund alter und eingeschliffener Bewegungsschemata aus einem anderen Kampfsystem zwei Jahre lang immer wieder gescheitert war. Diesen Mann könnte man aufgrund seines Trainingsaufkommens sicher als Leistungssportler bezeichnen - den Skifahrer allerdings, der auf Seite 205 beschreibt, wie er den Jet-Schwung erlernte, kann man getrost als Breitensportler bezeichnen, oder auch als Saisonsportler.

Diese beiden Beispiele verdeutlichen damit sehr schön, wozu es gut sein kann, als Klarträumer sowohl Welten simulieren zu können, in denen die physikalischen Gesetze genauso gelten, wie in der Wach-Realität, als auch Welten, in denen sie so (oder überhaupt) nicht gültig sind.

Der ältere (und versiertere) von uns beiden war dann auch tatsächlich dazu in der Lage, während seiner Klarträume verschiedene neue Tricks für Freestyle-Fahren von Skiern, Skateboard, Snowboard und BMX-Rad zu erfinden.

Dritte Regel:
Passen Sie im Klartraum ihre Bewegungshandlungen durch Probehandeln dem vorgeschriebenen Gelände oder Parcours an.

Dies ist z. B. besonders für diejenigen Sportarten bedeutsam, bei denen Sie ein vorgeschriebenes Gelände bzw. einen Parcours, der zudem mit Hindernissen wie Hürden, Torstangen oder anderen »Schikanen« versehen ist, überwinden müssen.

Beginnen wir mit dem alpinen Torlauf. Hier ist es dem Rennläufer untersagt, den Slalomparcours vor dem Wettkampf zu durchfahren. Er prägt ihn sich aber bereits am Tag vor dem Rennen genau ein und fährt ihn bereits vor dem Start im »Geiste« mehrmals durch. Dies geschieht häufig bei geschlossenen Augen, aber im Wachzustand. Von Jean Claude Killy - dem mehrfachen Olympiasieger und Weltmeister - wird berichtet, daß er im Halbschlafzustand am Abend vor dem Wettkampf den eingeprägten Slalomparcours so lange probeweise durchfahren hat, bis er ihn - in der Nacht - sturzfrei und in optimaler Linie durchfahren konnte. Wir wissen nicht genau, ob sich Killy dabei bereits im Klartraumzustand befand, also sich in einer als vollkommen real erscheinenden Welt bewegte, oder in einer nur vorgestellten Welt. - Wie dem auch sei, das Klartraumtraining halten wir für wesentlich wirksamer als andere Formen des sogenannten mentalen Trainings, weil nur im Klartraum die Bewegungshandlungen mit vollkommenem Echtheitsgrad simuliert werden können.

Sladko Solinski, international erfolgreicher Reitsportler, beschrieb in mehreren Briefen an Tholey seine Klartraumerfahrungen. Hier ein Ausschnitt: »Als Reiter kann ich somit im Klartraum (A) meine Figuren zentimetergenau in den Sand (bei der Dressur) bzw. in den Parcours, z. B. eines Cross-Country hufbreitegenau in die Landschaft

zeichnen (bei der Military). Gelingt mir dies im Zeitlupentempo und verbinde ich (B) dabei sämtliche (dem Pferd angepaßten) ‚Hilfen' im jeweils einzig richtigen Augenblick einer Bewegungsphase und ‚reite ich' (C) die Aufgabe so mehrmals (drei- bis neunmal) während eines Klartraums genau und vollständig durch, so verfügt mein Körper erfahrungsgemäß am folgenden Tag über genügend ‚Körperwissen', um den Parcours autonom, d. h. ohne mein bewußtes oder willentliches Zutun hinter sich zu bringen.«

Dieses Bewegungsgeschehen von Spitzensportlern, das ohne ein bewußtes oder willentliches Zutun abläuft, wird häufig als »instinktiv«, »mechanisch«, »automatisch« oder »unbewußt« bezeichnet - aber das ist unkorrekt. Denn diese Bewegungen erfolgen ja nicht aufgrund angeborener Instinkte oder etwa ganz von sich aus, sondern aufgrund von Lernprozessen! Mit unwillkürlich ablaufenden Instinkthandlungen oder den mechanischen Prozessen eines Automaten sind sie wirklich nicht zu vergleichen; wir ziehen das Modell des sogenannten Feld-Geschehens vor. (Wer vom Paradigmenwechsel in der Physik gelesen hat, der wird jetzt schon die psychologische Analogie-Gestalt dazu wahrnehmen können.) Dieses Geschehen wird durch ein Gefühl für die gegenwärtige und die erwartete Gesamtsituation erfaßt und gesteuert (darüber mehr bei Regel Fünf). - Man sagt ja auch: »Der hat das im Gefühl«...

Schließlich ist das Bewegungsgeschehen nur in dem Sinne unbewußt, daß sich keine gedanklichen oder willentlichen Zwischenprozesse zwischen die durchaus bewußte Wahrnehmung und die Bewegungsantwort schieben. Der Sportler spricht in diesem Fall auch davon, daß sein Kopf »frei sei«. Und diese Aussage ist - phänomenologisch gesehen - vollkommen richtig. Das Freisein von störenden Gedanken und Absichten während der Ausführung von Sporthandlungen ermöglicht erst das rechtzeitige Reagieren. Dann »ist kein Hauch dazwischen«, nämlich zwischen der Wahrnehmung und der Bewegungsantwort, so drükken die Zen-Buddhisten diesen Sachverhalt ebenso kurz wie treffend aus.

Vierte Regel:
Variieren Sie im Klartraum ihre sportlichen Bewegungshandlungen in vielfältigster Weise.

Hierdurch werden Sie in Ihren Reaktionen deutlich beweglicher und flexibler; d. h. Sie können auf schnell wechselnde Anforderungen spontaner und sicherer antworten. Für manche Sportarten ist das besonders bedeutsam, nämlich überall dort, wo ein Sportler auf unvorherzusehende Situationen schnell reagieren muß. (Beispiele: alpiner Skilauf, Tennis, jede Art von Kampfsport und Mannschaftsspielen...) Wie Sie konkret beim Variieren vorgehen sollen? - Nun, wir unterscheiden zwischen Fein- und Grobvariationen. Bei den Feinvariationen werden die Bewegungshandlungen nur geringfügig verändert, z. B. durch einen leichten Wechsel der Skistellung oder der Körperlage beim alpinen Skilauf. Bei der Grobvariation kommt es hingegen zu strukturellen Veränderungen der Bewegungshandlung, so z. B. wenn Sie mit den Skiern statt nach vorwärts nach rückwärts fahren. Ein Tip noch: Es lohnt sich im Klartraum in manchen Fällen genau das Gegenteil von dem zu tun, was im Lehrbuch steht oder was Ihnen Ihr Trainer sagt. Wenn er Sie anweist, den Talski zu belasten, dann üben Sie eben im Klartraum auch das Fahren mit der Belastung auf dem Bergski. Seien Sie versichert, daß Sie in der Wachrealität - gewollt oder ungewollt - früher oder später auch einmal auf dem Bergski stehen werden, und dann sollten Sie wissen, was Sie zu tun haben. Sie werden dann froh sein, es im Klartraum bereits trainiert zu haben. Wenn Sie sich an unsere Regel halten, dann werden Sie mit der Zeit Schwünge fahren, Tennisschläge ausführen, Griffe anwenden, die überhaupt noch keinen Namen haben, geschweige denn im Lehrbuch stehen...

Fünfte Regel:
Üben Sie im Klartraum Stürze ein!

Dies gilt in erster Linie für Risikosportler, für die (wie z. B. bei Kampfsport, alpinem Skateboardfahren oder Ski-

lauf) Stürze bereits einprogrammiert sind. Es wäre dann nicht sinnvoll, allein die optimalen Bewegungsvarianten im Klartraum einzuüben. Wenn Sie nämlich nicht zuvor auch das Fallen oder Stürzen einüben, müssen Sie in der Wachrealität mit schweren Verletzungen rechnen. Bei einigen Kampfsportarten wird zwar schon das richtige Fallen eingeübt, aber sonst wird es weitgehend vernachlässigt, u. a. weil dies auch kaum ohne Verletzungsgefahr möglich wäre. Hier zeigt sich nun wieder der Vorzug des Klartraums: Hier werden die Stürze lediglich simuliert. Übt man sie im Klartraum auf gefahrlose Weise ein, dann sind sie auch in der Wachrealität ungefährlicher. Dann weiß z. B. ein Skiläufer nicht nur, wie er die Skier im Schnee führen muß, sondern auch, wie er sie in der Luft zu bewegen hat, so daß er selbst bei schweren Stürzen mit mehrfachem Überschlagen wieder wohlbehalten auf den Skiern landet. – Zudem haben diese Fall-Übungen den großen Vorzug, daß Sie dadurch ein untrügliches Gefühl für die Sturzgefahr gewinnen. So werden Sie immer sensibler für brenzlige Situationen und gelangen zur Fähigkeit, auch in der Wachwirklichkeit etwa gegebene Gefahren »vorauswittern« zu können. Dies ist nun wiederum für Sportarten bedeutsam, bei denen die Stürze im allgemeinen nicht so glimpflich ablaufen wie beim Skifahren, bei denen Sie z. B. auf hartem Asphalt landen und nicht auf weichem Schnee. Aber auch hier macht Übung den Meister, und wo übt es sich als Risikosportler besser als im Klartraum?

Sechste Regel:
Üben Sie während des Klarträumens sogenannte virtuelle Bewegungen ein.

Unter »virtuellen« Bewegungen versteht man solche, die nicht als real, sondern als »bloß gedacht oder vorgestellt« erscheinen. Diese haben im Sport eine ganz besondere Bedeutung. Denn woran liegt es, daß manche Sportler »schneller als der Blitz« auf veränderte Situationen reagieren (wie es im Zen-Buddhismus heißt), und so viele andere nicht so schnell? – Das liegt daran, daß manche

Menschen eben nicht auf die gegenwärtige Situation reagieren, sondern auf die vorweggenommene Situation reagieren können. Diese *Bewegungsvorwegnahme* geschieht im Gegensatz zum *Bewegungsentwurf* (der meist willentlich bestimmt wird) erst während des Handelns und wird von erwartetem Geschehen im gesamten »phänomenalen Feld« angeregt. Der Mensch empfindet sich dann nicht mehr als Handelnder, sondern er »wird« sozusagen »gehandelt«: Bemerkungen wie zum Beispiel »Ich fühlte mich ganz leer und hatte keinen bewußten Willen mehr; alles lief von ganz alleine. Ich lief von ganz alleine...« sind dann im Nachhinein von den Betroffenen zu hören. Die Zen-Buddhisten sagen dazu: »Er wurde die Bewegung.« - Auch Boris Becker äußerte nach seinem gewonnenen Wimbledon-Endspiel Ähnliches, als er berichtete, daß er - wie in Trance - nichts mehr gewollt habe und daß er das Gefühl gehabt hatte, sein Schläger wolle den Ball treffen und bestimme Richtung und Geschehen. Sein Ich-Bewußt-Sein war in gewisser Weise ausgeschaltet.

Klarträumende Sportler sind nun in der Lage, durch klargeträumtes Probehandeln Bewegungsentwürfe einer bestimmten Sporthandlung vor ihrer Ausführung in der Wach-Realität in den verschiedensten Variationen durchzuspielen (und sie natürlich überhaupt erst dort zu kreieren). So übt sich bereits im Klartraum eine sehr hilfreiche Fähigkeit ein, die den Blick auf das zu erwartende künftige Geschehen richtet: die Bewegungsvorwegnahme.

Es gibt noch ganz andere Arten von virtuellen Bewegungen, die sich ein Klarträumer nutzbar machen kann. Zwei recht interessante Arten sind mit unterschiedlichen Ich-Erfahrungen gekoppelt: Bei der einen erlebt sich der Sportler gleichzeitig als Handelnder und auch als Zuschauer seiner selbst, wobei er das Gefühl hat, seine Bewegungen sowohl von »außen« als auch von »innen« steuern zu können. Diese Erfahrung, die wohl viele Leistungssportler aus dem Grenzbelastungsbereich kennen, ist im Klartraum leicht ohne Grenzbelastungen herzustellen.

Sie führt letztlich – wegen einer ausprobierenden und in gewisser Weise »analytischen« Distanz zur eigenen Bewegungshandlung – zu einer verbesserten Bewegungssteuerung. Bei der anderen Art versetzt man sich in die Rolle eines anderen Sportlers. Das ist nicht nur im Kampfsport hilfreich (aus leicht einsehbarem Grund), sondern auch und gerade dann, wenn man sich einen anderen, besseren Sportler zum Vorbild nimmt, um von ihm zu lernen, sei es durch Zuschauen, durch Mitmachen seiner Bewegungen, oder durch Hinterherfahren... Dieses Sich-Hinein-Versetzen in einen geübteren Sportler zur Verbesserung der eigenen Fähigkeiten ist natürlich schon seit langem bekannt, kann aber durch Klarträume wesentlich erleichtert und intensiviert werden, denn dort haben wir es ja viel leichter, mit unserem Ich-Kern den Körper einer anderen Traumfigur zu »entern«. – Auf diese Weise läßt sich diese Fähigkeit auch für den Wachzustand leichter und in einer intensiveren Form erwerben.

Siebte Regel:
Versuchen Sie, im Klartraum ursprünglich getrennte Gegebenheiten des phänomenalen Feldes in einen Gestaltzusammenhang zu bringen.

Was heißt denn das? – Der Skifahrer sagt z. B., daß er mit seinen Skiern »verwächst«, der Tennisspieler, daß er mit dem Schläger »verwächst«, der Fußballer, daß er mit der Mannschaft »verschmilzt«. Hier wird also ein neuer Gestaltzusammenhang zwischen zum Beispiel Körper-Ich und Sportgeräten gebildet. Dies geht beim Könner soweit, daß die Geräte während der Ausübung der Sportart die Rolle von Bewegungs- und Sinnesorganen übernehmen können (phänomenal gesehen jedenfalls). Konkret heißt dies, daß der Tennisspieler den Ball mit dem Schläger kontrolliert und erfühlt, nicht mit dem Arm. Er erwirbt sich durch das Verwachsen mit dem Schläger zugleich das so wichtige »Ballgefühl«. – Unter dem »Gefühl« versteht man hier natürlich nicht eine ichbezogene Emotion, auch nicht das bloße Tastgefühl, sondern eine auf verschiedenen Sinneseindrücken beruhende ausdrucksartige Gestalteigenschaft. Der Tennisspieler erfühlt den Ball nämlich - außer mit dem Tastsinn auch mit dem Gesichts- und dem Gehörsinn. Verallgemeinernd können wir sagen, daß beim geübten Sportler ganz oft Sinneseindrücke verschiedener Art zu einer »intermodalen« oder »intersensoriellen« (d. h. aus verschiedenen Sinnesarten stammenden) Gestalteigenschaft »verschmelzen«.

Schließlich kommt es noch zu einer dritten Art von Gestaltbildung: Ursprünglich getrennte oder »abgehackte« Bewegungsteile einer sportlichen Handlung fließen im Zuge der Übung zu einer Bewegungsgestalt zusammen. Wenn also im Verlaufe des sogenannten sensumotorischen Lernens getrennte Teile des »psychischen Gesamtfeldes« beginnen Einheiten zu bilden, dann geschieht es zum Beispiel, daß ein geübter Skifahrer tatsächlich *mit seinen Skiern* den Schnee und das Gelände *erfühlt* (phänomenal gesehen!), und daß er willentlich nicht mehr seinen Körper, sondern seine Skier unmittelbar bewegt (immer phänomenal gesehen!), denen der Körper nur noch nachfolgt: Alle störenden Zwischenhandlungen, die ja bewußt kontrolliert werden müßten, fallen »einfach« fort...

In diesem Zusammenhang gestatten Sie uns bitte, ein wenig abzuschweifen: Es ist natürlich ganz falsch, daß man - wieder ein Ski-Beispiel - als Anfänger zunächst auf die eigenen Gefühle im Fuß achten soll, wie manche Lerntheoretiker behaupten. - Als Anhänger der Gestalttheorie sind wir jedoch der Auffassung, daß allein schon die Anweisung zu einem solchen Beachten der »taktilen« *Körper*-Empfindungen die notwendige Wahrnehmung von Eigenschaften der physischen Welt geradezu verhindern muß! Wer sich auf die Gefühle in seinen Fußsohlen konzentriert, der verliert das Gefühl für das Gelände. - So etwas führt gerade bei Anfängern zu ängstlicher Verkrampfung - und beim Fortgeschrittenen zu geltungssüchtigem Krampf. Also sollte man sich bei Sportarten, in denen es auf die Wahrnehmung von Teilen des Umfeldes ankommt, auch von Anfang an auf diese konzentrieren!

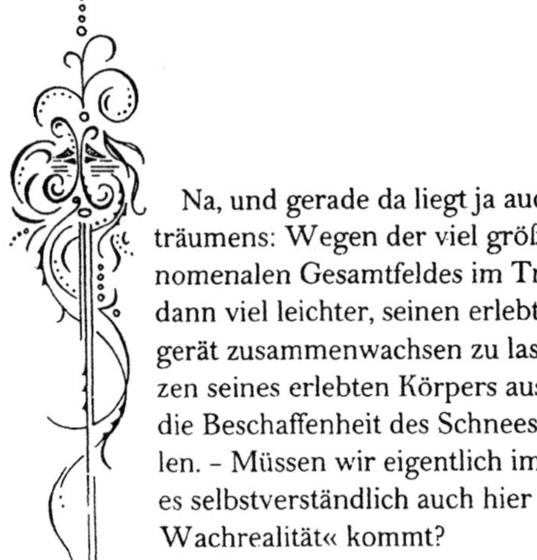

Na, und gerade da liegt ja auch eine Bedeutung des Klarträumens: Wegen der viel größeren »Flüssigkeit« des phänomenalen Gesamtfeldes im Traum ist es im Klartraum dann viel leichter, seinen erlebten Körper mit dem Sportgerät zusammenwachsen zu lassen, viel leichter, die Grenzen seines erlebten Körpers auszudehnen, um zum Beispiel die Beschaffenheit des Schnees mit seinen Skiern zu erfühlen. - Müssen wir eigentlich immer wieder bemerken, daß es selbstverständlich auch hier zu »Transfereffekten in die Wachrealität« kommt?

Nicht nur in der modernen Sportwissenschaft, sondern auch in der Psychologie hebt man heute die Bedeutung dieses Fluß-Erlebnisses hervor. CSIKSZENTMIHALYI hat ihm ein ganzes Buch gewidmet mit dem bezeichnenden Titel: »Das Flow-Erlebnis - Jenseits von Angst und Langeweile: im Tun aufgehen« (1987). Doch bevor wir unserem eigenen Gedankenfluß hier nachgeben, um schon jetzt auf den Zusammenhang von Sport und Persönlichkeit einzugehen, stellen wir - verspätet, aber immerhin - die Frage: Was hat dies alles mit dem Klarträumen zu tun?

Die Antwort findet sich, wenn wir uns wieder vergegenwärtigen, daß ja im Klartraum die phänomenalen Tatbestände kaum noch an äußere Reizeinflüsse gebunden sind, und sich deshalb weitgehend frei gestalten lassen! Die Gestaltpsychologen wiesen früh auf die so entstehende größere »Flüssigkeit« des phänomenalen Gesamtfeldes im Traum hin, die es dann speziell im Klartraum (von dem sie noch nicht oder kaum wußten) ermöglicht, die phänomenalen Gegebenheiten miteinander verwachsen, verschmelzen oder eben zusammenfließen zu lassen, um optimale Bedingungen für einzigartige Bewegungserlebnisse zu schaffen. Hiervon sind in der Regel schon die Anfänger im Klarträumen beeindruckt. Daß unterdessen eine Übungsübertragung auf die Wachwirklichkeit stattfindet, muß wohl nur am Rande erwähnt werden.

Wir zitieren im folgenden wieder aus dem Brief von SOLINSKI, der sich zwar speziell auf das wichtige Zusammenspiel von Pferd und Reiter bezieht, mit seinem konkreten Beispiel aber bestens veranschaulicht, wie wir das meinen.

»Das Wesentliche (was durch das Training im luziden Traum erreicht werden soll) ist für mich die Losgelassenheit des Pferdes, denn sie allein bringt bei vernünftigen Punktrichtern in der Dressur eine gute Wertung, und die *Sicherheit* des Pferdes über selbst schwierige Hindernisse in der Military... Es ist, als spielte der Reiter durch das mentale Training (er meint: im Klartraum) dem Pferd die Verantwortung für den Erfolg zu... Und eigenartigerweise scheinen die Pferde hierauf gerade zu warten, um zu beweisen, was sie alles können, wenn man sie nur nicht belästigt.« - In seinem Buch von 1983 schreibt er schließlich, daß ein Reiter »im vollkommenen Sichverstehen mit dem Pferd die Welt nur noch durch Pferdeaugen, über Pferdeohren und über die Witterung des Pferdes wahrzunehmen spürt.«

An solchen Erlebnissen des völligen Einander-Verstehens ist nichts Übernatürliches; die natürlichen Erklärungen finden sich in der Gestalttheorie des Sports, in die Sie ja nun schon tief eingestiegen sind.

Achte Regel:
Gestalten Sie das psychische Zeit- und Raumbezugssystem so, daß das Erlernen sportlicher Handlungen erleichtert wird!

Wie man sich die Veränderung des Zeitbezugssystems denken kann, findet man schon in einer bereits zitierten Briefpassage von Solinski, in der er auf die Möglichkeit hinweist, Bewegungen auch im Zeitlupentempo ablaufen lassen zu können. Hier wird also das zeitliche Bezugssystem willkürlich verändert. Auf die diesbezügliche Fruchtbarkeit für Timing und exakte Bewegungskoordination müssen wir sicherlich nicht ausführlicher als mit diesem kurzen Satz hinweisen. Und natürlich: Auch hier gibt es die Transfer-Effekte in die Wach-Realität, die uns so sehr freuen.

Die Zeitverlangsamung tritt ja bei gefährlichen Sportarten mitunter auch spontan auf, wie zum Beispiel in Untersuchungen von Motocross-Spitzenfahrern gezeigt werden konnte. Darüber hinaus ist es möglich, diese Zeitverlangsamung willentlich in der Wach-Realität hervorzurufen - nach entsprechendem Klartraum-Training.

Welche Bezugssysteme lassen sich denn nun noch verändern? Das Bezugssystem des phänomenalen Raumes kann man im Klartraum zum Beispiel so verändern, daß man in schneller Reihenfolge Bewegungen ausführt, die in der Wach-Realität schlechthin unmöglich sind. Hier ist vor allem an den Flugzustand zu denken, aus dem heraus in kurzer Aufeinanderfolge schnelle Drehungen um Längs- und Querachse des phänomenal erlebten Körpers ausgeführt werden können. Solche Übungen führen bei Sportbewegungen in der Wach-Realität zu einem verbesserten intermodalen Gefühl für Lage, Gleichgewicht und Bewegung des Körpers. Alles in allem spricht das für eine verbesserte Koordination des raum-zeitlichen Bezugssystems.

Die verblüffende Ähnlichkeit übrigens der im Klartraum zu erlebenden phänomenalen Schwerelosigkeit und der tatsächlich von Astronauten in der Wachrealität berichteten Erlebnissen bringt uns noch auf ganz andere Ideen: Vielleicht sind wir in absehbarer Zeit so weit, unsere Astronauten durch Klartraumübungen auf die sensumotorischen Besonderheiten der Schwerelosigkeit vorzubereiten? - Hier ist der Klartraum einem technisch realisierten Simulator ganz offensichtlich weit überlegen.

Neunte Regel:
Richten Sie im Klartraum Ihre Aufmerksamkeit beim Erlernen sportlicher Handlungen bereits von Beginn an auf das Wesentliche!

Man weiß schon seit den fünfziger Jahren (KOHL, 1956), daß es während des Einübens situativer Sportarten zu einem wichtigen Wechsel in der Aufmerksamkeitsverteilung kommt. Während der Lernende seine Aufmerksamkeit nahezu ungeteilt seinem (erlebten) Körper-Ich zuwendet, richtet sich die Aufmerksamkeit des Könners auf alle relevanten Teile des phänomenalen Gesamtfeldes, wie zum Beispiel Sportgerät(e) und Gelände. (Und außerdem - wie schon vorher erwähnt - richtet sich die Aufmerksamkeit des Könners nicht auf das augenblickliche Geschehen, sondern auf das zu erwartende.) Bei Spitzenkönnern kann das Ich sogar vollkommen in den Hintergrund treten - erinnern Sie sich an die Äußerungen von Steffen Fetzner und Jörg Roßkopf unmittelbar nach ihrem Weltmeisterschaftssieg 1989 im Tischtennis-Doppel, und auch an die Bemerkungen von Boris Becker über sein Endspiel gegen Ivan Lendl, in dem er sich überhaupt nicht mehr bewußt gewesen sei, was er da getan habe...

Die so hinderliche Ausrichtung der Aufmerksamkeit auf das Ego rührt unter anderem von sich negativ auswirkenden Erwartungsängsten vor (körperlichen) Verletzungen oder schlechten Beurteilungen durch Zuschauer, Trainer oder Kampfrichter. Dies führt aber bei Anfängern wie Fortgeschrittenen zu Krampf und Verkrampfung, was dann gerade die Effekte heraufbeschwört, die die Sportler ja zu vermeiden suchen.

Daß es so also nicht geht, scheint ebenso klar wie die Feststellung, daß selbst freundliche Hinweise auf dieses »Fehlverhalten« alles nur noch weiter verschlimmern würden... Einen Ausweg aus diesem Teufelskreis bietet das Klarträumen: Da der klarträumende Sportler weder Angst vor Verletzung noch vor Beurteilung haben muß, kann er sich endlich auf die wesentlichen Teile seines »erlebten« Gesamtfeldes konzentrieren. Diese Änderung der Aufmerksamkeitsverteilung begünstigt natürlich auch das Zusammenwachsen von Sportler und Gerät und so weiter, und selbstverständlich gibt es auch hier deutliche Transfer-Effekte in die Wach-Realität.

Auch die im Klartraum leicht zu verändernde Lage des Ich-Kerns ist für manche Sportart von großer Bedeutung. In der Regel erleben wir alle den Ort dieses Ich-Kerns hinter der Stirnmitte - für manche Sportart aber ist es notwendig, daß dieser Punkt ganz woanders erlebt wird, sofern der Sportler erfolgreich sein will; zum Beispiel in der Körpermitte, also im Bauch - oder im »hara«, wie die Japaner sagen. Nach der Lektüre der anderen Kapitel werden Sie selbst ahnen, wie leicht es ist, mittels bestimmter Klartraum-Techniken die Verlagerung des Ich-Kerns zu erlernen, und wie schnell sich Transfer-Effekte in die Wach-Realität ergeben.

Wenn Sie auf die Erläuterungen zu den letzten drei Regeln zurückblicken, werden Sie vielleicht bemerkt haben, daß es beim Erlernen von Sportarten gar nicht so sehr auf die Durchführung exakter und wiederholbarer starrer Bewegungsformen ankommt, sondern (fachchinesisch ausgedrückt) auf eine Verbesserung der Organisation des phänomenalen Gesamtfeldes, die sich in der Bildung von Gestaltzusammenhängen (siebte Regel), in der Gestaltung psychischer Bezugssysteme (achte Regel) und eben in der Verteilung der Aufmerksamkeit (neunte Regel) realisiert. Die verbesserte Organisation im Gesamtfeld kann wiederum mit der übergreifenden Tendenz zur guten Gestalt in Verbindung gebracht werden. Wenn Sie also unsere Regeln befolgen, stärken Sie die Wirkungsmöglichkeiten dieser Tendenz, die dann letztlich zu einem immer besseren Zusammenspiel der sensorischen und motorischen Vorgänge im phänomenalen Gesamtfeld - also im obersten Regulationszentrum für all Ihre Handlungen - führt.

Wenn hier von »guter Gestalt« und »besserem Zusammenspiel« die Rede ist, so mag Sie dies vielleicht an das sogenannte »positive Denken« erinnern. Seien Sie versichert, es hat damit rein gar nichts zu tun. Beim »positiven Denken« handelt es sich um autosuggestiven Selbstbetrug, der, zumindest auf eine Art Dauer gesehen, gerade zu einer Verstärkung der negativen Störeinflüsse führt. - Erst wenn wir uns auch unserer »negativen« Seiten bewußt werden, können wir deren Störeinflüsse beseitigen, um auf diese Weise zu dauerhaft positiven Wirkungsmöglichkeiten zu gelangen. Dies führt immer über eine strukturelle Persönlichkeitsveränderung im Sinne eines geistig-seelischen Wachstums. - Große Worte. Und dazu nun die letzte »Regel«:

Die zehnte und letzte Regel:
Mens sana in corpore sano
Versuchen Sie, während des Klarträumens zur geistig-seelischen Selbstentfaltung zu gelangen, so daß Sie im Sport oder wo sonst auch immer, dasjenige *in schöpferischer Freiheit tun, was zu tun ist.*

Dies ist die wichtigste Regel. Auf sie laufen eigentlich alle Empfehlungen unseres Buches hinaus, und der hinter ihr stehende Grundgedanke hat diesem auch letztlich den Titel gegeben: »SCHÖPFERISCH TRÄUMEN« - Was wollen wir damit sagen?

Zunächst, daß das oben genannte lateinische Sprichwort in seinem ursprünglichen Sinne nicht als Behauptung, sondern vielmehr als Empfehlung gedacht war: Ein gesunder Geist solle in einem gesunden Körper wohnen. - Heute wissen wir, daß für viele Sportarten die geistig-seelische Harmonie im Sinne der »mentalen Stärke« unabdingbare Voraussetzung für deren meisterhafte Beherrschung ist. Worin hat nun diese mentale Stärke ihren Ursprung? - Wenn Sie sich an die vorausgehenden Erläuterungen zurückerinnern, wird Ihnen aufgefallen sein, daß häufig davon die Rede war, wie bei sportlichen Spitzenleistungen das ängstliche und geltungssüchtige Ego in der einen oder anderen Weise in den Hintergrund zu treten hat. Dies gilt nun ganz allgemein auch für jede Art schöpferischer Leistung im Denken, Gestalten und Handeln. Schöpferische Menschen berichten davon, daß Ihnen die wissenschaftlichen und künstlerischen Ideen im Zustand der Selbstvergessenheit eingegeben wurden oder »zugeflogen« sind; ebenso wird die künstlerische Gestaltung häufig nicht vom Ego des Künstlers, sondern von der Idee selbst geleitet.

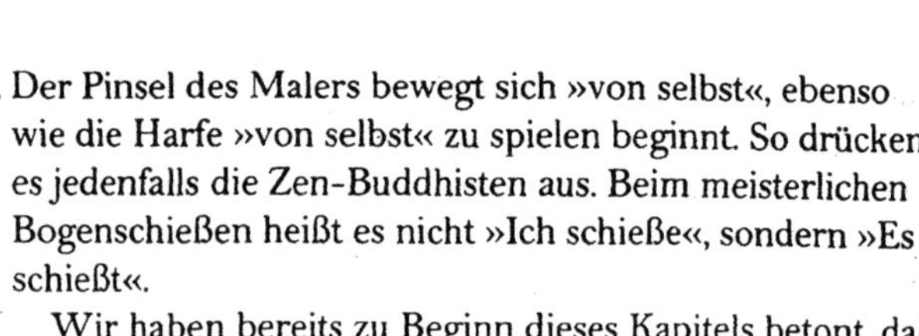

Der Pinsel des Malers bewegt sich »von selbst«, ebenso wie die Harfe »von selbst« zu spielen beginnt. So drücken es jedenfalls die Zen-Buddhisten aus. Beim meisterlichen Bogenschießen heißt es nicht »Ich schieße«, sondern »Es schießt«.

Wir haben bereits zu Beginn dieses Kapitels betont, daß wir als kritische Realisten nicht alle weltanschaulichen Grundlagen der Zen-Schule übernehmen können. Wir stimmen aber aufgrund unserer eigenen Erfahrungen mit ihren Auffassungen über sportliche oder, allgemeiner betrachtet, über körperliche Übungen und ihre enge Wechselbeziehung zur geistig-seelischen Entfaltung vollkommen überein. So sind die Erlebnisse, die sich beim Sportler auf dem Weg zur Meisterschaft einstellen - insbesondere auch das von uns hervorgehobene Erlebnis des »Fließens« - in der zen-buddhistischen Literatur bereits vor Jahrhunderten beschrieben und mit der Idee von geistig-seelischer Entwicklung verbunden worden. Die Ichhaftigkeit betrachten wir in gleicher Weise wie die Zen-Buddhisten: Sie mündet als Hauptfeind unserer leib-seelischen Entwicklung in ein übersteigert egozentrisches Weltbild. Schließlich deuten auch wir körperliche Übungen ebenso wie geistige Übungen (vorausgesetzt, daß beide »in rechter Weise« ausgeführt werden) im Sinn eines äußeren und inneren Weges zu einer schöpferischen Gesamtpersönlichkeit. Diese Gedanken haben wir ja bereits zu Beginn dieses Kapitels hervorgehoben. Über den äußeren Weg des Sports, bei dem wir immer wieder auf die Bedeutung der Zurückstellung des Ichs hingewiesen haben, brauchen wir hier wohl nichts mehr zu sagen. Und auch zum Konzept des inneren Weges, der ja bei uns über das Klarträumen führt, ist nur noch Ergänzendes hinzuzufügen. Denn, wenn Sie zurückblättern, so werden Sie bemerken, daß wir den Anfang dieses Weges schon bei unseren Empfehlungen zum Umgang mit Traumfiguren beschrieben haben: Durch die konstruktive Versöhnung mit ursprünglich bedrohlichen Traumgestalten im Klartraum wird es möglich, dahinter steckende innerseelische und psychosoziale Konflikte in konstruktiver Weise zu lösen. Wesentlich ist bei diesen Konfliktlösungen, daß auch hier das Ich von seinen überhöhten Ansprüchen abrücken muß, um sich den berechtigten Forderungen der sachlichen und sozialen Gesamtlage stellen zu können.

Zur Erklärung der in unserer Kultur vorherrschenden Ichhaftigkeit, die die Erfüllung dieser Forderungen ja so schwer macht, werden wir nun nochmals einige kleinere theoretische Sprünge machen, auf die wir Sie mitzunehmen hoffen.

Theoretische Sätze zur praktischen Kulturkritik

Die Gestalttheorie geht davon aus, daß durch unser verkrustetes Erziehungs- und Bildungssystem die inneren schöpferischen Kräfte einer Persönlichkeit, die der Tendenz zur guten Gestalt entstammen, nicht gefördert werden, sondern - im Gegenteil - durch Gebote oder Verbote unterdrückt werden. Da ein Kind sich gegen solche äußeren Zwänge nicht wehren kann, übernimmt es diese Zwänge zur Bewahrung seines Ichs, und damit werden sie zu inneren Zwängen seiner Persönlichkeit. Durch das Übernehmen der autoritären Forderungen der Erzieher gesteht sich das Kind aber bestimmte für sein leib-seelisches Wachstum wichtige Grundbedürfnisse nicht mehr ein: sie werden verdrängt oder abgespalten, um es in der Sprache der Tiefenpsychologie auszudrücken. Ein gutes Beispiel ist das sogenannte Aggressionsbedürfnis. Dabei handelt es sich nach gestalttheoretischer Auffassung jedoch nicht um einen angeborenen destruktiven Trieb (wie es noch Freud annahm), sondern um das lebenswichtige Grundbedürfnis zur Auseinandersetzung mit der Welt: ein Bedürfnis, das sich unter günstigen Erziehungsbedingungen zu einem konstruktiven und kreativen Bedürfnis nach freier geistiger und körperliche Betätigung in der Welt entwickelt. Nur wenn dieses Bedürfnis fortwährend durch Gebote und Verbote der Erzieher unterdrückt wird, wandelt es sich in ein – weitgehend unbewußtes, destruktives Aggressionsbedürfnis.

Durch die Versöhnung mit bedrohlichen Traumgestalten (die dann z. B. autoritäre Erzieher, oder dies unterdrückte Bedürfnis selbst symbolisieren) kann diese Strebung dann im Klartraum dieses wieder in die Persönlichkeit integrieren: So werden seine konstruktiven Kräfte wieder frei.

Auf ähnliche Weise lassen sich durch das Klarträumen Schritt für Schritt verdrängte oder abgespaltene Teilsysteme zu einer harmonischen Gesamtpersönlichkeit integrieren, deren Teile dann nicht mehr gegeneinander, sondern miteinander arbeiten, um die Forderungen der sachlichen und sozialen Gesamtlage zu erfüllen. – Und dies gilt auch beim sportlichen Handeln, insbesondere bei den situativen Sportarten, bei denen schnelle Reaktionen auf unvorherzusehende Situationen erforderlich sind. Wir nennen hier auch bewußt die Kampf- oder »Budo«-Sportarten, wie sie innerhalb der Zen-Schule genannt werden. Denn gerade bei diesen Sportarten könnte einem doch der Gedanke kommen, daß sie sich unmittelbar aus einem Aggressionsbedürfnis ableiten. – Das Gegenteil ist der Fall. Denn bei diesen Sportarten macht die kleinste Erregung von Aggression den Sportler blind für die Angriffe des Gegners, so daß er ihm »blindlings« in die Falle läuft.

Bezeichnenderweise bedeutet Budo ja auch nicht »Kampfeskunst«, sondern »der Weg bzw. die Kunst zum Beenden des Kampfes«. Um diesen scheinbaren Widerspruch aufzulösen, muß man wissen, daß hier nicht der Kampf gegen den sportlichen Gegner gemeint ist, sondern der Kampf gegen das eigene angstvolle und aufgeblähte Ego. Die sportlichen Gegner werden nicht als Feinde betrachtet, sondern als hilfreiche Partner, die sich gegenseitig dazu verhelfen, ihr Ego zu besiegen, und damit zum Ende des Kampfes gegen dieses zu gelangen. Erst dann öffnet sich der Weg zur wahren Selbst- oder Persönlichkeitsentfaltung, die die Grundvoraussetzung für das Denken und Handeln in schöpferischer Freiheit ist. Die Zen-Schule beginnt übrigens bei all ihren Künsten, wozu, wie gesagt, auch der Sport gehört, mit einem »erbarmungslosen Großangriff auf die Ichhaftigkeit«, wie es der Gestaltpsychologe WOLFGANG METZGER in seinem Buch »Schöpferische Freiheit« (1962) sagt. Der innere und äußere Weg zum endgültigen Sieg über die Ichhaftigkeit, zu der wir ja alle erzogen wurden, ist nicht leicht. Wir konnten ihnen hierzu nur Anfangsempfehlungen mitgeben. Den weiteren Weg müssen Sie ohne Hilfe gehen. Aber wenn Sie die Empfehlungen beachten, werden Ihnen dabei im Klartraum innere Helfer zur Seite stehen: Als Personifikationen von Selbstheilungs- und Wachstumstendenzen, die ihrer eigenen Persönlichkeit entstammen.

Diese inneren Helfer wissen mehr über Sie selbst, als es je ein anderer zu wissen vermag.

Während des Klarträumens kann ihr Weg mitunter über den symbolischen Tod Ihres alten Ichs zur symbolischen Wiedergeburt Ihres wahren Selbsts führen. Dies mag zunächst als schrecklich anmuten – trotzdem behaupten wir: Es lohnt sich, diesen Weg zu gehen. Denn: Hat man sein altes nichtiges Ich besiegt – sagt die Zen-Schule in der ihr eigenen fernöstlichen Emphase – so beherrscht man alle Künste dieser Welt. Im Grunde meint Zen damit das untrügliche Gefühl für die Gesamtlage von eigener Person, von Mit- und Umwelt; ein untrügliches Gefühl, das es jederzeit ermöglicht, in schöpferischer Freiheit, ohne inneren oder äußeren Zwang, das zu tun, was zu tun ist – im Sport, oder wo sonst auch immer.

Literaturverzeichnis

Alphabetische Liste der verwendeten, empfohlenen, weiterführenden und vertiefenden Literatur.

Arnold, W., Eysenck, H.-J. und Meili, R. (Hrsg):
Lexikon der Psychologie, Freiburg, Basel, Wien 1980
Asanger, R. und Wenninger, G. (Hrsg):
Handwörterbuch der Psychologie, Weinheim, Basel 1987
Aserinsky, E. und Kleitman, N.:
Regularly Occurring Periods of Eye Motility and Concomitant Phenomena During Sleep, in »Science 118« 1953

Bhagwan, S. R.:
Das Buch der Geheimnisse, München 1982
Bischof, N.:
Erkenntnistheoretische Grundlagenprobleme der Wahrnehmungspsychologie, in Metzger, W. (Hrsg): »Handbuch der Psychologie« Bd. 1, Hbd. 1, Göttingen 1966
Bohm, D.:
Die implizite Ordnung. Grundlagen eines dynamischen Holismus, München 1985
Brown, A. E.:
Dreams in Which the Dreamer Knows He Is Asleep, in »Journal of Abnormal and Social Psychology« 1936
Bürger-Prinz, H. und Fischer, P.-A. (Hrsg):
Schlaf, Schlafverhalten, Schlafstörungen, Stuttgart 1967

Castaneda, C.:
Die Lehren des Don Juan, Frankfurt 1973
- Reise nach Ixtlan, Frankfurt 1976
- Die Kunst des Pirschens, Frankfurt 1980
Chang, C. C.:
Teachings of Tibetan Yoga, New York 1963
Csikszentmihalyi, M.:
Das Flow-Erlebnis, Stuttgart 1987

Delaney, G.:
Lebe deine Träume, Berlin, Frankfurt, Wien 1985
Dement, W.:
Some Must Watch While Some Must Sleep, Stanford 1972
Donahoe, J. J.:
Die Kunst des Träumens, Basel 1980
Duncker, K.:
Zur Psychologie des produktiven Denkens, Berlin, Heidelberg, New York 1974

Ehrenfels, Ch. v.:
Über Gestaltqualitäten. Vierteljahresschrift für wissenschaftliche Philosophie 3 1980
Evans-Wentz, W. Y.:
Yoga und Geheimlehren Tibets, München 1937

Faraday, A.:
Deine Träume - Schlüssel zur Selbsterkenntnis, Frankfurt 1978
- Die positive Kraft der Träume, Frankfurt 1975
Fischer, R.:
Exkursion und Traum - zwei Seiten einer Münze, in »Raumfahrt der Seele« Freiburg 1975
Fox, D.:
Astral Projection: A Record of Out-Of-The-Body-Experiences, New York 1962
Freud, S.:
Die Traumdeutung, Frankfurt 1980
Fromm, E.:
Märchen, Mythen, Träume. Eine vergessene Sprache, Stuttgart 1980

Gackenbach, J. I.:
A Personality and Cognitive Style Analysis of Lucid Dreaming, Dissertation. Virginia Commonwealth University, 1978
- Lucid Dreaming Project, in A. R. E. Journal 15 1980
- The Lucid Dream - A Dream Whose Time Has Come, in A. S. D. Newsletter 1 1984 (in Zusammenarbeit mit LaBerge, S. P.)
Gackenbach, J. und LaBerge, S. P.:
Conscious Mind, Sleeping Brain. Perspectives on Lucid Dreaming. New York, London 1988

Garfield, P.:
Kreativ träumen, Schwarzenburg 1980
- Der Weg des Traum-Mandala, Interlaken 1981
Gillespie, G.:
Memory and Reason in Lucid Dreams: A Personal Observation, in »Lucidity Letter 2« 1983
- Problems Related to Experimentation While Dreaming Lucidly, in »Lucidity Letter 4« 1984
Gottschalk, H.:
Die Wissenschaft vom Traum. Forschung und Deutung, Gütersloh 1963
Green, C.:
Out-Of-The-Body-Experiences, Oxford 1968
- Lucid Dreams, London 1968
Grof, S.:
Geburt, Tod und Transzendenz. Neue Dimensionen in der Psychologie, München 1985

Hoeth, F.:
Zur Diskussion des Prägnanzbegriffs, in »Gestalt Theory 3« 1981
Holroyd, S.:
Rätselwelt des Traums, Gütersloh 1980

Jouvet, M. und Moruzzi, G.:
Reviews of Physiology 64, Berlin 1972
Jovanovic, U. J.:
Traumforschung, in »Handbuch der Psychologie« Bd. 8, 2. Hbd. Göttingen 1978
Jürgens, H.:
Traumexerzitien, Freiburg 1953
Jung, C. G.:
Über psychische Energetik und das Wesen der Träume, Zürich 1948
Jung, C. G. (Hrsg):
Der Mensch und seine Symbole, Olten 1968, Freiburg 1982

Kebeck, G.:
Feldtheorie als Methodologie. Überlegungen zur Nützlichkeit Lewin'scher Grundgedanken für die allgemeine Psychologie und Methodenlehre, in »Gestalt Theory 5« 1983
Kebeck, G. und Sader, M.:
Phänomenologisch-experimentelle Methodenlehre. Ein gestalttheoretisch orienter Versuch der Explikation und Weiterführung, in »Gestalt Theory 6« 1984
Kern, H:
Zur Phänomenologie und Theorie des Klarträumens, Frankfurt 1980 (unveröffentlichte Prüfungsarbeit)
Koella, W.:
Physiologie des Schlafs, Stuttgart 1973
Köhler, W.:
Die physischen Gestalten in Ruhe und im stationären Zustand: eine naturphilosophische Untersuchung, Braunschweig 1920
- Gestaltprobleme und Anfänge einer Gestalttheorie. Jahresbericht über die gesamte Psychologie und experimentelle Pharmakologie. Bericht über das Jahr 1922, wiederabgedruckt in »Gestalt Theory 5« 1983 - Dynamische Zusammenhänge in der Psychologie, Bern 1958
Kofka, K.:
Principles of Gestalt Psychology, London 1958
Kohl, K.:
Zum Problem der Sensumotorik, Frankfurt 1956
Krist, H. und Lirzer, H.:
Empirische Klartraumstudien, Frankfurt 1982 (nicht veröffentlicht)

LaBerge, S. P.:
Induction of Lucid Dreams, in »Sleep Research« 1980
- Lucid Dreaming as a Learnable Skill - a Case Study, in »Perceptual and Motor Skills« 1980
- Lucid Dreaming: Directing the Action as it Happens, in »Psychology Today 15« 1981
LaBerge, S. P. et al:
Lucid Dreaming Verified by Volitional Communication During Rem Sleep, in »Perceptual and Motor Skills« 1981
Leuner, H.:
Symbolkonfrontation, ein nicht-interpretierendes Vorgehen in der Psychotherapie, in »Schweizer Archiv für Neurologie und Psychiatrie 76« 1955
- Symboldrama, ein aktives, nicht analysierendes Vorgehen in der Psychotherapie, in »Zeitschrift für Psychotherapie und medizinische Psychologie 10« 1960
- Katathymes Bild-Erleben. Unterstufe - kleine Psychotherapie mit der Tagtraumtechnik - ein Seminar, Stuttgart 1970

- Die experimentelle Psychose, Berlin 1962
Leuner, H. (Hrsg):
Katathymes Bild-Erleben. Ergebnisse in Theorie und Praxis, Bern 1980
Lewin, K.:
Feldtheorie in den Sozialwissenschaften, Bern 1963
- Die Lösung sozialer Konflikte, Bad Nauheim 1953
- Werkausgabe, (Hrsg): Graumann, C. F., Stuttgart, Bern 1981
Lischka, A.:
Erlebnisse jenseits der Schwelle. Paranormale Erfahrungen im Wachzustand und im luziden Traum, bei Astralprojektionen und auf Seelenreisen, Schwarzenburg 1979

Maslow, A. H.:
Motivation und Persönlichkeit, Reinbek bei Hamburg 1981
Metzger, W.:
Psychologie. Die Entwicklung ihrer Grundannahmen seit Einführung des Experiments, Darmstadt 1975
- Schöpferische Freiheit, Frankfurt 1962
- Gesetze des Sehens, Frankfurt 1975
Meier, C. A. (Hrsg):
Darstellung »vom Traum Descartes« in »Zeitlose Dokumente der Seele«, Zürich 1952
Moers-Messmer, H. v.:
Träume mit der gleichzeitigen Erkenntnis des Traumzustandes, in »Archiv für Psychologie 102« 1939
Muldoon, S. J. und Carrington, H.:
Die Aussendung des Astralkörpers, Freiburg 1973

Olgivie, R., Hunt, H., Sawicki, C. und McGowan, K.:
Searching for Lucid Dreams (Paper. Assoc. Psychophysiol. Study of Sleep), Palo Alto, California 1978
Orlow, I. E.:
Das Problem des Traums vom Standpunkt der Reflexologie in »Archiv für die gesamte Psychologie 70« 1929
Ouspensky, P. D.:
Ein neues Modell des Universums, Weilheim 1970

Perls, F. S.:
Gestalt-Therapie in Aktion, Stuttgart 1976
Perls, F. S., Hefferline, R. F. und Goodman, P.:
Gestalt-Therapie. Lebensfreude und Persönlichkeitsentfaltung, Stuttgart 1979

Rausch, E.: Das Eigenschaftsproblem in der Gestalttheorie der Wahrnehmung, in Metzger, W. (Hrsg) »Handbuch der Psychologie« Bd. 1, 1. Hbd., Göttingen 1966
Roffwarg, H. P., Dement, W. C., Muzio, J. N. und Fisher, Ch.:
Dream Imagery: Relationship to Rapid Eye Movements of Sleep, in »Archive of General Psychiatry 7« 1962
Rossi, E.:
Dreams and the Growth of Personality, New York 1972

Schachter, D. L.:
The Hypnapogic State: A Critical Review of the Literature, in »Psychological Bulletin 83« 1976
Schriever, W.:
Einige Traumbeobachtungen, in »Zeitschrift für Psychologie Nr. 134« Frankfurt 1934
Siebenthal, W. v.:
Die Wissenschaft vom Traum. Ergebnisse und Probleme, Berlin, Göttingen, Heidelberg 1953
Staudenmaier, L.:
Die Magie als experimentelle Wissenschaft, in »Naturwissenschaft« Leipzig 1912
Stewart, K.:
Mental Hygiene and World Peace, in »Mental Hygiene 38« 1954
- Dream Theory in Malaya, in Tart, C. T. (Hrsg): »Altered States of Consciousness« New York 1969

Tart, C. T.:
A New State of Consciousness: The »High«-Dream, in Tart, C. T. »Altered States of Consciousness« New York 1969
- A Review of Attempts to Consciously Control Nocturnal Dreaming, in »Handbook of Dreams. Research, Theories and Applications« New York 1979
Tart, C. T. (Hrsg):
Altered States of Consciousness, New York 1969

Tholey, P.:
Der Klartraum. Seine Funktion in der experimentellen Traum-Forschung, in »Bericht über den 30. Kongreß der Deutschen Gesellschaft für Psychologie in Regensburg 1976« Regensburg 1977
- Klarträume als Gegenstand empirischer Untersuchungen, in »Gestalt Theory 2« 1980
- Bewußtseinsänderung im Schlaf: Wach' ich oder träum' ich?, in »Psychologie Heute 12« 1982
- Empirische Untersuchungen über Klarträume, in »Gestalt Theory 3« 1981
- Erkenntnistheoretische und systemtheoretische Grundlagen der Sensumotorik aus gestalttheoretischer Sicht, in »Sportwissenschaft 10« 1980
- Relation Between Dream Content and Eye Movements Tested by Lucid Dreams, in »Perceptual and Motor Skills 56« 1983
- Der Klartraum - Hohe Schule des Traums, in Schnelting, K.: »Hilfe, ich träume« (Begleitbuch zur ZDF-Sendereihe), München 1984
- Haben Traumgestalten ein Bewußtsein?
Eine experimentellphänomenologische Klartraumstudie, in »Gestalt Theory 7«, 1985
- A Model for Lucidity Training as a Means of Self-Healing and Psychological Growth. in J. Gackenbach and S. P. LaBerge (Hrsg.): Conscious Mind, Sleeping Brain. Perspectives on Lucid Dreaming. New York, London 1988, S. 263-287
- Consciousness and Abilities of Dream Characters During Lucid Dreaming, Perceptual and Motor Skills, 68, 1989, S. 567-578

Ulrich, E. (Hrsg):
Beiträge zum mentalen Training, Frankfurt 1973

Utecht, K.:
Voraussetzungen zum Erlernen des Klarträumens, Frankfurt 1986 (unveröffentlichte Prüfungsarbeit)

Van Eeden, F. A.:
A Study of Dreams, in »Proceedings of the Society for Psychical Research« 1913

Wertheimer, M.:
Experimentelle Studien. Untersuchungen über das Sehen von Bewegung, in »Zeitschrift für Psychologie 61« 1912
Williams, K. S.:
Durch Traumarbeit zum eigenen Selbst.
Die Jung-Senoi Methode, Interlaken 1980

Zurfluh, W.:
Quellen der Nacht, Interlaken 1983

Weitere Empfehlungen:
die Zeitschrift »Lucidity Letter«, herausgegeben von Jayne Gackenbach, Harry Hunt, Stephen LaBerge, Alan Moffit und Mary Tuttle;
die Zeitschrift »Oniros«, herausgegeben von Roger Ripert;
die Zeitschrift »Gestalt Theory«, herausgegeben von Guss, K., Hoeth, F., Piel. W.. Sader. M. und Stadler. M.
Die Zeitschrift »Bewußt Sein«, herausgegeben von P. Tholey

Die Adressen der Autoren:

Paul Tholey
Kapellenweg 31
6690 St. Wendel

Kaleb Utecht
Rhaban-Fröhlich-Straße 10
6000 Frankfurt 50

Wir danken all denen, die uns ihre Träume ganz oder ausschnittweise zur Veröffentlichung überließen.

Register